No es fácil sali... ... siempre lo hace sin dirección ni sentido, ... desesperadamente que sientes ahogarte en tu propia desesperación, tan sola, tan tuya. No encuentras de dónde asirte, nadie está ahí para echarte una mano, y tampoco tienes oídos para escuchar ningún consejo. El sentido de la vida se encuentra perdido, sin embargo, no quieres dejar tu vida hundida en el fango, por eso es tan desesperado ese silencio del alma.

Si logras salir, empieza otro arduo camino, en el que vienes marcado con cortes y heridas muy profundas, y hace falta mucha paciencia para que se logren a curar. Pero, sobre todo, hace falta un sanador, un doctor general que sepa entrar hacia lo más profundo del dolor. Así comienza la búsqueda para encontrar a ese galeno, tocando muchas puertas, investigando, preguntando.

Tú también te sumergías en el vacío, en el llanto, en el fondo de tu dolor, y un día, con el orgullo aplastado, diste un pequeño paso, gritaste auxilio y el Médico vino a ti, el mejor médico que existe. Él, que te miraba desde niña, fue a sacarte del fango suavemente y con amor. Y en ese pequeño paso, tú le diste tu vida sin que Él te obligara ni te lo pidiera. El amor de Dios es tan inmediato, tan fuerte que uno no puede hacer otra cosa más que dejarse llevar por el, y Él sana todo en ese huracán de ternura.

Este testimonio desgarrador de Patricia Sandoval, tocará muchas almas, unas adoloridas y otras confundidas: aquéllas que, empujadas, y engañadas por la cultura de la muerte y el ataque continuo hacia la vida y al amor, son arrastradas a un camino descendente, sin salida, donde la oscuridad cubre la vida y toma posesión del alma. Por otro lado, su testimonio ayudará a quienes quieren resistir, a lo que luchan y no quieren caer en el pantano, a los que saben que el amor es el mayor tesoro que tenemos. Les ayudará a encontrar un soporte para acercarse al bien, abriendo su corazón a la vida, abriendo su corazón a la luz que todo ilumina: la Luz omnipotente de Dios.

Estoy tan agradecido a Patricia por su valor y su entrego. Que esa Luz siga iluminando sus pasos y fortaleciendo su espíritu.

Emmanuel
El cantante renombrado

i

Como sacerdote he leído muchos libros, pero ninguno como la historia de amor de Patricia con Papá Dios. Mientras leía, muchas veces he dado gloria a Dios por su obra de misericordia y amor transformador en esta pequeña hijita suya. Son pocos los libros que al terminarlos uno se queda con la impresión de haber experimentado un crecimiento en la fe, en la esperanza y en la caridad. Este es uno de ellos.

Esta es una historia que nos recuerda a algunos personajes bíblicos por la grandeza que Dios ha obrado en los pequeños, en aquellos que desde su debilidad se han dejado transformar por el Espíritu Santo.

Al final de cada capítulo tiene una serie de enlaces pro vida y familia que sirven para la autoformación para predicar el Evangelio de la Vida.

Este libro es un regalo del cielo para aquellos que piensan que ya no hay esperanza en sus vidas, y un bálsamo de consuelo espiritual para quien tenga la bendición de leerlo. Es un excelente regalo para cualquier ocasión.

P. Víctor Salomón
Coordinador de Defiendelavida.org

Es una historia en la que me veo reflejada en muchos aspectos de mi vida. Hay momentos muy duros que te dejan sin aliento, donde parece que no hay salida. Sin embargo Dios, con un soplo de vida, recrea todo con su amor y Misericordia. Le agradezco a Patricia, mi hermana en el camino, por su valentía, su inspiración, y por mostrar la inmensa alegría de Jesús a esta humanidad que tanto lo necesita. ¡Hasta el cielo!"

Amada Rosa Pérez
Actriz y Modelo Colombiana

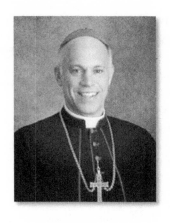

Patricia Sandoval tiene una historia verdaderamente maravillosa, compuesta de pecado y sufrimiento, pero al mismo tiempo de gracia y redención. Pero, antes que nada, es un recordatorio de cuanto nos ama Dios, de cómo camina con nosotros, aun cuando tropezamos, y cómo "dispone todas las cosas para el bien de los que lo aman" (Romanos 8, 28). Este libro, muy bien escrito, será capaz de envolvernos y plantear desafíos, así como nos inspirará a apoyar, de manera especial, a los pequeños de Dios, los no nacidos.

Arzobispo Salvatore Cordileone
Arquidiócesis de San Francisco, California

No podía dejar de recomendar este libro. Esta generación, herida tan profundamente por la revolución sexual, necesita conocer la historia de triunfo de Patricia Sandoval. Nunca es tarde para sanar y rescatar los tesoros que hemos heredado de Dios: la fe, la familia, la santidad de la vida y el amor auténtico. Patricia es, verdaderamente, una luz en el mundo y su historia los dejará sin palabras.

Astrid Bennett Gutiérrez
Conductora en EWTN; Directora Ejecutiva de The VIDA Initiative

El último libro de Christine Watkins: "*Transfigurada: El Escape de las Drogas, de la Calle y de la Industria del Aborto, de Patricia Sandoval*", sorprende al lector -realmente- a través de un viaje dramático y espiritual que inspirará, con toda seguridad, a padres, profesores y adolescentes. Este libro es un recurso para la Nueva Evangelización, pues ofrece la alegría de la verdadera conversión y la esperanza de una vida mejor para todos.

Obispo Michael C. Barber, SJ
Diócesis de Oakland, California

La historia de Patricia Sandoval es fascinante e inspiradora. Podría ser comparada con las vidas e historias clásicas de muchos de los santos penitentes. Sandoval nos muestra que no importa en dónde nos encontremos; que no importa cuán oscura pueda ser la situación en que nos encontremos o sus perspectivas; la gracia siempre sale a nuestro encuentro y, si cooperamos con ella, comienza a dar frutos inmediatamente, llevando a los pecadores hacia la santidad. Christine Watkins, en colaboración con Patricia Sandoval, escribe con admirable claridad e inteligencia; ella es una de las mejores escritoras de la nueva generación de escritores católicos. Leer este libro es un placer.

Padre Jim Sullivan
Autor de *"Y Los Ángeles Cantan"* y *"El Rosario y los Evangelios"*

"Transfigurada" es una historia sorprendente, capaz de llegar a la gente aún más herida y mostrarles que la esperanza existe. Escrito en un estilo conmovedor y apelante, este libro es excepcionalmente difícil dejar de leer una vez iniciada su lectura.

John-Henry Westen
Co-fundador y editor en jefe de Lifesitenews.com

Patricia Sandoval es una María Magdalena de nuestro tiempo. Su testimonio es crudo. Es la historia de un alma que cayó hasta el fondo y miró a Jesús, el amante verdadero de nuestras almas. Este libro inspirará a que muchos vuelvan hacia Dios, al mismo tiempo que permitirá que otros se enamoren más profundamente de Jesucristo, nuestra esperanza, y a quién le agradecemos por su inmensa misericordia. Patricia es una de las mujeres más valientes que he conocido. Ella es una profeta para el tiempo que nos ha tocado vivir.

Jesse Romero
Autor y Evangelizador Católico y Conductor de Programas de Radio

Las autoras, Christine Watkins y Patricia Sandoval, realizan un trabajo excelente, ayudando al lector a seguir el hilo de una vida profundamente conmovedora y confusa, mientras ella se anuda y se mueve en círculos, al mismo tiempo que Dios restaura los hilos rotos. Perseguida y coronada por la misericordia incansable de Dios; el tejido roto y deshilachado de su historia se desenreda, mostrando un tapiz de riquísima textura, perfectamente ordenado, según Su Divina Voluntad. Mientras Patricia se va acercando a Él, y al mismo tiempo trata de huir de su mirada, el lector se identificará con la ansiedad de descubrir nuestros miedos comunes, de arriesgarnos a cruzar el puente turbulento de la confianza en Dios. Éste libro es una aventura de rendición que te ofrecerá esperanza al mismo tiempo que transformará tus ideas sobre el sentido de la vida.

Dr. Theresa Burke
Autora de *"La Pena Prohibida: El Dolor Silencioso del Aborto"*
Fundadora del Ministerio "El Viñedo de Raquel"

Patricia Sandoval fue engañada por esta cultura de mentiras, y vivió experiencias horrorosas, tal como mucha gente en la actualidad que se encuentra atrapada por las mismas contradicciones. A pesar de ello su victoria es que la gracia de Dios la salvó para poder luchar -incansablemente- contra todo aquello que estuvo a punto de destruirla. Como madre, y sobreviviente de varios atentados en contra de mi vida antes de nacer, estoy muy orgullosa de la fortaleza de Patricia y su opción por abrazar la misericordia de Dios, tal como deberíamos hacer todos. Independientemente de los estados de ánimo, modos de crianza, agendas políticas, experiencias personales de fe e incluso cuestiones morales, el encuentro de Patricia -de primera mano- con Planned Parenthood y la agenda insidiosa de la cultura de muerte cambia todas las cosas. El mensaje primordial de este libro, el cual recomiendo de todo corazón, despeja el mito de que el aborto es viable y una "decisión" inofensiva. Reirás, llorarás e incluso te cuestionarás; pero será imposible alejarte de esta historia sin haber cambiado.

Bridget Gabrielle Hylak
Autora y Fundadora de Pro Good Choice, Inc.

Ya que usted, curioso y valiente lector, llegó hasta aquí, déjeme advertirle que este libro es veneno, veneno contra la mentira. Escuché (por Internet) una conferencia que Patricia dio en Chile. Como siempre, ante los testimoniales, soy muy escéptico. Pero Sandoval se desnudó. En ella descubrí una voz valiente, alguien que se atrevió y se atreve a desafiar el mundo de lo políticamente correcto.

La solución no es matar. La solución es amar más. Pensar menos en nosotros mismos. Es decir que el aborto es una cuestión antropológica universal. Nos concierne a todos: creyentes y no creyentes. Aquí no se debate la fe, sino la vida humana. Errar es humano. También lo es corregir, enmendar, pedir perdón, recomenzar. Volverse veneno contra la mentira.

Miguel J. Velez
Fundador y Director de Lanterna Pictures

Patricia Sandoval viaja por todo el mundo como conferencista

profesional. Para mayor información:

www.PatriciaSandoval.com

Un video de Patricia Sandoval que presenta este libro se encuentra disponible a través de www.PatriciaSandoval.com.

Además, la versión para televisión en DVD de "Transfigurada," tal como ha sido transmitido EWTN, se encuentra disponible en www.QueenofPeaceMedia.com/shop. Siga la notable travesía de Patricia Sandoval, una historia que tiene el poder de cambiar radicalmente las vidas y los corazones.

Para solicitar libros y videos católicos inspiradores, así como CDs, blogs, pedidos de oración y mucho más, ingrese a: www.QueenofPeaceMedia.com. Tenemos un canal de video en YouTube en el cual podrá mantenerse al día en video con nuestros contenidos. Visite nuestro canal en YouTube en: www.youtube.com/c/queenofpeacemedia y suscríbase (haga clic en "Subscribe".

TRANSFIGURADA

El Escape de las Drogas, de la Calle y de la Industria del Aborto, de Patricia Sandoval

Christine Watkins & Patricia Sandoval

A menos que se indique de otra manera, los textos de la Escritura que se utilizan en este trabajo han sido tomados de *"El Libro del Pueblo de Dios", la Biblia Argentina, Revisada por SOBICAIN (La Sociedad Bíblica Católica Internacional).* Traducción de inglés al español: Pablo Pilco. Corrección de estilo: Beatriz Pilco. Un agradecimiento especial para Rosamaria Bargas y Rosemary Medeiros.

El libro se puede comprar al por mayor contactándose directamente con el editor: orders@queenofpeacemedia.com.

ISBN-13: 978-1-947701-02-1
ISBN-10: 1-947701-02-9

Contenido

Prefacio

¿Se encuentra listo para leer una de las historias de conversión más poderosas que se han escrito? En serio, ¿está listo? Sé que ésta es una afirmación audaz y atrevida, lo admito. Pero la historia que va a tener el placer de leer es tan intensa, brutal e inocente, que no me sorprendería que varias veces le arranque las lágrimas, al mismo tiempo que le abra las puertas a una experiencia de misericordia y de sanación. Esta historia está hecha para el cine y rezo para que algún día llegue ahí. Así es de increíble.

Cuando mi amiga Christine Watkins me pidió que leyera el manuscrito de *Transfigurada,* y que además rezara para poder escribir estas palabras, tuve que confesarle que nunca había oído hablar de Patricia Sandoval. Después que Christine me contara un poco acerca de Patricia y despertara mi curiosidad con el subtítulo del libro, me di cuenta que no podía rechazar la oferta de apoyar un trabajo que enaltece la misericordia de Dios y que ofrece una travesía de sanación interior de nuestro pasado; de santidad para nuestro futuro; y que  además pone en evidencia -desde adentro- la industria del Aborto propiciada por Planned Parenthood.

Probablemente Christine pensó que yo podría identificarme con la historia, dado que yo he experimentado una conversión radical y he encontrado la libertad en Jesús, María y el catolicismo. El presentimiento que tuve acerca del libro fue correcto. Sin embargo, no estaba preparado para la intensidad emocional que experimentaría mientras leía este libro.

Una vez iniciada su lectura, ¡No pude dejarla! La historia de "la chica de Petaluma", como Patricia se hacía llamar, me atrapó completamente. Llegué a obsesionarme pensando en lo que podría suceder en las páginas siguientes. Ya no importaba no conocerla en persona. He conocido muchas almas como la suya. Yo soy una de ellas.

Lo que contienen estas páginas son todo lo crudo y real que se pueda haber experimentado en una historia así. Está llena de angustia, dolor, pérdida, perdón, lágrimas, reconciliación y alegría. Es la historia de Dios enamorando un alma. Patricia es tan brutalmente honesta que no duda en admitir recaer en los mismos pecados mortales aún después de haber recibido la gracia inconmensurable y misericordiosa de Jesús y María. Esto es lo que hace que su testimonio sea tan real y apelante para nuestros tiempos. Los hombres y adolescentes modernos -tanto varones como mujeres- necesitan de este testimonio.

Transfigurada está escrita de manera magistral. Además de su mensaje de amor y misericordia, cada capítulo muestra la realidad conmovedora de cuán malvado se ha transformado el mundo. Algunas veces se podrá preguntar si es que ciertos hechos relacionados con las experiencias de Patricia pudieran ser verificados. Esas preguntas encuentran su respuesta al final de cada capítulo donde, con estadísticas y datos bien investigados se exponen las principales mentiras y falsedades de nuestros tiempos. Estos "Datos" ayudan a abrir los ojos y proveen la información necesaria que comprueba los hechos contados.

Lo más probable es que, como yo, ustedes no conozcan de manera personal a Patricia y que su nombre no se encuentre escrito en este libro. Sin embargo, creo que usted se encontrará reflejado aquí. Todos estamos -de alguna manera- dentro de estas páginas. Si no se identifica de manera idéntica con Patricia, se sentirá conectado con algún otro personaje en su historia, y esto hará que se encuentre -cara a cara- con su propia historia de caídas y la necesidad de la misericordia. El mundo, especialmente los católicos, necesitan conocer esta historia de redención. Para mí, leerla fue como haberme subido a una montaña rusa emocional, pero gracias a la valentía de Patricia para compartirla, mi esperanza se ha renovado, al mismo tiempo que he recibido sanación interior. Creo que este libro también puede ser fuente de sanación para usted.

Así que, mis amigos, prepárense para una experiencia intensa. Van a ser testigos de la renovación de la inocencia y la belleza de una mujer. Van a descubrir cómo Jesús, María y el catolicismo, tienen el poder de transfigurar cualquier alma.

Y les apuesto que también ustedes van querer ser transfigurados.

P. Donald Calloway, MIC
Autor de *"Consagración a San José"*

Introducción

Cuando comencé a escribir este libro nadie sabía de Patricia Sandoval. Sus secretos más oscuros estaban guardados muy cuidadosamente y desnudar su pasado le era impensable. Sin embargo, por consideración al Reino, entregó su historia a Dios y comenzó a compartir conmigo, y en presentaciones públicas, su sorprendente historia. Dios respondió escribiendo en su vida los capítulos finales de este libro, y los hechos se desencadenaron más allá de lo que ella hubiera pudiera haber imaginado. Para el momento en que se terminó de escribir el último capítulo de este libro, Patricia Sandoval ya se había convertido en una conferencista internacional de gran demanda, y compartido su testimonio en docenas de programas de televisión y estaciones de radio, así como delante de audiencias en estadios, escuelas, e iglesias por todos los Estados Unidos, América Latina y Europa.

¿Por qué esta explosión de interés y entusiasmo? ¿Por qué el testimonio de la señorita Sandoval ha sorprendido consistentemente, inspirado y transformado hasta los corazones más duros y confundidos, de país en país? ¿Por qué es que cuando ella habla, caen lágrimas que sanan, cambian las mentes, se salvan las almas, las vidas de los no nacidos se rescatan y se produce una intensa actividad apostólica? Porque su historia no es, simplemente, otro acontecimiento de alguien que se ha curado de la drogadicción. Tampoco es, meramente, una historia más de abandono, relaciones enfermizas y una sexualidad mal usada. Tampoco es solamente un testimonio de curación después de un aborto u otra acusación explícita a la industria del aborto y de Planned Parenthood.

Al final, es la historia de Aquél que está detrás de escena: De un Dios que -aun cuando tropezamos y estamos lastimados- nos levanta, nos lleva a casa en Sus brazos, nos perdona con lágrimas, cura nuestras almas golpeadas y nos cubre con Su luz, mostrándonos ante los demás para que otros también sepan donde buscarlo y saber que Él siempre ha estado ahí.

Esto es lo que Dios hizo con Patricia Sandoval y está pronto y dispuesto a realizar contigo de igual manera. Mientras leas, estás invitado a rezar para que Dios te permita encontrarte con Él. Dios es Amor y Misericordia, y estos -sus grandes atributos- quieren brillar en las siguientes páginas para que las puedas experimentar en tu corazón. Él te moldeará a Su imagen, tanto como tú se lo permitas. Dios es Verdad. Al final de cada capítulo encontrarás "Datos" -pocos conocidos- que removerán las estructuras de algunas creencias culturales cimentadas sobre mentiras tenebrosas. La Palabra de Dios cierra cada capítulo apuntalando tu fe en su poder, tal como dice el profeta Isaías 55, 11b: "ella no vuelve a mí estéril, sino que realiza todo lo que yo quiero y cumple la misión que yo le encomendé".

San Padre Pío alguna vez se lamentó diciendo: "El daño que le produce a las almas la falta de leer libros santos me hacen temblar... Qué poder tienen las lecturas espirituales que llevan a cambiar el curso y hacer que aún la gente mundana entre en el camino de la perfección".

Es posible que tú también hayas experimentado una vida dura y hayas pensado si es que algún día podrías sanar y encontrar paz. Posiblemente experimentes alguna vergüenza privada que carcome tu espíritu susurrando: "No vales nada. Nadie te amará. Eres rechazado. Estás dañado. Eres malo". Tal vez eres joven y tienes miedo, sintiéndote sólo, en medio de un mar de negatividad y de la presión de tus compañeros. Es posible que seas un profesor, apóstol de los jóvenes, padre de familia o sacerdote tratando enseñar de manera efectiva las verdades eternas sobre el cuerpo y el alma humana. Ya sea que puedas usar una gran dosis de amor redentor de Dios o alguna manera de compartir esperanza con aquellos que sufren o están en duda; o que simplemente goces leyendo una historia de conversión que te hará enamorarte más de Dios, este libro - con mayor razón- es para ti.

La vida maravillosa de Patricia Sandoval emite rayos brillantes en un mundo gris. No hay otra razón por la cual Dios quiso contar su historia.

La Pequeña Princesa

CUANDO ERA MUY NIÑA mi madre compró una pintura muy grande del Sagrado Corazón de Jesús y la colgó sobre la cabecera de la recámara principal. La imagen, que mostraba la cabeza y el pecho de Jesús con Su corazón expuesto, envuelto en espinas y rodeado por llamas de amor, parecía estar viva, especialmente Sus ojos. Ellos parecían penetrar mis pensamientos y mis sentimientos. Jesús no solo estaba mirándome; Él miraba a través mío y seguía cada movimiento que hacía alrededor de la habitación. Algunas veces dudaba antes de entrar en el cuarto de mis padres, preguntándome si Él podría inclinar su cabeza hacia mí y llamarme por mi nombre. Yo me arrastraba por el piso con la esperanza de evitar esa mirada que lo impregnaba todo.

"¿Quién es Él?", le preguntaba incesantemente a mi mamá, queriendo escuchar su respuesta una y otra vez.

"Es tu Papi Dios quien te cuida desde el cielo. Él está con los ángeles", respondía. Aunque ella nunca rezaba o iba a la iglesia, la creencia en Jesús de mi mamá era genuina. Muy poco se imaginó que sus palabras llegarían a convertirse -para su pequeña niña- en realidad.

Una noche, cuando tenía tres años, mientras estaba acostada boca abajo, pero despierta en mi cama, de alguna manera supe que Jesús estaba esperándome afuera de la ventana alta, rectangular, que se encontraba cerca del techo.

Por razones que van más allá de lo comprensible, yo podía sentir Sus brazos extendidos hacia mí, aunque no me atrevía a mirar. Mi corazón comenzó a latir rápidamente, pero no quería que Él supiera que tenía miedo. Después de todo, Él era Papi Dios y me habían enseñado a no temerle.

Eventualmente, reuní la valentía necesaria para voltear mi cabeza hacia un lado y dar un vistazo hacia arriba. Ahí estaba Jesús afuera de mi ventana, sonriéndome con adoración, y extendiéndome Sus brazos a través del vidrio.

TRANSFIGURADA

Atrapada por su mirada amorosa, mi cuerpo comenzó a levitar fuera de la cama. Incapaz de sentir mis piernecitas rozando las colchas, quería saber si esa sensación de flotar era real: todavía viendo así abajo, incliné mi barbilla hacia mi pecho para ver la parte de delante de mi pañal y mi camiseta blanca. Mis piernas no estaban tocando la cama ni alguna otra parte de mi cuerpo. Estaba flotando en el aire, boca abajo. Sorprendida, giré mi cabeza hacia la izquierda y vi a mi hermana -de cinco años- en su cama, al otro lado del cuarto, agitándose mientras soñaba. "Dios mío" -me dije- "esto es real". Yo sabía que no podía estar soñando o fuera de mi cuerpo o de mi cuarto porque me era claro que yo todavía seguía ahí.

Lentamente, delicadamente, mi cuerpo comenzó a flotar hacia la ventana. Las pequeñas palmas de mis manos comenzaron a sudar y mi corazón parecía como que se iba a detener. Era como si estuviera en la cima de una montaña rusa. Temerosa y confundida, permanecí con la mirada hacia abajo, observando a mi hermana y preguntándome por qué ella no estaba flotando. Entonces mi cuerpo cambió a posición de sentada, frente a Jesús.

Mientras me acercaba, flotando hacia Él, me di cuenta de las heridas frescas en el centro de sus palmas, en la parte de arriba de sus manos. Luego vi sus vestiduras, compuesta de tres colores oscuros, ricos y brillantes: un oro magnífico que cubría Su torso; un verde selva intenso, que caía en pliegues alrededor de Su brazo izquierdo; y una tela de color vino oscuro se deslizaba alrededor de Su brazo derecho. Por último, noté Su cabellera: marrón, ondulada, cayendo un poco más abajo de Sus hombros. Cada detalle de Su presencia me era perfectamente claro. El vidrio de la ventana había desaparecido.

No dijo una palabra, pero la mirada cálida de Sus ojos me tranquilizó. Con gran ternura y compasión extendió Sus brazos hacia mí, anticipándose en cargarme, mientras Su sonrisa expresaba un gozo -auténticamente puro- ante mi inocencia. Cuando estuve lo suficientemente cerca como para tocarlo, mis brazos se aferraron -fuerte e instintivamente- alrededor de su cuello. Mis brazos y piernas desnudas sintieron la textura de su vestido. Eran como de seda. Y sus manos, en las cuales me senté con las piernas juntas, me hicieron sentir fuerte y segura.

Volamos raudamente hacia el Cielo. Podía sentir el cabello de Jesús rozando mi mejilla derecha y su brazo izquierdo -firme y seguro- sosteniéndome debajo de mis rodillas, mientras que cada nube acariciaba mi rostro y el viento revolvía mi cabellera en todas direcciones.

Mis brazos lo apretaban tan fuerte que me pregunté si lo estaba ahorcando. Finalmente paramos y nos quedamos flotando. Me solté de Su cuello y volteé mi cabeza hacia a la derecha para ver lo qué había delante nuestro. Era una escena con tonalidades de un azul claro y radiante. Gradas inmensas, tan anchas que sobrepasaban mi área de visión, llevaban hacia una puerta de madera, espectacular, muy parecida a la entrada de un castillo medieval. Casi seis metros de alto y con un gran arco, la entrada estaba fortificada con remaches y barras de metal, así como asegurada con un candado de hierro.

Ligeramente hacia la derecha del escalón superior, habían dos ángeles parados que conversaban muy amenamente. En el centro de los escalones se encontraba sentado otro ángel -reposando- con el codo sobre su rodilla y la barbilla apoyada sobre su mano derecha. Todos ellos vestían túnicas largas de color claro; parecían tener unos doce años, y tenían alas que salían de sus cuerpos delgados. Ellos estaban esperando mi llegada.

La escena completa pareció suspenderse en el aire, aunque duró lo que toma un pestañeo. Jesús me hizo saber que el Cielo estaba detrás de esa puerta. Me iba a dejar con los ángeles, quienes que me llevarían allá, y donde pasaría un tiempo maravilloso. También supe que recordaría muy poco o nada de lo que estaba por ver.

Lo que pasó en el cielo y cuánto tiempo estuve ahí no lo sé. Sólo recuerdo haber querido permanecer ahí para siempre. Mi siguiente recuerdo es el de estar abrazando a Jesús, apretando su cuello, y de regreso afuera de la ventana alta.

Sin hablar, le dije que no quería que se fuera. Sabía que había estado en un lugar muy bonito y quería quedarme con Él; pero me hizo saber que tenía que volver a mi habitación. Así que, sin palabras, nos dimos un dulce adiós. En ese momento soltó mis brazos —amorosamente- y dándome un leve empujoncito volé hacia adentro. Comencé a descender, como si un ángel estuviera cargándome en sus brazos, tierna y cuidadosamente. Casi llegando a mi cama, aún en el aire, mi cuerpo giró cuidadosamente hacia la ventana y quedé en posición de sentada, por lo que cuando llegué a mi cama, mi espalda se apoyó contra la pared fría. Me quedé aturdida por un momento, luego de lo cual empecé a gritar llamando a mi mamá.

Mamá me cuenta que mis gritos la despertaron y que me llevó a su habitación y dormí en su cama. Ubicada en medio de mis papás hablé toda la noche de cómo Papi Dios me había llevado al cielo -donde había jugado con los ángeles- y me había divertido mucho. Mis papás me decían que estuviera en silencio y me tranquilizara, sin embargo, esa anoche no pegué el ojo.

Durante los siguientes días no me creyeron mis papás. Pero con el tiempo se dieron cuenta que mi historia no desapareció, ni cambió, ni dejó de producirme alegría. Para mis seis años, mi mamá estaba tan convencida de la veracidad de mi historia que comenzó a pedirme que la compartiera con amigos y familia.

Nunca antes o después de haber tenido ese encuentro milagroso con Dios, que no sólo fue espiritual, sino tan real que lo pude tocar y percibir Su corporeidad, supe que no había sido un sueño ni mi imaginación. Nunca había visto la película *Peter Pan* y flotar por el aire o volar sin un avión era cosas que nunca me habían atraído. Esas eran las fantasías de otros niños, pero no las mías. Este encuentro con Jesús ha permanecido - a lo largo de mi vida como un recuerdo tan vivo que la creencia en Él jamás se alejó de mi corazón. Con el transcurrir del tiempo yo iba a necesitar de esa creencia. Solamente mi Buen Dios sabía cuánto.

"Jesús les dijo: «Dejen a los niños, y no les impidan que vengan a mí, porque el Reino de los Cielos pertenece a los que son como ellos»".

Mateo 19, 14

La primera vez que mi padre vio a mi madre fue en la fiesta de Nochebuena en la casa de su hermana, cuando él tenía 20 años y mi mamá 18. Mi padre alzó a mi hermana de 4 meses de edad que estaba jugando y dijo: "¿Quién es la mamá de esta niña tan bonita?" Él era un caballero con la reputación de ser responsable y muy trabajador, y eso atrajo a mi mamá. Dos meses después de haber emigrado a los Estados Unidos desde México, ella ya había conseguido un trabajo en una fábrica de chocolate - ganando el sueldo mínimo-. Todos los días se quemaba las manos debido a lo caliente que eran las máquinas. Todos los días, durante las mañanas y la tarde, mi madre -de solamente un metro y medio de altura- caminaba cerca de una hora, cruzando el pueblo, sin importar la nieve o el viento frío y amargo de Chicago, cargando una criatura en sus brazos. Una de las primeras cosas que mi padre le dijo fue: "No tendrás que caminar nuevamente".

Al nacer, mi tío, versión casi idéntica, pero extrovertida, de mi papá (ambos medían casi un metro setenta y ocho y eran muy guapos, con facciones mexicanas redondeadas y piel de color de oliva), me quiso inmediatamente como si fuera su hija. Él insistió en que me llamara Patricia, nombre que significa "noble" y -ciertamente- yo me sentía así. Mi niñez fue lo más cercano a la perfección de lo que una mente juvenil pudiese imaginar. Alegría y seguridad adulación y admiración, impregnaban cada día de mi crianza infantil.

Siempre pensé lo mejor de mi mamá. Ella nos llenaba, a mi hermana mayor, mi hermano menor y a mí, de un cuidado tierno y afectuoso. Nuestro hogar siempre estaba muy ordenado y bonito, y nosotros, sus pequeños, muy limpios y bien educados. La crianza generosa de mi madre se extendía más allá de nuestra familia inmediata, especialmente hacia los tres hijos de mi prima mayor, Xochil, quienes se quedaban muy seguido con nosotros cada vez que su mamá se iba a trabajar. Mi padre era un estoico mexicano americano conocido por ayudar desinteresadamente a quienquiera que lo necesitara. Aunque afectuosamente era menos expresivo que mi mamá, le encantaba consentir a sus hijos. Trabajaba en construcción -arduamente- para poder proveer a la familia y demostraba su amor a través de gestos y regalos materiales. Al ser yo su primera hija, era la niña de sus ojos. Mi obediencia, mis buenas calificaciones y mi afectividad, expresada tan abiertamente hacia mis padres, lo hacían sentirse muy orgulloso.

Papá nos arropaba en la cama todas las noches a mí y a mis primos. Luego, de pie, bajo el marco de la puerta nos bendecía haciendo la señal de la cruz. Bajo el amparo de sus gestos y palabras yo me sentía protegida y consolada a lo largo de toda la noche. En la mañana, mi mamá entraba en nuestro cuarto cantando, "¿Quién es la princesa más bonita en todo el mundo?"

"¡Yo, soy yo!" respondía, creyéndolo de manera absoluta.

Mi madre era una mujer atractiva que se rehusaba comprar ropa, cuyos precios estuvieran rebajados, e insistía en comprar cremas y maquillaje de marcas famosas para su fina piel. "Preferiría morirme antes que tener una arruga en mi rostro al momento de tener 40 años", solía decir con frecuencia, lo cual me hizo temer por su vida. Año tras año miraba su rostro tratando de encontrar alguna de esas ominosas líneas mortales. Envejecer equivalía a suicidarse. Belleza y juventud eran la vida misma.

Con la vanidad de mi madre, desbordándose a lo largo de mi niñez, lo que más me gustaba era mirarme en el espejo y admirar mi pelo largo, lacio, suave y marrón. Pasaba horas encerrada en el baño de mi mamá, rodeada de cepillos y ganchos para el cabello, mientras contemplaba a la pequeña diosa que se reflejaba en el espejo.

TRANSFIGURADA

Mi ensimismamiento se veía reforzado por la gran cantidad de cumplidos que balbuceaban los más de cincuenta miembros de mi familia extendida. De mis treinta primos México-Americanos, todos de ojos café, yo era la única con ojos verdes, heredados de mi madre. Cada vez que hacía mi entrada en algún evento familiar —siempre vestida con un traje de marca, rosado y esponjoso- me paraba y posaba, esperando los elogios.

Cuando tenía siete años, llegado el momento de hacer mi Primera Comunión, sentí como si me estuviera casando y pasando a ser parte de la realeza. Mi vestido era extravagante, compuesto de diez piezas de imitación de seda; un lazo blanco y perlas con una falda al estilo de *"Lo Que El Viento se Llevó"* de un metro y medio y un lazo de casi un metro de ancho, además de muchas lentejuelas. Por su puesto, yo lo había elegido. De camino a la iglesia, entrar en el auto de mis padres resultó de muchísima dificultad. Sentada en el lugar del copiloto casi no podía ver hacia dónde nos dirigíamos, pues la falda de mi vestido cubría la mitad del parabrisas. Cuando llegó el momento de caminar por el pasillo central de la Iglesia para recibir mi Primera Comunión, la gente se quedó sin aliento.

Me sentía tan especial que el mundo tenía que verme. Mi sueño era ser *alguien* en la vida, y ninguna duda podría manchar los planes clarísimos que tenía en mi mente de ser una actriz o modelo famosa. Con toda seguridad, mi belleza me llevaría a ese punto. Mi hermana, para ese entonces, no cesaba de buscar algún defecto que pudiera tener en mi cuerpo. Encontró unos pequeños puntos de color marrón en mi antebrazo izquierdo. "Nunca te aceptarán en el mundo del modelaje debido a... ¡esas cosas!"

En un instante todo mi plan de vida se vio destrozado. A partir de entonces le reclamaba a Dios: "¿Por qué me creaste con este defecto maldito? ¡Esto ha arruinado toda mi carrera de modelaje!" En los años venideros observaba con horror esas manchas, viéndolas hacerse más grandes mientras yo crecía. Mi abuela Consuelo, por el lado de mi madre, tenía las mismas marcas de nacimiento y en el mismo lugar; y para hacer peores las cosas, de cuando en cuando mis parientes comentaban: "Te vas a ver exactamente igual que tú abuela". Para mí eso era una pesadilla que se venía haciendo realidad. ¡Ella, no solamente tenía "la marca", sino que también tenía arrugas y sus labios eran delgados!

A pesar que mis sueños de vanagloria luchaban por sobrevivir, algo dentro de mí sabía —con toda seguridad- que yo era muy especial para Dios. Durante el día solía hablar con frecuencia con Papi Dios. Solía sentarme en el jardín del patio posterior de nuestra casa en Petaluma, California, donde le escribía cartas, las amarraba a un globo y se las enviaba al Cielo, con la esperanza de que le llegaran. Para mí Dios estaba en el Cielo y cada vez que veía una estrella fugaz era porque Él quería concederme un deseo. De los cinco a los diez años la oración más importante que elevaba desde mi corazón era: "Dios, hazme rica para poder recoger a todos los niños pobres del mundo y ubicarlos en un edificio grande en donde pueda darles comida, un baño, y hacer que se vean bien".

"Que su elegancia no sea el adorno exterior –consistente en peinados rebuscados, alhajas de oro y vestidos lujosos– sino la actitud interior del corazón, el adorno incorruptible de un espíritu dulce y sereno. Esto es lo que vale a los ojos de Dios".

1 Pedro 3, 3-4

Crecí rodeada de mucho amor familiar, no sólo en los Estados Unidos, sino también en México, a donde solíamos viajar, al menos una vez al año, y alojarnos en la casa de mi abuela, donde mi padre había pasado su niñez. Sin embargo, había un detalle que nos faltaba. Nuestra espiritualidad no estaba enraizada en el Dios vivo. Nunca fuimos a la iglesia, aunque decíamos que éramos católicos. Sin saberlo, nuestra casa no estaba construida sobre la Roca. Jesús no era nuestro Rey y Señor.

El peligro llegó a nuestra casa en el instante en que mi mamá conoció a nuestra nueva vecina. Su nombre era Dolly y sufría de depresión. Con mucha frecuencia llegaba a la casa llorando y se sentaba a hablar en nuestra sala con mi mamá durante largas horas. Luego de un tiempo se hicieron buenas amigas. Dolly la llevaba a tomar café con sus amigas colombianas y de América Central. Sin embargo, su camaradería no se reducía solamente a tomar a café; entre ellas también se leían el futuro en los granos de café.

Muy pronto mi mamá se autoproclamó psíquica diciendo que sabía leer las palmas de las manos. Al saberse esto mucha gente vino a la casa buscando saber sobre su futuro. Ella nos enseñó, a sus parientes y a mí, su nuevo "arte" y luego se sentó para leerme la palma de la mano. Yo me sentía emocionadísima de recibir un tratamiento especial, de aquellos que se dan sólo entre madre e hija. Al ver lo corta que era "mi línea de la vida" se sobresaltó: "¡Dios mío, vas morir dentro de dos años!" Para ese entonces yo sólo tenía diez años. Luego predijo la manera en que iba a fallecer: en un accidente automovilístico. Los dos años siguientes -posteriores a ese acontecimiento- los pasaría observando lo corta que era mi línea de la vida, aterrorizada de pensar que mi existencia pudiera terminar tan pronto. Le rezaba a Dios rogándole constantemente que extendiera la línea en mi mano. Mientras más cercana se hacía la fecha en que habría de cumplir doce años, el pánico que me asaltaba se iba haciendo más grande. Cuando pasó ese día sin ningún accidente no podía menos que decir extasiada: "¡Estoy viva, estoy viva!"

A pesar de sus errores mi mamá continuaba con sus payasadas. Cuando supo que Deepak Choprak -uno de los principales representantes de la Nueva Era- venía para California, consiguió que alguien la llevara -manejando durante cuatro horas- con la finalidad de escuchar su "sabiduría". Nos dio, a mi hermana y a mí libros, de Brian Weiss -quien despertó mi interés por el tema de la reencarnación- y de Sophia Brown -la autoproclamada sanadora física-, cuyos libros llegaron a ser como nuestras biblias. Mi hermana me invitó a que nos hiciéramos un tatuaje al mismo tiempo, una horrible figura de mi signo del zodiaco —Virgo-, afirmando que nos uniría como dos mujeres poderosas de la Nueva Era. Mientras tanto mi mamá organizaba fiestas para los niños en la sala de estar, en las cuales -cada uno arropado en su bolsa de dormir- nos alineaba los chakras, estudiaba nuestras auras y nos dormíamos arrullados por la voz de Shirley MacLaine, actriz vinculada a la Nuera Era. Mientras más intensa se hacía nuestra búsqueda de otros mundos, más videos llegaban a nuestras manos. En cierto momento mi mamá llegó a creer que Jesús era un extraterrestre.

Cuando la Hermana Olga, pariente de mi mamá y Madre Superiora de "El Sagrado Corazón de Jesús del Santísimo Sacramento", llegaba a visitarnos desde México, no sabía casi nada de lo engañadas que estábamos. Al no tener ninguna familiaridad con el movimiento de la Nueva Era sólo atinaba a torcer sus manos y decirnos -desconcertada-: "Voy a rezar por ustedes". Llevándome hacia un lado, compartía conmigo que Jesús murió en la Cruz por nosotros y que Dios era la Santísima Trinidad. Yo asentía la cabeza, muy educadamente, pero sin entender nada.

La frecuencia cada vez mayor de las visitas de las amigas de mi mamá a la casa terminaban -inevitablemente- convirtiéndose en pequeños festivales psíquicos, sin contar con el hecho que nunca faltaban en el área en que vivíamos grandes eventos de la Nueva Era a los cuales asistir. Cuando tenía quince años mamá nos llevó, a mí y a mi hermana, a un festival en el cual nos compró boletos con diferentes opciones: tres boletos para recibir información sobre nuestro pasado; cuatro para la lectura de las palmas de nuestras manos; cinco para la lectura del tarot... Con una pila de boletos en nuestras manos, nos dirigimos hacia diferentes puestos. Inmediatamente me dirigí al puesto en el que nos hablaban de nuestras vidas pasadas: ahí descubrí que durante una de mis vidas había sido una princesa. En otra vida había sido una reina casada con un rey que tenía siete esposas, y de la cual -por supuesto- yo era la favorita. Sin embargo, como no era feliz, me suicidé en la tina de baño. Posteriormente me reencarné como un joven francés -guapo, rubio de ojos azules- que vestía al estilo de Robin Hood, con botas de cuero y pantalones de malla. A la edad de catorce años, cuando me encontraba corriendo valientemente -en medio del fuego cruzado- llevando mensajes para los reyes, una flecha me atravesó la espalda dejándome muerto en medio del campo de batalla.

Durante un descanso en el Festival nos reunimos las tres. Yo no podía esperar a contarles que, no sólo había sido una reina, sino que además la esposa principal del rey. La primera en hablar fue mi hermana. Me miró y estalló de emoción diciendo: "¡En mi vida pasada fui una reina!"

Un momento: "Yo también fui una reina".

Entonces mi mamá exclamó: "Oh, yo también fui una reina". Dejamos de lado todas las probabilidades que hubiera sucedido lo mismo con las tres para decidir continuar creyendo...

Siguiendo la recomendación de una amiga, mamá fue a ver a un psíquico, quien la saludó -rodeado de cristales con formas piramidales-. "Hay ángeles encerrados en cada uno de ellos", le dijo. "Y uno de ellos quiere irse a casa contigo". Cada uno de los cristales costaba entre trescientos y cuatrocientos dólares. La alegría de mi mamá no cabía dentro de sí misma. Su ángel, encerrado en la pirámide, se llamaba Princesa Deva. Después que mi madre le diera un gran fajo de billetes el hombre realizó un ritual utilizando un cabello de mi mamá. Luego le ordenó que vaya a su casa y se pusiera ese cristal -rosado y grande- sobre el pecho, a la altura de su corazón, y se rindiera ante él. Esa noche, antes de dormirse, mientras se encontraba boca arriba, ubicó la pirámide sobre su pecho y le otorgó —con todo el poder de su voluntad- permiso para que entre en su corazón. A la mañana siguiente la pirámide no estaba en su cama, ni entre su ropa de cama ni debajo de la misma. No estaba en ningún lugar. Mi hermano y hermana no habían entrado a su habitación de modo que culpó a mi papá —un hombre extremadamente honesto. "¿Dónde está mi Princesa?" "¡Tú me la has quitado!", lo acusó.

Cuestionándose sobre su cordura, respondió enfáticamente: "Yo no he tocado nada". Simplemente, el cristal había desaparecido.

En un Año Nuevo llegamos a la casa -después de haber estado fuera de la ciudad- y descubrimos que alguien había puesto sal negra alrededor y dentro de nuestro hogar. Posteriormente nos enteramos que una "amiga" de mi mamá deseaba —secretamente- a mi papá por lo que había hecho un ritual de brujería (Wiccan) con el fin de hacer realidad su sueño.

Los siguientes siete años, después de haber sido inundados por la Nueva Era en nuestro hogar, todo parecía andar muy bien en nuestra familia. Mis parientes y yo nunca habíamos visto discutir a nuestros padres, al tiempo que ellos nos demostraban su amor y cariño sin límites. Pero cuando desapareció el cristal la oscuridad escondida detrás del brillo de la Nueva Era se hizo evidente.

> "No acudirán a los espíritus de los muertos ni consultarán a otros espíritus, haciéndose impuros a causa de ellos. Yo soy el Señor, su Dios".
> Levítico 19, 31

━●·❮◆❯·❮◆❯·●━

Yo tenía doce años, mi hermano diez y mi hermana catorce, el día en que sentimos que la tierra se abrió debajo de nuestros pies. Estábamos sentados en la mesa —a un lado mi madre y mis hermanos- mientras mi padre permanecía en el otro lado, de pie y en silencio. Entonces mi madre dijo: "Nos estamos divorciando. Ustedes pueden quedarse en Petaluma y vivir con su padre, en la casa de sus tíos, o partir inmediatamente conmigo hacia México.

Mis hermanos rompieron a llorar. Yo comencé a gemir lastimosamente. Catapultadas en un segundo, sobre una noticia tan tremenda y forzados a tomar una decisión que cambiaría nuestra vida -espeté llorando- al siguiente segundo: "Pero mami, tú ni siquiera tienes dinero. ¿Cómo vas a cuidar de nosotros?"

Antes de ese momento jamás había cuestionado a mi mamá. Siempre le había sido obediente y le había entregado toda mi voluntad. Al escuchar mi protesta algo dentro de ella se quebró y me miró fijamente, con dureza y frialdad. "Muy bien", dijo entre lágrimas, "si has escogido a tu papá lárgate de mi casa".

Nunca en mi vida había visto discutir a mis padres y ahora, delante nuestro, estallaba una batalla de una magnitud inaudita. Pasé de saber lo que era tener una familia cariñosa y unida, a ser expulsada -brutalmente- de un hogar completamente roto. Todo sucedió en el lapso de quince minutos. Sollozando y gimiendo fui forzada a coger algunas de mis pertenencias y entrar en el auto de mi papá. Cuando llegamos a la casa de mis tíos mi rostro estaba tan rojo como una remolacha y no podía dejar de llorar lo suficiente como para respirar.

Mi mamá nunca me había alzado la voz, nunca me había hablado tan severamente. En mi corazón ella era todo amor. Siendo bebé mis papás me habían apodado la "Alarma", pues cuando estaba en los brazos de mi mamá gritaba si alguien intentaba de tocarme. No quería estar con nadie más. Cuando mamá me bañaba, en las noches, solía cantarme mientras enjabonaba mis piernitas y piececitos. Cada mañana, para alistarnos para el colegio, mi mamá despertaba a mi hermana -la besaba por unos diez minutos- y luego hacía lo mismo conmigo y con mi hermano. Ella se encargaba de todo el trabajo de la casa: nos cocinaba, bailaba con nosotros y nos mostraba una paciencia increíble. Nos ponía apodos especiales, nos hablaba en inglés y español, nos cantaba canciones de cuna, pero sobretodo, nos hacía sentirnos seguros y queridos. Las historias que cada noche nos contaba antes de dormir, inventadas por su imaginación fértil, nos transportaba hacia tierras desconocidas. Toda su atención estaba dirigida hacia sus hijos y cada día la escuchaba decir: "Eres Preciosa, eres mi Princesa". Mi mamá era todo para mí. Era mi mundo, mi alegría. Hoy, ¿dónde estaba mi mamá?

A pedido de mi mamá, papá vendió la casa y se dividieron las ganancias en partes iguales. Nos quedamos durante una semana en la casa de mis tíos y luego nos fuimos a vivir en la casa de nuestra prima. Durante un año no tuve ningún tipo de comunicación con mi mamá, quien se había mudado a Guadalajara. Ella se había sentido traicionada. Nosotros también.

Durante ese período, ocasionalmente, iba a la habitación de mi papá para preguntarle algo, y lo encontraba de rodillas junto a su cama, con el rostro colorado, con lágrimas cayendo copiosamente de sus ojos, y una mirada de profunda tristeza. Su estoicismo y su personalidad bastante reservada, no eran suficientes para esconder su corazón roto por lo que con mucha frecuencia se refugiaba a llorar en su habitación. Lo observaba pasar sus días sin ningún tipo de motivación o razón de ser; incluso nuestros viajes a México, que él siempre había gozado, dejaron de tener algún significado. Mi padre, quien siempre había reflejado fortaleza, sufría incluso para manejar las tareas más sencillas de la casa: se quemaba los dedos tratando de cocinar y estropeaba la ropa al momento de lavarla. Nunca en mi vida lo había visto tan vulnerable y no sabía cómo reaccionar, excepto sentir compasión y una rabia profunda contra mi madre, a quién culpaba por todo. Después de todo, era ella quien se había marchado.

Empecé a soñar todas las noches y siempre sobre el mismo tema: momentos de alegría y de una familia unida que se había perdido. Ya sea que mis padres hubiesen estado visibles o invisibles en los sueños, siempre tenía el sentimiento de que ellos estaban juntos, en algún lugar cercano, lo que me producía un sentimiento de seguridad. En los años siguientes esos sueños recurrentes no dejaron de perseguir mi psique –algunas veces semanalmente, otras veces mensualmente-. Esos sueños eran hermosos, sin embargo crueles al mismo tiempo, pues terminaban cada vez que me despertaba.

No tenía a nadie con quien hablar, ningún adulto que me consolara, luego de la separación repentina de mis padres. Papá nunca me preguntó: "¿Cómo te sientes?"

Como una forma de lidiar contra mi ansiedad rampante empecé a desarrollar tricotilomanía, una tendencia adictiva a sacarme los pelos.

Comenzó cuando una amiga me enseñó como dividir en dos un pelo y sacarlo de un tirón al llegar a la raíz. Yo, que siempre había sido elogiada por la belleza de mi cabello, ahora encontraba consuelo en destruirlo. Dividir mi pelo perfecto -hasta la raíz- y jalarlo hasta producirme dolor, era la manera en que mi subconsciente intentaba resolver la separación traumática del matrimonio "perfecto" que habían tenido mis padres y mi salida repentina del hogar, de mis "raíces".

Durante el día, si había algún acontecimiento que me generaba ansiedad, comenzaba inmediatamente a jalarme el cabello y, cuando se producía la sensación de salir de raíz, sentía que se liberaba la tensión en mi cuerpo. Cada día podía "perderme" en mi pelo durante dos o más horas. Me encerraba en mi habitación o en mi baño buscando mechones que jalar, dejando atrás de mí un pequeño montón de pelo en el suelo.

Como se vio después, en México la vida no resultó ser tan buena como mi madre había previsto. Aunque bastante inteligente, nunca había aprendido a pagar las tarjetas de crédito o poner gasolina en el auto. Luego un año de lejanía comenzó a comunicarse con mi papá. Una noche lo escuché hablar por teléfono con ella. No lo había visto tan feliz desde hacía mucho tiempo. Cuando colgó se dirigió hacia mí con una gran sonrisa mientras me decía: "Tú mamá quiere que lo intentemos nuevamente".

"Ni hablar", repliqué. Lo había visto sufrir tanto y estaba furiosa por lo que ella había hecho. De ninguna manera quería que mis padres volvieran a estar juntos. Mi papá trató de convencerme diciendo que todo iba a estar bien, pero yo me aferré fuertemente a mi resentimiento.

Papá compró una casa nueva en Petaluma, hecha a la medida, con pisos de mármol y cuartos grandísimos, intento contentar a mamá. En su naturaleza silenciosa y poco comunicativa no sabía cómo expresar ternura afectuosa o sus sentimientos, por lo que su manera de expresar lo que tenía en el corazón era a través de cosas materiales. Cuando cumplí los trece años la familia se reunió nuevamente... como si nada hubiera pasado. Mi mamá era amorosa, como siempre lo había sido, y su calidez derritió la frialdad pétrea de mi corazón. La perdoné rápidamente de todo, pero nuestro baile de separaciones no había llegado a su final. Recién comenzaba la cosa.

"De manera que ya no son dos, sino una sola carne. Que el hombre no separe lo que Dios ha unido".
Mateo 19, 6

Datos: Las estadísticas del divorcio en los Estados Unidos revelan consistentemente que los hijos de padres divorciados están más expuestos a desarrollar problemas de salud, de conducta, de aprendizaje y emocionales: (1) Las niñas tienen una mayor tendencia a la ansiedad, a volverse introvertidas y a empezar a tener actividad sexual a una edad más temprana. Entre las dificultades para ambos sexos se incluyen un alto riesgo de consumir alcohol y el uso de drogas, embarazos juveniles, así como desarrollar tendencias criminales y suicidas. Posteriormente, en la juventud suelen tender a la soledad, a no sentirse felices, a tener relaciones sexuales riesgosas, así como una tendencia a tener hijos fuera del matrimonio. La aproximación religiosa decrece o se detiene luego del divorcio de los padres. (2)

Hay un mito muy extendido que afirma que el porcentaje de divorcio en los Estados Unidos bordea el 50%. Esa estadística es falsa. El porcentaje de divorcio en los que se han casado por primera vez, es del 20 al 25 por ciento; y entre aquellos que asisten regularmente a la Iglesia el porcentaje es aún menor (entre menos del 10% y no más del 20%). (3, 4)

¿Dónde Está Mamá?

L OS CINCO AÑOS SIGUIENTES transcurrieron pacíficamente, gozando de nuestra segunda Luna de Miel como familia. Entonces un día -cuando ya tenía dieciocho años- mamá empezó a empacar sus cosas. Me encontraba viendo televisión en el primer piso cuando papá bajó las escaleras diciendo: "Tu mamá se está yendo". Corrí lo más rápido que pude al segundo piso para ver si era verdad. Ahí estaba mi mamá en su habitación preparando sus maletas, llenas hasta reventar. "¿Qué está pasando? ¿Qué está sucediendo?", grité.

"No me hables", respondió fríamente. "No te me acerques. Déjame sola y déjame empacar mis cosas por mí misma".

Regresé al primer piso y vi a mi papá sentado en una de las sillas de la cocina, inclinado hacia el mostrador, con la cabeza entre sus brazos, llorando desconsoladamente. Mi hermana, sorprendida y adolorida también, trataba de consolarlo inútilmente.

Cuando bajó mi madre con su equipaje tratamos de abrazarla, pero ella nos dijo: "No me toquen. No me abracen. No me hablen. Déjenme partir".

Papá le dio uno de nuestros autos y, cuando ella empezó a alejarse, salió corriendo tras de ella. Cuando ella dobló la esquina, se detuvo y se dejó caer en medio de la calle sollozando como un niño. Unos vecinos nuestros, que estaban haciendo una barbacoa en su jardín, fueron testigos de todo esto. Mi hermana caminó hacia él y lo ayudó a levantarse, colocó su brazo sobre sus hombros y lo arrastró hacia la casa. Él, casi no podía caminar.

Mi mamá se mudó a vivir con una amiga en San José, pero su estadía ahí no duró mucho. Poco acostumbrada a su independencia, después de seis meses, regresó a decirle a mi papá: "Esta casa es nuestra; somos dueños mitad y mitad, y como dueña me corresponde vivir aquí, y voy a vivir como me da la gana".

Papá amaba a mi mamá y la recibió, pero ninguno de nosotros, sus hijos, queríamos que ella estuviese ahí. Mi hermano se mantuvo en silencio.

Embotelló sus emociones, excepto para hablar mal de las mujeres mientras evitaba las peleas que se producían alrededor suyo. Yo engordé muchísimo y él se unió a los comentarios que otros hacían de las chicas gorditas, como yo, refiriéndose a mi figura redondeada", agrediéndome por mis caprichos cuando él era pequeño. Mi hermana se volvió dura y hosca como una forma de darle un sentido de normalidad a las piezas rotas y dispersas de nuestra familia. Yo me volví súper protectora de mi papá pues no quería que mi madre lo hiriera, insultara, tocara y, más aún, que se acercara a él. Cada vez que defendía a mi papá y peleaba con mi mamá, le disparaba palabras hirientes como: "¿Por qué no te largas?"

La práctica de la Nueva Era de mi madre estaba en su apogeo. Al mismo tiempo encontró un nuevo deseo de salir a fiestas -desde muy temprano en la mañana- con sus amigas más jóvenes de la escuela a la cual estaba asistiendo. Mientras tanto mi papá esperaba su regreso sentado en el sillón de la sala de estar de la casa. Ella estaba dispuesta a disfrutar de la libertad que nunca había tenido en su juventud. Dos días antes de la celebración de "Acción de Gracias" salió. Para la mañana de "Acción de Gracias" aún no había regresado a casa. Mi hermana se puso manos a la obra con nuestra ayuda, aunque tampoco ninguno de nosotros sabía cocinar. Mi hermano se movía metódicamente alrededor de la cocina sin pronunciar una sola palabra. Papá no dijo casi nada, y yo observaba su estado de melancolía contemplativa, que cada vez más se iba haciendo más severo y amargado. Esa tarde, atontados y tratando de sobrellevar las cosas, nos sentamos alrededor de la mesa, mirando nuestra comida -con tristeza- tratando de hacer lo mejor posible mientras nos preguntábamos en silencio: "¿Dónde está mamá?"

Al día siguiente se apareció mamá sin la menor explicación. Ese es el día en que mi papá se molestó de verdad. Le quitó las llaves del auto de modo que no pudiera moverse libremente. Arrancó los conectores del teléfono de mi habitación para impedir que mi madre se encerrara ahí para hablar por teléfono durante horas. La guerra se había declarado.

Para este entonces mi madre se volvió irreconocible. Me decía cosas que no eran normales. Mi hermana presenció cuando me gritó: "Eres la peor prostituta y mujerzuela del mundo". Luego entró como una tromba en mi habitación y empezó a cortar en tiras mi ropa. "Si tú te mueres y te entierran dos metros bajo la tierra" -gritó- "yo nunca iría a tu funeral".

Otro día, temblando de ira, agarró con sus dos manos una estatua muy grande de un animal negro que teníamos en la sala de estar y la levantó sobre su cabeza con el fin de romperla sobre mí. Cubrí mi cabeza con mis brazos mientras pensaba que iba a morir. Mi papá le quitó la estatua y gritó:

"¡No te atrevas a herir a mi hija!" Mi hermana la llevó a su habitación y le dijo que tenía que empacar sus cosas e irse. Mamá se fue. Ella no recuerda absolutamente nada de esto.

Regresó dos días después. "¡Lárgate de la casa!", me gritó. "Vas a tener que vivir en la calle. Me voy a instalar en tu cuarto. Llévate toda tu basura porque ya no vas a dormir ahí. Yo no soy tu madre. Tú no eres mi hija".

Se puso atrás mío, como una máquina que empuja la nieve, y comenzó a empujarme por toda la casa mientras vomitaba, sin parar, insultos perversos contra mí. Corrí entre mi baño y mi habitación tratando de agarrar lo que podía, mientras mi papá miraba todo pasivamente, parado en el corredor, sin decir absolutamente nada. Lo miré sin poder hacer nada. Su cuerpo se había congelado mientras su rostro se contorsionaba de dolor. Yo quería escuchar desesperadamente que él le dijera: "¡No, ella no se va a ningún lado! Ella es mi hija. Ella se queda aquí. ¡Esta es su casa!" Pero en lugar de ello, con una resignación impotente, bajó los brazos como diciendo: "¿Qué es lo que quieres que haga?"

Ante el riesgo de perder a su esposa, estaba dispuesto a sacrificar a su hija. Mi padre amado, quién siempre había sacado el pecho por mí y por quien yo siempre había tomado partido, me traicionó con su silencio.

Caminé hacia afuera y miré mi auto: "¿Ahora ésta es mi casa?" Inundada por olas de vergüenza y sudor que se estrellaban contra mí debido a la conmoción, mi mente se vio bombardeada por imágenes de ser una persona sin hogar y tocarle la puerta a alguien cargando mis pobres pertenencias. Me senté en el asiento de atrás, sintiéndome mareada y claustrofóbica, mientras la realidad me presionaba desde los cuatro lados de mi pequeño auto. No podía entender cómo es que mi papá no había alzado sus brazos para defenderme de algún modo, ni siquiera haciendo alguna llamada a alguien buscando algún lugar en que pudiera quedarme. Doblada en posición fetal, lloré hasta quedarme dormida mientras rezaba para nunca tener que despertarme.

Cuando amaneció, abrí mis ojos llenos de lágrimas, temiendo que la pesadilla de ayer se hubiese vuelto realidad. Preguntándome cómo sobreviviría, se me ocurrió llamar a Verónica, una buena amiga mía que había abandonado la escuela y ya tenía un hijo de cuatro años de edad. Acopiando valor para marcar su número le dije, entre sollozos, lo que me había sucedido. Ella y su mamá, un ángel de mujer, decidieron recibirme inmediatamente en su casa en Petaluma.

Pasé de vivir en una casa espaciosa con mi familia a compartir una cama de dos plazas con una amiga. No podía aceptar ese cambio tan rápido, de ciento ochenta grados, que había dado mi vida. Sin contar con el apoyo de mis padres, dejé de ser una alumna con las mejores calificaciones para abandonar el último año de colegio. Mi nuevo lema sobre mis padres -y sobre la vida- había comenzado: "No les importo a ustedes, yo tampoco voy a preocuparme de mí misma. Jód...se".

Un día Verónica me acompañó a la casa de mi familia para recoger mis pertenencias ya que, además del dinero que mi papá me alcanzaba de vez en cuando, sólo tenía algunas ropas. Mientras tocaba la puerta de la casa mi mamá empezó a gritar desde las escaleras: "¡Tú no puedes entrar!" Verónica había sido muy cercana a nuestra familia durante muchos años y conocía a mi mamá como una mujer amorosa y pacífica, la mujer que ella había sido, la madre que nunca había dicho una palabra que no fuese amable.

Verónica retrocedió incrédula mientras mi mamá continuaba gritando: "¡Lárgate! ¡No vas a sacar nada de esta casa!"

"Entonces voy a llamar a la policía" -le dije- "y pedirles que me ayuden a llevarme mis cosas".

"Hazlo" -me dijo-. Y eso es lo que hice. La policía llegó a la casa y se paró en la puerta -haciendo guardia- mientras yo entraba, subía a mi habitación y recogía mis cosas".

Esa noche lloré en silencio hasta quedarme dormida. Mientras daba tumbos y vueltas de un lugar a otro en mi cama, soñé:

Estoy en el baño de mis papás. Mi mamá me está alisando el pelo, alistándome para el colegio. Pone un poco de agua en el cepillo y jala mi pelo hacia atrás, a modo de cola de caballo de lado, tan ajustada que me quejo. Sin embargo, al mismo tiempo me gusta pues el toque de sus manos me hace sentir amada. Llevándome a la cocina me prepara chocolate caliente y panqueques, tal como lo hacía cada mañana. Comí y me sentí completamente satisfecha. Mientras me levanto de la mesa me arregla el collar y me besa cariñosamente sobre la frente. Luego me alcanza mi merienda, compuesta por un emparedado de jamón, fruta fresca y mi postre favorito: gelatina.

Repentinamente, ya estamos frente a mi escuela de primaria, donde solía dejarme cada mañana. Salí del auto y caminé hacia mi salón de primer grado. Miré hacia atrás para ver su amorosa figura apoyada contra la ventana, asegurándose que cruce la calle sin ningún peligro y escucharla decir: "Espero que tengas un día maravilloso, mi Princesa".

"¿Se olvida una madre de su creatura, no se compadece
del hijo de sus entrañas?
¡Pero aunque ella se olvide, yo no te olvidaré!"
Isaías 49, 15

33

Verónica frecuentaba muy mala compañía. Los fines de semana dejaba a su niño pequeño con su madre para irse de parranda a Los Ángeles, y yo decidí unirme a ella. Un fin de semana en particular, un muchacho se ofreció llevarnos desde Petaluma a Los Ángeles pagando nuestros gastos de modo que pudiéramos parrandear con él. Casi no podíamos contener nuestra alegría, Posiblemente Verónica sabía, pero yo no, que él llevaba consigo varias libras de cocaína.

Para mí, ir de fiesta significaba bailar y quedar un poquito mareada por el alcohol, sin que haya drogas o sexo de por medio. Yo era virgen y nunca había "volado" debido a alguna sustancia. Pero en Los Ángeles el diablo me mostró una puerta que nunca antes había caído en cuenta y la abrió, empujándome a caminar a través de ella. Sucedió una tarde, cuando Verónica, yo, una amiga de nosotros llamada Angelina, y ese joven, estuvieron tonteando en nuestra habitación del hotel en L.A -la misma que él había pagado. Angelina rebuscó en su bolsillo y puso ante nosotras cuatro líneas de cocaína. Yo nunca había visto esa sustancia en mi vida. Mientras miraba ese polvo blanco me vino un miedo repentino. La cuarta línea era para mí.

"Oh, solamente hazlo. No seas cobarde", dijo Verónica. "Yo lo he hecho antes. No es una gran cosa". Después de aspirar sus líneas enrollaron un billete de un dólar para mí. Me dijeron que cierre una de mis fosas nasales, con mis dedos anular y central, que ponga el billete enrollado en mi fosa nasal libre y que lo dirigiera hacia el comienzo de la línea de polvo blanco y luego aspirara fuertemente. No quería hacerlo, pero, con las manos temblorosas, seguí sus instrucciones. Mi nariz comenzó a quemarme, mi garganta y mi boca se adormecieron mientras que mi corazón aceleraba sus latidos, como una fuerte combinación de ansiedad y euforia que estallaba y navegaba través de mí.

Esta sensación de euforia no duró mucho, pero luego aspiré otra línea, y otra más antes que transcurriera una hora, después quise otra más... y otra más. Aspiré líneas durante toda la noche mientras venían a mi mente ideas maravillosas ideas sobre mi futuro. Verónica y yo íbamos a ser estrellas de Hollywood o modelos famosas. Cualquiera de las dos lo seríamos. Conoceríamos a actores mexicanos -bien conocidos- y haríamos que su fama se nos pegue. Habíamos aprendido a hacer cambios de imagen por lo que también seríamos empresarias millonarias dirigiendo nuestra propia línea de cosméticos. De alguna manera nos veíamos mejor que cualquier otra muchacha de Los Ángeles. Nuestras pupilas estaban dilatadas, nuestra piel comenzaba a quebrarse con granos y nuestros labios estaban secos y quebrados por la cocaína. Pero nosotras estábamos eufóricas. Cuando pasó el efecto de las drogas pensamos… "posiblemente no suceda nada de eso".

Una vez pasada la euforia me sentí completamente exhausta, sola, deprimida y desesperanzada sobre mi vida. Mi cuerpo colapsó y dormí cerca de veinticuatro horas. Pero con la euforia de la siguiente semana, el dolor desapareció, y nuevamente todo pareció posible. La cocaína invadía la ciudad de Los Ángeles. Verónica y yo entrábamos a los baños y veíamos a otras chicas aspirar sus líneas en los lavabos. La droga siempre estaba presente hacia donde volteáramos dada la compañía con la que andábamos. Cada fin de semana, en una habitación diferente de hotel, llevábamos nuestra "roca" de cocaína en una pequeña bolsa de plástico que colocábamos sobre la mesa de noche, sacábamos la Biblia del cajón (es costumbre en muchos hoteles norteamericanos encontrar una Biblia gratuita provista por una organización llamada "Los Gideones" a disposición de los huéspedes), y la estrellábamos contra la cocaína para aplastarla y hacerla polvo. Luego separábamos el polvo en líneas sobre la Santa Biblia, y la pasábamos entre los que nos acompañaban para que la aspirasen. La primera vez que vi hacer esto a un grupo de chicas, tuve una sensación terrible de estar haciendo algo sacrílego. Pero como a nadie parecía importarle, empecé a no pensar en ello.

Me emocioné al comenzar a cosechar los efectos de la droga: la euforia y la pérdida de peso. Sin embargo, odiaba sus efectos secundarios y el hecho que empecé a jalar mi pelo nuevamente y con mayor frecuencia. Yo no le decía nada a nadie que no necesitara saber lo que estaba haciendo, al tiempo que me decía a mí misma -luego de la tercera semana de estar aspirando líneas a lo largo de la noche- que yo no me iba a volver adicta, que ello solo era para divertirme los fines de semana.

Mi confianza aún permanecía en la espiritualidad de la Nueva Era, a pesar de la evidencia que algo terriblemente malo estaba sucediendo. Hubo una señal de peligro más obvia que las demás. Fui a ver a una psíquica llamada Sonya, pues yo estaba infatuada con un chico que empezó a salir con mi amiga, en vez de conmigo, con lo yo me había sentido devastada por "la traición". Sentada detrás de una mesa cubierta por un mantel de color púrpura con borlas rojas, me leyó el tarot con gran preocupación y me dijo que había un bloqueo en mi relación con él. Mi amiga había hecho un "mal", creando ese obstáculo a través de la brujería. "Tienes que pagarme dos mil dólares" -dijo- "porque hay mucha brujería en tu vida. Toma, ponte esta poción". Quería el dinero en efectivo. Inocentemente, pedí prestada esa cantidad y regresé. Ella me dio un poco más de esa poción de amor, con la que tenía que frotar mi cuerpo mientras me duchaba al tiempo que cantaba algo unas cuatro o cinco veces. Nunca funcionó. El muchacho nunca llamó.

"Llámame", dijo, "vamos a ver lo que está sucediendo". Sentada frente a sus cartas, en las que confiaba, exclamó: "Oh, esto se está poniendo complicado. Es más fuerte de lo que pensé. Voy a tener que hacer un ritual esta noche y necesito cuatrocientos dólares para comprar unas velas especiales, pues esto es realmente poderoso". Le di el dinero y ella, supuestamente, hizo el ritual. ¡A pesar de ello el muchacho nunca me llamó! Pasaron los días y no supe nada del muchacho o de ella por lo que la llamé para saber lo que estaba sucediendo. "Tu amiga está haciendo un ritual más poderoso en contra nuestro y poniendo un obstáculo aún mayor", me advirtió. "Necesitaré otros cuatrocientos dólares para hacer un ritual de recuperación aún mayor". Le di el dinero y él nunca me llamó. Luego de un tiempo ella me pidió más dinero. Sólo en ese momento me di cuenta que todo había sido un disparate.

Mi coqueteo más peligroso con la Nueva Era ocurrió con el tablero de la Ouija. Cuando tenía ocho años una amiga me llevó al sótano de su casa para enseñarme sobre este "juego". Me explicó que podíamos llamar al mundo espiritual para que respondiese a nuestras preguntas. Sobre un tablero rectangular estaban impresas las letras del alfabeto, el cero, los numerales -del uno al nueve- y las palabras "SÍ", "NO", "HOLA" y "ADIOS". En el tablero había un marcador de forma triangular con una ventana redonda, transparente, a través de la cual se podían ver las letras en el tablero. Mi amiga susurró: "Mira, esto se desliza por sí mismo, solo con un leve toque de la punta de mis dedos. Lo mueve el espíritu de los muertos. Ellos son los que nos van a dar las respuestas".

Diez años después de haber sido iniciada en el "juego", yo todavía ponía mi confianza en él cuando mis amigas y yo nos sentábamos alrededor de la mesa haciéndole preguntas a gente muerta, así como a espíritus desconocidos, a través del movimiento suave y zigzagueante del marcador. "¿Mi novio me está engañando?" "¿Voy a conocer a alguien guapo?" Cuando llegaba mi turno de mover el marcador de vidrio me producía un sentimiento de ansiedad y de emoción que me bajaba hasta la columna pues yo sabía que no estaba moviendo el marcador con mis manos. Bajo la yema de mis dedos el marcador comenzaba a vibrar, luego se deslizaba hacia un punto en particular, se detenía por un segundo o dos en una letra y luego se dirigía rápidamente hacia otras, haciendo pausa una vez que se había formado una palabra. El marcador producía palabras perfectamente escritas y las oraciones correctas, además parecía volverse más eficaz mientras más se usaba el tablero de Ouija y se creía en él. Algunas veces las respuestas resultaban correctas. Algunas veces estaban equivocadas. Algunas veces yo temía: "¿Qué pasaría si les dijera a todas que he estado consumiendo cocaína?"

Realmente, yo no sabía que había estado cortejando con los demonios.

> "Que no haya entre ustedes nadie que inmole en el fuego a su hijo o a su hija, ni practique la adivinación, la astrología, la magia o la hechicería. Tampoco habrá ningún encantador, ni consultor de espectros o de espíritus, ni evocador de muertos. Porque todo el que practica estas cosas es abominable al Señor, tu Dios".
>
> Deuteronomio 18, 10-12b

Datos: Los sacerdotes que realizan exorcismos y liberan a la gente de los demonios advierten constantemente en contra del uso de las tablas de Ouija. (1) El P. John Hampsch, quien ha escrito varios libros y trabajado ampliamente en este ministerio de exorcismo, afirma que la mayoría de los casos de posesión que necesitan una mayor liberación suceden debido a su involucramiento con lo oculto: a través de prácticas como la Ouija, el tarot o alguna otra forma de entrada de la Nueva Era. (2) En una entrevista del "National Catholic Register" (periódico católico de gran prestigio en los Estados Unidos), el Padre José Antonio Fortea - un exorcista reconocido mundialmente- dijo: "El problema (con el Halloween) es que los niños o adolescentes comienzan a interesarse por la Ouija, conjuros o cosas por el estilo. En el momento en que se llama a esos seres, ellos pueden venir a ti y colocarse alrededor tuyo. Ser poseído no es una cosa fácil. Algunas personas piensan que, si uno llama a un demonio, puede ser poseído en un segundo. Eso es muy raro". (3) Sin embargo, el P. Fortea trató repetidamente de exorcizar al demonio de una joven que había sido poseída luego de jugar la Ouija durante toda la noche, una vez que se quedó a dormir en la casa de una amiga. Su caso fue muy grave y él no fue capaz de liberarla del demonio. (4)

TRANSFIGURADA

Después del estreno de la película "Ouija" por parte de Hollywood, se despertó el interés en este peligroso juego. Las búsquedas de internet sobre los tableros de Ouija -de acuerdo al gigante de búsquedas Google- subieron un 300 por ciento. (5) A pesar de los peligros, los tableros de Ouija siguen fascinando y son vendidos abiertamente en muchísimas tiendas.

Intimidad Peligrosa

A LREDEDOR DE ESA ÉPOCA comencé a trabajar como secretaria en una oficina médica y empecé a salir con un muchacho de veinte años llamado Ozzie, quebrado y desempleado, permanentemente drogado y que descuidaba a sus dos hijos. Había sido adicto desde los catorce años. La primera vez que lo conocí, mostró un gran interés por mí, aunque no me gustó para nada. Pero cuando dejó de buscarme comencé a extrañarlo. Verónica me advirtió repetidas veces que él era un irresponsable y un perdedor; pero su sentido del humor y la atención afectuosa que me mostraba me atrajeron, por lo que empecé a llamarlo y regresó a mi vida.

Comenzamos a coquetear y una noche, aun cuando yo había estado esperando muchos años -a propósito- el momento perfecto con ese alguien especial, decidí entregar mi virginidad. Yo sabía que le estaba ofreciendo algo muy valioso a Ozzie, una parte preciosa de mí misma e imaginaba que nuestra unión sería mágica y de un gran significado, especialmente para él. La experiencia no fue nada de lo que yo esperaba. Con dieciocho años y muy nerviosa, no sabía lo que estaba haciendo y no lo disfruté. Algo tan sagrado, algo que había estado guardando para aquél al que yo amaría, había sido entregado tan descuidadamente, y además sentí en mi corazón que Ozzie ni siquiera lo había valorado. Lo que me más dolió fue que sentí que había perdido una parte de mi misma que nunca más recuperaría.

Muy poco después, Ozzie empezó a ver a su antigua novia -la madre de sus hijos-. Verónica le aconsejó, mientras estábamos totalmente drogados, en cómo debería cambiar y tratarme bien, al tiempo que yo ponía mi esperanza en sus "sesiones". Finalmente, Ozzie me dejó y regresó con su ex-novia. Yo me quedé sola y sintiendo que había sido utilizada.

No mucho tiempo después llamó mi papá -de manera inesperada- para dejarme saber que mamá se había ido, que los procedimientos para el divorcio habían comenzado y que la casa, a la cual había llamado "agujero del infierno" había sido vendida. Él había querido mantener la propiedad para la familia y pagarle su parte a mamá, pero ella no quería que ninguno de nosotros tuviera la casa o que viviésemos en ella. Papá me dijo: "Ahora tengo un departamento y si quieres venir a vivir aquí, conmigo y tu hermano, eres bienvenida".

Con el tiempo, la rabia inicial que tenía hacia mi papá se convirtió en lástima, cuando me di cuenta que no había levantado sus brazos para defenderme y que me había abandonado, no por falta de amor hacia mí, sino por su propia debilidad humana y el deseo de no perder a su esposa nuevamente. No sabiendo cómo mostrar apoyo emocional, había expresado su preocupación por mí llamándome; regalándome un carro nuevo; enseñándome cómo manejarlo; y visitándome para dejarme un poco de dinero -no sólo a mí- sino también a la mamá de Verónica. Me sentí feliz y aliviada de recibir la llamada de mi papá y acepté su propuesta inmediatamente. Sin embargo, me preguntaba si me sería posible mantener mi estilo de vida fiestero al mismo tiempo que vivía con él. Yo anhelaba su aprobación y sentí que nunca podría avergonzarlo públicamente. Decidí mudarme con él, pero vivir una mentira. Jugaría el papel de la hija buena.

Moví mis pocas pertenencias al departamento nuevo de papá y rápidamente nos hicimos los mejores amigos. Cuando no estaba parrandeando durante los fines de semana o trabajando como recepcionista médica, la pasaba con él: comiendo, haciendo compras, limpiando, mirando la televisión o simplemente estando juntos sin hacer nada. Su ánimo se alegraba cuando yo llegaba de trabajar, lo mismo que el mío. Sin embargo, desafortunadamente, la única persona con la que salía era conmigo. Si papá se enteraba que alguno de sus hermanos o primos se iba a casar o a celebrar un bautizo, a propósito, apagaba su teléfono y se negaba a ir. Recluyéndose voluntariamente y escondiéndose detrás de sus ojos melancólicos se pasó una década entera adormecido y deprimido, volviéndose una especie de reo.

Sin embargo, en mis sueños recurrentes las cosas eran diferentes…

Mi familia inmediata se sienta junta a cenar en el comedor. Miro alrededor mientras pienso en cuánto quiero a mi familia. Sus rostros se muestran radiantes y felices. Mi mamá comienza a servir la comida, tal como siempre lo ha hecho. "¡Todos estamos aquí y juntos nuevamente!", exclamé. "¡No puedo creer lo maravilloso que es esto! Yo pensé que los había perdido a todos ustedes".

Pero solamente era un sueño. Yo tenía a papá conmigo, pero estando tan cerca, me di cuenta muy pronto que era un maestro del castigo emocional, algo que -sin lugar a dudas- mi mamá había experimentado. Si estaba descontento conmigo me quitaba mis cosas, dejaba de pagar las cosas y se quedaba callado, negándose a decirme lo que estaba mal. No tenía manera de saber la razón por la cual estaba siendo castigada. Su respuesta ante cualquier cuestionamiento era enojarse: "¡No quiero hablar porque no quiero hablar!"

En esos momentos extrañaba realmente a mi mamá. No podía apoyarme en mi hermano, de catorce años de edad, que se evadía fumando marihuana y, aunque no quería ver o hablar con mi mamá porque sentía que ella se merecía mi alejamiento, en lo profundo quería tenerla cerca nuevamente. Quería que las cosas fueran exactamente como habían sido antes. Mis papás me habían protegido hasta el punto en que no sabía que el mundo podía ser un lugar peligroso. Mi mamá, incluso, me había salvado la vida.

Sucedió cuando tenía cuatro años, mientras jugaba junto a la piscina con Camila, mi prima favorita, una especie de hermana gemela para mí. Las dos compartíamos en secreto fiestas de té, cuando podíamos nos vestíamos de manera semejante, nos buscábamos en las mañanas apenas nos levantábamos y manejábamos nuestras bicicletas alrededor del pueblo. Un día decidimos que sería "cool" saltar a la piscina usando solamente uno de los flotadores en el brazo. Mientras nuestras mamás estaban al otro lado de la piscina, conversando despreocupadamente bajo la sombrilla, recuerdo los tragos de agua que me ahogaban mientras jadeaba en busca de aire al tiempo que nos hundíamos, mirando hacia nuestros padres, inconscientes de lo que sucedía. Queriendo gritar sólo conseguía tragar más agua, jadeaba y me atragantaba. Nuestros cuerpos se hundieron hasta el fondo de la piscina y, antes de que perdiéramos la consciencia, las manos de nuestras mamás nos jalaron del pelo fuera del agua. Acostadas en el cemento, jadeando, miré hacia los ojos preocupados de mi mamá y supe que todo iba a estar bien.

Pero ahora, mirando en el espejo destrozado de un pasado perfecto, mi espíritu se movía entre el miedo y la depresión. Cuando me sentía engullida por una tristeza ansiosa que se iba acrecentando, mis manos se dirigían hacia mi cabello y lo empezaban a jalar. La pequeña Patricia, que se había sentido tan segura y querida, había muerto hacía ya mucho tiempo. Sin embargo, la princesa insegura que había tomado su lugar estaba más viva que nunca: una persona complaciente hasta la saciedad, buscando a alguien que se diera cuenta de su presencia, que le dijera que era bella, que le dijera que era fuerte, que le hiciera saber que ella era la más especial de todas las personas.

"Engañoso es el encanto y vana la hermosura: la mujer que teme al Señor merece ser alabada".
Proverbios 31, 30

—◆·✦✦✦·◆—

Una noche, cuando todavía tenía dieciocho años, sentí que una luz potente (como la de los cañones de luz en los teatros) me iluminaba. Mientras bailaba en una discoteca mexicana en Vallejo, California, mis ojos avistaron a un muchacho atractivo, de veinticuatro años de edad, que estaba bailando con una muchacha. Impresionada por su manera de vestir, sus movimientos y su sonrisa, pensé: "Vaya, realmente es guapísimo. Necesito que se aleje de ella". Tímida por naturaleza, reuní el valor suficiente para sonreírle coquetamente y hacer contacto visual.

Se me acercó y bailamos hasta muy tarde, enamorándonos inmediatamente. Se llamaba Saúl y me llamó al día siguiente para pedirme que saliéramos juntos. Nuestras salidas a cenar muy rápidamente se convirtieron en una relación muy seria. Era generoso, cariñoso, cortés y me adoraba -un enamorado atento que me abría las puertas de los autos, que nunca me dejaba pagar nada y que me llenaba de elogios. En su presencia, y con su familia profundamente unida, sentí la seguridad, el consuelo y la atención que ansiaba mi alma.

Mientras tanto yo mantenía oculto mi consumo de cocaína. Había mantenido mi amistad con Verónica, aunque Saúl sospechaba la influencia que ejercía sobre mí. Cuando el uso de las drogas se volvió más constante comenzaron a aparecer algunas claves de ello. Me empezó a brotar acné, perdí peso rápidamente, tenía falta de sueño y funcionaba poco eficazmente en mi trabajo como recepcionista médica, por lo que tomé la decisión de dejar la cocaína y dejar de salir con Verónica antes que mi secreto saliera a la luz.

Después del primer mes de iniciada mi relación con Saúl le informé a mi papá que siempre estaría fuera de casa los fines de semana con mis amigos, aunque en realidad ese tiempo ya estaba separados para ir a las discotecas y para pasar tiempo con Saúl. Cada sábado por la noche Saúl y yo arrojábamos lo más lejos posible nuestra herencia religiosa de reservar el sexo para el matrimonio. Para nosotros era una costumbre mexicana anticuada e irrelevante, atascada en la cabeza de nuestras abuelas. No pensábamos en nada más que meternos en la cama. "Nos amamos mutuamente. Somos fieles. Todo está bien".

Sin embargo, las cosas estaban muy lejos de estar bien. Tener relaciones íntimas cayeron dentro de la categoría de complacer a los demás, y es algo que nunca disfruté verdaderamente. Había aprendido del mundo que la manera de mostrarle mi amor a mi enamorado era teniendo sexo -sólo tenía que asegurarme de usar el condón. Me habían enseñado que el sexo era una manera importante de satisfacer a un hombre, el medio necesario para sostener una relación, la máxima expresión de amor, un acto normal de intimidad -y yo no quería que pensaran que yo era anormal. A pesar de que el acto era una tarea dolorosa, sin mencionar las múltiples infecciones a la vejiga y la cantidad de antibióticos que tuve que soportar, me forzaba a hacerlo. Solo se me ocurría que la libido de Saúl era tan grande que no tenía en cuenta mi bienestar. Cinco años mayor que yo, él había tenido más experiencias sexuales que yo y yo no era, especialmente, una defensora de la abstinencia o de la práctica consistente del sexo "seguro". Unas tres o cuatro veces corrí a usar las "Píldoras del Día Siguiente" (también conocidas como Plan-B), las cuales no me ayudaban con mis síntomas físicos ni mi agonía mental. El sexo era, verdaderamente, un martirio despiadado para mí.

Todos mis antibióticos, condones, pastillas anticonceptivas y del "Día Siguiente" (Plan-B) me eran suministradas gratis por Planned Parenthood. "Esa gente son mis salvadores", pensaba. "No tengo que decirle nada a mi papá. No tengo que gastar dinero. ¡Ellos hacen las cosas tan fáciles!" Me impresionaba su clínica inmensa, los tiempos largos de espera en el teléfono y sus largas filas -una espera de por lo menos treinta minutos a cualquier hora del día durante sus horas de atención al público-. "Esto es un éxito", pensaba, mientras me recostaba en sus sillones acolchados de la sala de espera. Sin embargo, los sillones no me hacían sentir muy cómoda. Observaba constantemente de un lugar a otro, temerosa de encontrarme con un rostro conocido, al tiempo que empezaba a sudar involuntariamente. Tan pronto como llamaban mi nombre me invadía una ola de vergüenza que me hacía pasar rápidamente la puerta que conducía a las salas de examinación.

Ese mismo sentimiento de vergüenza se apoderaba de mí cada domingo por la mañana cuando salía del apartamento de Saúl usando tacones altos y un vestido de noche, para entrar furtivamente en la casa de mi papá y correr hacia mi habitación antes de hacer evidente la mentira que ambos pretendíamos no saber que conocíamos.

A los cinco meses de mi relación con Saúl aconteció algo que yo, de alguna manera, pensaba que era imposible que sucediese. Comencé a sentir náuseas y estar muy cansada. No podía comer mucho y colapsaba en el sillón donde cada día me dormía por horas al llegar del trabajo. "¿Qué me está pasando?" me preguntaba. "No puedo estar embarazada. Nosotros usamos condón. ¿No debería de haber funcionado?" No sabiendo a quién preguntar, empecé a llamar frenéticamente a mi prima Camila.

Ella vino rápidamente con una prueba portátil de embarazo. Ambas miramos el aplicador en un silencio ensordecedor. Cuando apareció la línea rosada empezó a gritar y a llorar, cosa a la que me sumé inmediatamente. El primer pensamiento que tuve me llenó de un terror cada vez mayor: "Oh no, me voy a engordar de nuevo". Miedos, miedos, y miedos aún más agonizantes, me desgarraban rápidamente, unos tras otros. "Mi vida se ha terminado" … "!Estoy atrapada para siempre con este muchacho!" A pesar que amaba a Saúl sentía que yo aún era demasiado joven, además de no tener la certeza de que él fuera "el que yo esperaba". "Nunca voy a tener una carrera", me lamentaba, aunque no sabía exactamente qué clase de carrera podía ser aquella. Sin embargo, mi miedo más grande era -sin lugar a dudas- la reacción que pudiera tener mi papá. Sería causa de vergüenza y de deshonor para él y toda nuestra familia. En la cultura Hispano-mexicana, si no estás casado por la Iglesia, o si quedas embarazada fuera del matrimonio, la gente te juzga y habla incesantemente de ti. Los chismes que comienzan en los Estados Unidos viajan muy rápidamente hacia el Sur -a la velocidad de la luz- y no tienen fin o límites una vez cruzados la frontera.

Nos sentamos en mi habitación, llorando a moco tendido, y le pregunté a Camila, "¿qué crees que debería hacer?"

Calmándose a sí misma, con las mejores intenciones y como si fuera un asunto dado por hecho, dijo: "Lo que pienso es que deberías abortar. Aprende tu lección y enfócate en las metas que tienes en la vida".

Cuando la escuche decir la palabra "aborto" se me revolvieron las entrañas. No podía creer que yo misma me había colocado en esa situación. De alguna manera había separado el sexo del embarazo, mientras que la verdad es que las mujeres quedan embarazadas todo el tiempo a pesar de utilizar métodos de control de natalidad. Me había prometido a mí misma que si quedaba embarazada nunca abortaría a un bebé. Libre, abierta y confiadamente, había hablado en contra del aborto y pensaba que las mujeres que habían pasado por ese procedimiento eran malvadas.

Pero ahora no sabía si quería tener al bebé o no. Confusa y angustiada, llamé a Saúl esa misma noche, buscando una respuesta, Aunque sabía que él se sentía muy enamorado de mí, al punto que se hubiera casado conmigo en un abrir y cerrar de ojos, no sabía cómo reaccionaría ante mi embarazo. Cuando se lo dije, su voz pareció explotar con tal entusiasmo que comenzó a reír mientras hablaba. Expresó lo alegre que era esta situación para nosotros y cuán emocionado se sentía al saber que iba a ser papá. Me dijo que no me preocupara, que me apoyaría en todo lo que estuviera a su alcance. Su alegría y apoyo me hicieron querer quedarme con el bebé. Aceptando nuestra situación de manera resignada suspiré: "Voy a tener que terminar con este muchacho. Yo soy demasiado joven. Esto no es el fin del mundo".

Al mes del embarazo empecé a tomar vitaminas pre-natales. Luego tuve ultrasonidos a los dos meses y nuevamente a los dos meses y medio, luego de lo cual empecé a frotarme la barriguita y hablar con mi bebé. Durante el segundo ultrasonido, Saúl me apretaba la mano mientras mirábamos hacia la pantalla. Con una claridad asombrosa vimos a nuestro bebé y cómo se movían rápidamente sus brazos y escuchamos el latido fuerte y acelerado de su corazón. Fue un momento asombroso. Quise llorar. Por primera vez durante mi embarazo me sentí emocionada.

Una mañana, durante esa época, me desperté y mirando a mi novio empecé a llorar: "He tenido un sueño… mi mamá llamó para ofrecerme disculpas y decirme que me extrañaba". Mi corazón se inundó de alegría y se sacudió de dolor, todo al mismo tiempo, debido a la cercanía que había sentido con ella en el sueño, sacando a flote lo que mi alma anhelaba y parecía haber estado sumergido por tanto tiempo. Mientras le contaba mi sueño a Saúl, timbró mi teléfono. La pantalla decía: "Mamá". Después de dos años de no haber tenido ningún tipo de contacto, se disculpó entre lágrimas por haberme herido de varias formas y me dijo que quería volver a tener nuevamente una relación conmigo. Capas de ira y dolor se enterraron por sí mismas a nivel inconsciente. Yo quería a mi mamá. La quería tener exactamente igual como cuando era una niñita. Llorando de felicidad la perdoné inmediatamente.

Con esta sanación monumental, Dios estaba pavimentando el camino para que yo me convierta en madre, me casara con un buen hombre proveniente de una buena familia, que me librara de las drogas y las mentiras, y que cuidara la vida hermosa que había traído al mundo. Siempre había querido a los niños y pensaba que sería una buena mamá. Sin embargo, yo no conocía a Dios.

"Antes de formarte en el vientre materno, yo te conocía…"
Jeremías 1, 5a

Datos: Carol Everett, ex-dueña de una clínica de abortos afirmó: "Teníamos un plan diseñado para vender abortos, llamado 'educación sexual': resquebrajar la modestia natural; separarlos de sus padres y sus valores y llegar a ser los expertos de sexo en sus vidas, de modo que nos miraran a nosotros, y les pudiéramos proporcionar dosis de control de natalidad deficientes para que quedaran embarazadas, o un condón defectuoso, pues nosotros nunca comprábamos los condones más caros, sólo comprábamos los más baratos. Nuestra meta era conseguir de tres a cinco abortos por cada muchacha entre las edades de trece y dieciocho años". Pueden ver la entrevista a la Señora Everett en el documental "Blood Money" ("Dinero Sangriento"). (1)

"Planned Parenthood Federation of America" (PPFA por sus siglas en inglés), el proveedor más grande de servicios de aborto en los Estados Unidos, ofrece gratis tres tipos de condones. De acuerdo a "Consumer Reports" (compañía que provee estudios de calidad sobre productos del mercado), dos de ellos tienen los valores de medición más pobres en términos de resistencia y confiabilidad. (2)

Para alumnos del jardín de infancia hasta la adolescencia, Planned Parenthood promueve derechos sexuales y ciertas libertades. PPFA argumenta que la presentación de la homosexualidad y todas sus variaciones deben comenzar desde el jardín de infantes. Para adolescentes, la organización promueve actos sexuales peligrosos, tales como el sexo anal y la penetración anal con los dedos, esclavitud y prácticas sexuales sadomasoquistas. En uno de sus videos educacionales, una muchacha adolescente imparte consejos de como iniciarse en el sadomasoquismo. (3) Planned Parenthood recibe cientos de millones de dólares del gobierno, para sus planes integrales de educación sexual; los cuales proceden de los impuestos de los contribuyentes.

La Federación Internacional de Planned Parenthood lucha en contra de las leyes que exigen que las personas infectadas con el HIV positivo (SIDA) revelen esa información a sus compañeros sexuales sin importarles su potencial infección letal, debido a que viola los derechos sexuales de las personas infectadas por el virus del SIDA. En opinión del director ejecutivo de la Liga Americana para la Vida (American Life League), Paul E. Rondeau, "una cosa es cierta: para Planned Parenthood el placer sexual es más importante que la vida misma". (4)

Vida o Muerte

CON DIECINUEVE AÑOS y llevando tres meses de embarazo fui a una fiesta de cumpleaños con algunas de mis amigas. Apenas llegué me arrinconaron: "Pensamos que eres demasiado joven para ser mamá. ¿Estás segura que quieres tener ese bebé?" Todas ellas se sentían muy acongojadas por mi embarazo y colectivamente empezaron a sondearme en busca de alguna duda que yo pudiera tener, mientras que llenaban mi mente de pensamientos horribles. Salí de la fiesta sintiéndome confusa, molesta y ofendida.

Una de esas amigas, Naomi, me llamó un mes después para preguntarme si la podía acompañar a que una psíquica le leyese el Tarot. Se sentía devastada por la ruptura con su novio y necesitaba ayuda. Accedí a ir con ella, pero cuando llegamos sentí una duda terrible. El camino hacia la pequeña casa blanca de la psíquica estaba flanqueado por dos columnas gigantes; cada una sostenía un león de piedra, grande y feo, con las fauces abiertas imitando un rugido.

Dejé de lado mi incertidumbre. Cuando llegamos a la casa, una mujer arrugada, desprovista de alegría y que parecía tener al menos noventa años, nos abrió la puerta dándonos la bienvenida. Mi repugnancia inicial se hizo mayor cuando vi que uno de sus ojos tenía una pupila blanca y sus párpados estaban medio caídos, además de tener un sexto dedo retorcido en el pie, y con una uña amarillenta, puntiaguda y sucia como en el resto de los dedos, que salían por sus sandalias.

Indicándonos que la siguiéramos nos llevó a través de una puerta corrediza hacia un patio interior ubicado en la parte posterior de su casa. Se sentó en una silla, encorvada y triste. Detrás de ella se elevaban dos estatuas de ángeles negros de tamaño natural. Había velas encendidas en diferentes partes de la habitación, pero su luz no era nada acogedora.

Cuando comenzó a hablar mi vista no se podía despegar de ese dedo espantoso saliéndose de sus sandalias y que parecía demoníaco.

47

Cuando terminó de leerle las cartas a Naomi se volvió hacia mí y me preguntó: "¿También quieres que te lea las cartas?"

Yo todavía creía en las cartas por lo que, dejando de lado mi molestia, le dije" "Claro".

La psíquica barajó sus cartas y las puso delante mío. Sus ojos se movieron rápidamente en diferentes direcciones al tiempo que se le veía inmersa en sus pensamientos. Luego me miró con mucha seriedad -a través de su pupila pequeña y blanca, y dijo: "Mañana vas a recibir una carta muy importante a la cual debes prestarle mucha atención". Mi amiga comenzó a llorar de manera incontrolable. Yo no tenía la menor idea del por qué.

Al regresar del trabajo al día siguiente encontré en el buzón del correo una carta para mí. Era de Naomi. Ella había escrito: "Tu embarazo es un gran error. Eres demasiado joven para ser madre. Tienes un gran futuro delante tuyo. Si tienes este bebé vas a arruinar tu vida. Lo mejor que puedes hacer por ti es abortar". La carta continuaba en un tono desesperanzado, rogándome que no tuviera a mi hijo. Ante la falta de valentía para decirme en persona cómo se sentía sobre mi embarazo había decidido escribirme esta carta algunos días antes de ir a ver a la psíquica, a quién no le había mencionado nada de esto.

Me pregunté si es que Naomi había sido elegida como portavoz de mis otras amigas. Éramos un grupo bastante cercano por lo que hice una conferencia telefónica con todas y les pedí que me dijeran la verdad. Todas dijeron a una sola voz: "Tienes que abortar". Decían que yo era demasiado joven. Además, debía realizar el procedimiento urgentemente -ya mismo- pues tenía cuatro meses de embarazo y muy pronto sería imposible abortar. "Apúrate", me urgieron.

Toda la alegría que el embarazo me había producido se desvaneció. Tomé la decisión de abortar a mi bebé al momento de finalizar la llamada. Destrozada por el miedo y el pánico exclamé: "Ellas tienen razón, si no lo hago ahora no seré capaz de hacerlo después". En mi mente comenzaron a fluir planes con la misma fuerza de un dique roto. "No le puedo decir a Saúl que voy a abortar. Él no lo aceptaría por lo que tengo que inventarme una mentira. Cuando me encuentre con la salud delicada luego del aborto, le diré que tuve una pérdida". Pero yo sabía lo que estaba haciendo y, que además, estaba mal. "¿Cómo pude haber pasado -repentinamente- de imaginarme a mi hijo sonriendo entre mis brazos a preparar una estrategia de cómo asesinarlo?" Ignorando a mi consciencia, continué elaborando mi estrategia. Luego me miré hacia la barriguita y me sentí como una traidora.

Desde ese momento me cerré a todos los pensamientos sobre la vida que llevaba dentro mío. No me sobaba la barriguita. Ni siquiera me imaginaba a mi hijo. En vez de ello me llené de pensamientos que me consolaran, como que no iba a "engordar", mientras hacía los preparativos para hacer mi cita en el centro de abortos. Cuando se aproximaba el día de mi procedimiento, pensé: "Hay un bebé en mi barriga y ya no va a estar ahí nunca más". Me inundaron sentimientos de egoísmo y de culpa, pero los puse a un lado en vistas a "un futuro mejor".

Una de mis amigas me acompañó a la clínica. Yo era la primera cita de la mañana. Mirando de manera furtiva a mi alrededor, me sorprendí al ver la gran cantidad de chicas en la sala de espera, todas ellas mirando al suelo y evitando todo contacto visual con otra persona. Todas se veían asustadas y tristes. Sintiéndome de la misma manera me senté junto a ellas. Eventualmente, la enfermera me llamó y me llevó a una habitación en la parte posterior. Me recosté sobre el frío papel esterilizado que cubría la mesa de exámenes. Luego de poner un poco de gel sobre la parte inferior de mi abdomen, la enfermera colocó lo que parecía ser el ratón de una computadora, un aparato llamado transductor, sobre el gel y miró a la pantalla en la que se veía una imagen de ultrasonido de mi bebé.

"¿Puedo ver a la pantalla?", le pregunté.

Ella no me dejó. "No, esto es algo que no necesitas ver. En realidad, no hay nada ahí".

"¿Qué tan avanzado está mi embarazo?", le pregunté nerviosamente. "¿Está mi bebé demasiado desarrollado como para realizarme este aborto? ¿El bebé va a ser lastimado?"

Dirigiéndose a mí con la mirada vacía me dijo: "No es un bebé. Es una bolsa".

Yo había visto mi último ultrasonido dos meses antes y, aún en ese momento, había sido capaz de ver moverse la cabeza y las extremidades de mi bebé, sin mencionar que había escuchado el latido de su corazón, por lo que sabía que la enfermera me estaba mintiendo en mi propia cara. A pesar de ello, yo quería creerle.

Luego ella me llevó a la sala de operaciones donde una doctora se dio cuenta que estaba temblando. Me sentía horrorizada por el solo pensamiento del procedimiento, por lo que trató de calmarme diciéndome: "Yo he tenido un aborto y mi hija ha tenido dos. De hecho, yo fui quien le realizó los abortos a mi hija". Poniendo la mano sobre su corazón, agregó: "Yo estoy bien. Mi hija está bien. No me pasó nada y tampoco le pasó nada a ella. Nada te va a suceder. Vas a estar bien".

ADVERTENCIA AL LECTOR: SI USTED NO QUIERE LEER LOS DETALLES DE COMO SE REALIZA UN ABORTO, POR FAVOR SÁLTESE LOS DOS PÁRRAFOS SIGUIENTES.

Sus palabras me tranquilizaron. Ella era una doctora experta en su campo, por lo que confié en ella. "Además, esto sólo tomará unos cinco minutos", me aseguró, "saldrás muy pronto de aquí". Se agachó e insertó unas pinzas para abrirme el cérvix mientras me enseñaba una aguja inmensa, tan grande como del tamaño de mi codo hasta la punta de mi dedo del medio. "Vas a recibir siete inyecciones", me dijo, y procedió a insertar la aguja a través de mi vagina. Yo traté con todas mis fuerzas de parecer fuerte, para esconder mi terror, mostrándome dura y como si estuviera manejando magistralmente el procedimiento, como si no fuera una gran cosa.

Después que la doctora me aplicó las siete inyecciones en el cuello uterino y empecé a sentir que se adormecían mis partes internas, encendió una máquina que sonaba como una aspiradora. Entonces sentí una manguera presionándome por dentro, lo que me produjo una contracción inmensa al tiempo que mi bebé era succionado fuera de mí. En ese preciso instante sentía cómo que se arrancaban la vida mientras entraba dentro mío, el fantasma de la muerte. Me sentí como una asesina. "¿Acaso no habían sido sólo unos días atrás en que me había estado sobando la barriguita con gran alegría?" Ahora estaba vacía. Mis pensamientos comenzaron a acelerarse. "¡He destripado a mi bebé para que lo saquen!". "¡Soy muy egoísta, muy egoísta!". El personal vio como mi cuerpo aún estaba convulsionándose y que la culpa estaba escribiendo líneas dolorosas sobre mi rostro. La enfermera y la doctora continuaban diciéndome que no estaba haciendo nada malo y que eso no era un bebé… *no era un bebé*. No era nada más que una masa de células sin vida… mientras tanto las imágenes del ultrasonido que había tenido se me aparecían en la mente. Traté de calmarme yo misma. "Increíble, ni siquiera te mueves", dijo la doctora. "Eres una de nuestras mejores pacientes".

Finalmente se apagó el sonido de la aspiradora. "Eres muy valiente. Has hecho un buen trabajo". Parte de mí, esa persona complaciente, se sintió orgullosa de haber soportado el procedimiento sin haber proferido un solo grito. Incluso le agradecí a la doctora. Cuando salió del cuarto y me senté en la mesa, cubierta con mi sangre, y cerré mis piernas, me estremecí por un sentimiento de vergüenza y vacío, peor que la muerte. Pero al mismo tiempo estaba mezclado con un sentimiento de alivio. "Ahora ya no voy a engordar", pensé, "y voy a poder volver a ir al gimnasio".

De ahí me llevaron a una habitación de descanso, donde me senté, vestida con medias y bata quirúrgicas, inundada por los llantos. Recuerdo en particular a una joven pareja, ninguno de los dos tendría más de dieciséis años, sentados frente a mí, llorando amargamente. Nadie se miraba el rostro mutuamente.

Antes de salir -por la puerta posterior de la clínica- me dieron una bolsa grande, marrón, con anticonceptivos y una advertencia: "Ya que no sabes cómo usar de manera adecuada un condón, aquí tienes píldoras anticonceptivas para que esto no te vuelva a ocurrir".

"Gracias", les dije, encogiéndome por la vergüenza. Camino hacia mi auto, pensé: "Salí de este auto embarazada y ahora regreso sin mi bebé. No puedo creer que a partir de ahora sea parte de las estadísticas de las mujeres que se han realizado un aborto". Todo se sentía extremadamente raro y vacío. "¿No era que yo tenía un bebé? Ahora lo único que tengo es un agujero negro".

Esa noche llamé a mi enamorado para decirle que estaba sangrando y con contracciones y que estaba muy preocupada que algo estuviera mal con mi embarazo. Luego mentí nuevamente diciéndole que a la mañana siguiente iría a ver a mi doctor para que me revisara. A mediodía del siguiente día, me llamó para preguntarme si había visto al doctor, y yo fingí estar devastada mientras le contaba sobre mi "pérdida". Nunca lo había escuchado tan triste. A la mañana siguiente su almohada estaba mojada por las lágrimas que había vertido durante toda la noche. "¿Cómo es posible que él esté llorando y yo no?" Me hacía esa pregunta sin darme cuenta que mi trauma había sido reprimido rápidamente. "Yo no siento absolutamente nada. ¿Es que hay algo malo conmigo?

Los días siguientes Saúl continuó buscando una razón por la cual se produjo mi pérdida y se disculpó por no haberme cuidado debidamente. Para desviar mi vergüenza sobre su tristeza, lo utilicé en mi favor dejándolo hundirse en su sentimiento de culpa y haciéndolo responsable. "No deberías pelear tan seguido conmigo. Probablemente esto sucedió por estar tan estresada".

Luego de eso, mis amigas que habían estado tan preocupadas por mí antes de mi aborto, se fueron esfumando lentamente -una a una- de mi vida. Nunca me preguntaron: "¿Cómo te sientes?" Actuaron como si no quisiesen saberlo. Mi bienestar y mi futuro dejaron de ser, repentinamente, parte de su preocupación. Y yo, sintiéndome muy avergonzada, confundida y turbada por haber abortado con cuatro meses de embarazo, y temerosa de sus posibles cometarios chismosos, nunca me atreví a mencionar nuevamente el aborto.

"¡Te has cansado de recibir consejos! ¡Que se presenten y te salven los que investigan el cielo, los que observan las estrellas, los que pronostican cada luna nueva lo que va a suceder! Pero ellos serán c amo paja: el fuego los quemará; no podrán librarse a sí mismos del poder de las llamas; no serán brasas para dar calor ni fuego para sentarse ante él. Esos son para ti tus adivinos, por los que has bregado desde tu juventud: ellos andan errantes, cada uno por su lado, no hay nadie que pueda salvarte".

Isaías 47, 13-15

Datos: La mentira fue incorporada de manera deliberada en los argumentos pro-choice (libre elección), que contribuyeron a que el aborto se vuelva legal en los Estados Unidos a través del caso icónico de Roe vs. Wade, en 1973. El ex-activista en favor de los derechos del aborto, el Doctor Bernard Nathanson, admitió que él y sus co-fundadores de NARAL, organización en los Estados Unidos que toma posiciones políticas y apoya el aborto, inventó la figura de que un millón de mujeres abortaban ilegalmente cada año en América. El promedio, admitió posteriormente, era de noventa y ocho mil por año. Sin embargo, los defensores del aborto proporcionaron esos números trucados a los medios de comunicación, los que diseminaron rápidamente esa información falsa.

Sin embargo, las investigaciones confirman que el número real de muertes por aborto, en los veinticinco años previos a 1975, era de unas 250 mujeres al año. Refiriéndose a estos números inventados, Nathanson dijo: "Siempre fue de '5,000 a 10,000 muertes al año'. Confieso que sabía que los números eran completamente falsos y supongo que los otros también lo sabían -si se hubieron detenido a pensar-. Pero en la 'moralidad' de nuestra revolución, era una cantidad muy útil, ampliamente aceptada, por lo que ¿para qué había que corregir las cosas y ser honestos con las estadísticas? La principal preocupación era conseguir que las leyes (en contra del aborto) se eliminaran, y cualquier cosa que se hiciera para conseguirlo -dentro de lo razonable- era permisible". (1)

La Mejor Mamá del Mundo

ESTOY CRUZANDO *la sala de estar rumbo a la cocina, cargando a mi hermano pequeño en mis brazos temblorosos. Lo coloco en su silla de comer donde aseguro su tablero de plástico. Él tiene un año, yo tengo cinco, y me siento muy orgullosa de mi logro. Le había dado desayuno mientras miraba sus manos regordetas con hoyuelos en sus dedos, con los que cogía el cereal, cayendo la mitad en su boca y la otra al suelo.* "Esto es divertido". "Voy a ser la mejor mamá del mundo".

Con el tiempo mi consciencia se adormeció y, simplemente, me sentía aliviada de no estar embarazada. Ahora ya podía salir, estar con mis amigas y perseguir mis metas -o al menos tratar de saber cuáles serían. En mi mente y mi memoria, mi embarazo había dejado de ser una bendición, había sido un problema del cual ya me había deshecho.

Pero mis problemas, de hecho, recién comenzaban. Después del aborto, cada hábito destructivo y forma de pensar negativamente que había adquirido hasta ese momento de mi vida comenzaron a florecer; mientras que cualquier paz y alegría que había disfrutado desaparecieron. Pensamientos violentos arañaban mi mente: ideas como la de dirigirme a la cocina y tomar un cuchillo para clavármelo. Mi personalidad estaba cambiando en una de la cual yo tenía muy poco control.

La atracción y la química que había sentido por mi enamorado se habían desvanecido y comencé a cuestionar si es que él era la persona con la que quería estar. Su presencia me irritaba y me hacía recordar lo que había hecho. Dos meses después de la "pérdida" dijo, "creo que tuvimos una niña". Él la había visto en sus sueños y comenzó a describírmela: "Tiene el cabello marrón y lacio; unos ojos grandes y bellos..." Cada palabra que salía de su boca era como un disparo de culpa y lo detuve pues no quería escuchar más de su descripción.

Saúl se estaba enamorando cada vez más de mí, mientras que mi corazón se estaba apartando cada vez más. Sin embargo, continuaba pasando los fines de semana con él, tomando pastillas anticonceptivas y teniendo sexo, simplemente como una cuestión habitual.

TRANSFIGURADA

No habían pasado aún cinco meses desde mi aborto cuando las comidas que tanto me gustaban empezaron a enfermarme, y los síntomas de nausea, sensibilidad en los pechos y fatiga física me hicieron correr rápidamente a la farmacia. Con manos temblorosas me realicé la prueba de embarazo y, cuando resultó positiva, exploté enojada contra mí misma: "!Maldición Patricia! !*Nuevamente* te has vuelto a poner en esta misma situación! ¿No se supone que estas pastillas tontas debían funcionar?" Mi mente se retorcía y tambaleaba. "¡Maldición, no!", pensé. "No lo voy a tener. No me quiero casar con Saúl y me niego a engordar". En ese preciso instante supe que no iba a tener ese bebé. "Voy a realizarme un aborto antes que se convierta en un feto… mientras todavía sea una bolsa de células". Esta vez no se lo diría a nadie. Esta vez sería más fácil hacerlo puesto que ya sabía lo que sucedería… Esta vez no involucraría ningún tipo de emoción.

No quise ir a la misma clínica privada por temor a que se formaran una opinión muy pobre sobre mí y que pensaran que estaba usando el aborto como medio de control natal. En vez de ello fui a Planned Parenthood donde me senté nerviosamente en la sala de espera. Yo sabía que una conocida mía, a quien había conocido en una fiesta, trabajaba ahí como recepcionista. Mi oración más ferviente a Dios fue no encontrarme con ella el día de mi aborto. En las ocasiones anteriores en que había ido a Planned Parenthood para recibir anticonceptivos o antibióticos debido a infecciones en la vejiga, siempre me había encontrado con gente que conocía. Pero hoy era diferente. Tenía miedo de levantar la mirada. En eso vi una fila de parejas jóvenes, todos ellos llorando silenciosamente y con las cabezas agachadas, evitando contacto visual, incluso con sus parejas. Cuando me llamaron suspiré aliviada pues pude escapar del ojo público. Con mis sentimientos tapiados detrás de una pared callosa, le dije a la enfermera que me atendió que éste iba a ser mi primer aborto. Luego de ello una "consejera" me explicó el procedimiento con una sola frase y dijo que al finalizar podría experimentar unas leves contracciones y que al día siguiente estaría lista para regresar a trabajar. "Tómate una aspirina si es que lo necesitas".

¡Lo hizo sonar tan fácil que me sentí agradecida por ello!

Los recuerdos que de vez en cuando aparecen son el del frío en la clínica, la larga aguja, el raspado de los instrumentos, la succión de la aspiradora y mi firme determinación de ser, aún más fuerte que la última vez: menos quisquillosa y temerosa. Yo podría dominar esto. En la sala de recuperación, el personal me acostó y me cubrió con unas mantas calientes y medias acolchadas; me alcanzó un vaso con agua y dos aspirinas. Me consolaron con palabras como: "Querida, tómate tu tiempo". Me cuidaron con cariño, tocándome la frente para ver si había algún cambio en mi temperatura y me frotaban la espalda. El cuidado y la atención especial que me dieron, fue como una gota de consuelo del amor que tanto anhelaba.

Antes de abrir la puerta de mi auto para ir a casa, me di cuenta de mi reflejo en la ventana del lado del conductor. Mi reflejo me miraba como si dijera, "Eres una mujer que ha tenido dos abortos. Estás marcada de por vida. Esto nunca se va a borrar".

Después de mi segundo aborto, más mentiras y mayores sentimientos de culpa alimentaban mi sensación de estar desconectada con Saúl. Mientras mi corazón se alejaba más de él, él se aferraba más a mí, y ello me generaba un mayor rechazo. Intelectualmente, mi mente lo encontraba muy atractivo y dulce, pero ya no podía soportar sus besos y, mucho menos, cualquier tipo de actividad sexual. No sabía que esto era una consecuencia del aborto. Incluso un pequeño beso en mi mejilla lo sentía como invasivo e incómodo. Él se daba cuenta que algo no andaba bien. A pesar de ello me forcé a mantener esa relación y seguir siendo sexualmente activa pues me sentía muy mal por él. Él me había tratado muy bien y amado tanto que no podía imaginar dejarlo.

Cinco meses después de mi segundo aborto comencé a sentirme mal nuevamente. Sintiendo que iba a vomitar, pensé: "!Dios, no!", y luego me dije: "No voy a mentir nuevamente". Hice que Saúl se detuviera en la farmacia. La persona que me cobró por el test de embarazo me dijo: "¡Buena suerte!"

"Oh, no me desee buena suerte", murmuré. Regresé al carro de Saúl para dirigirnos a su departamento, pero lo hice detenerse en una estación de servicio pues yo estaba muy apurada por conocer el resultado. La línea rosada se empezó a formar. Positivo. Nuevamente.

"¡Maldición!", grité. Me sentí irresponsable y furiosa conmigo misma. Entonces ahí mismo, en el baño de la estación de servicio, decidí: "Tengo que tener otro aborto, detener esto y dejar a Saúl pues esto es demasiado". Atontada por la idea de tener otro procedimiento subí al auto y en un tono de decepción le dije que el resultado había sido positivo. Él estaba feliz, pero preocupado por mi reacción. Luego llegaron otras mentiras. Como no quería ir sola a la clínica, lo convencí de que no *quería* un aborto, pero dado que quería casarme con él y en la Iglesia -porque no quería decepcionar a mi papá- tenía que abortar para luego hacer las cosas de la manera correcta.

Lo forcé a ir a la clínica conmigo. Llamé a una diferente, debido a que me abrumaba mi vergüenza. El nombre de la clínica "Common Women's Health" ("Salud de las Mujeres Comunes", en español) me hizo creer que ellos se preocupaban por mi salud. Velas y aceites aromáticos permeaban el aire, mientras una música al estilo de la Nueva Era inundaba el ambiente, creando una atmósfera romántica. Ellos preferían cobrar en efectivo.

TRANSFIGURADA

Nos dieron las instrucciones del pre-procedimiento de la cirugía a todo el grupo, y siguieron ejercicios que las mujeres hacían con sus parejas. Nos dijeron que ello nos ayudaría a relajarnos y a crear una hermandad entre nosotras, apoyándonos mutuamente, para someternos al procedimiento de la manera más saludable posible. Al final nos dijeron que solo experimentaríamos leves contracciones y un poco de sangrado. "Tomen una aspirina y vayan a trabajar mañana. No hay problema".

Recuerdo mirar a una mujer hispana que estaba sola y se veía aterrada. No entendía nada y parecía incapaz de dejar de temblar y sostenerse en pie. Queriendo ser útil, le serví de intérprete, pero ella aceptó a medias mi ayuda, posiblemente para evitar ser reconocida, o posiblemente porque no quería escuchar lo que yo estaba diciendo. Mientras tanto, ocurría un diálogo sin palabras entre Saúl, la mujer y yo: "¿Por qué estás aquí? Esto va en contra de todas nuestras creencias culturales". Mientras miraba cómo el sudor le caía profusamente por su rostro angustiado, me pregunté una vez más si es que había algo malo conmigo. Este sería mi tercer aborto en un año y medio y no podía entender sus emociones. "¿Por qué está tan horriblemente asustada?"

El único momento que recuerdo del procedimiento en sí mismo fue el de haber mirado a Saúl y ver cómo salía un mar de lágrimas de sus ojos. Atemorizado por mí, apretaba fuertemente mis manos, y cuando empezó el sonido de la aspiradora, el terror cubrió su rostro. "Ya he matado a dos de sus hijos", pensé, "y él cree que es el primero". En ese momento me sentí verdaderamente malvada -cruel- como una asesina. "Ni una sola alma sabrá sobre esto", decidí. "Me llevaré estos abortos a mi tumba".

Después de esto no quería que Saúl estuviera cerca de mí. Me retorcía ante sus caricias y el mero pensamiento de besarlo me hacía tener ganas de vomitar. Sintiendo mi repugnancia hacia él, él se aferraba más a mí y actuaba como que me necesitaba: "¿Qué te sucede? ¿Ya no me encuentras atractivo?" Ante mis ojos había pasado de ser un joven fuerte, seguro de sí y atractivo, para convertirse en una pequeña sanguijuela.

Nuestra relación sólo duró dos semanas después del aborto. No recuerdo exactamente como terminé con Saúl, pero su sufrimiento está grabado en mi memoria. Podía ver el dolor en su rostro, pero no me importaba. Me decía que se iba a suicidar; me llamaba llorando día y noche. Una vez, cuando había estado esperándome fuera de mi casa, salí de mi auto y le espeté: "¿Qué estás haciendo aquí? Me estás persiguiendo. ¡Tienes que dejarme sola!". Mientras me volteaba para irme se arrodilló y me agarró por las piernas rogándome que no lo dejara. Caminé a mi casa y cerré la puerta con gran desprecio.

Luego de eso se enojó. En una llamada telefónica muy virulenta me dijo que iba a decirle a mi papá que había estado embarazada y me amenazó con poner una copia del ultrasonido de nuestro bebé en el parabrisas del auto de mi papá. Ello encendió mi miedo más profundo, por lo que empaqué mis cosas y dejé Petaluma para escapar de él. Sin embargo, en la nueva ciudad, Saúl se apareció un par de veces en mi puerta. Repugnada por su presencia le dije de manera afirmativa y sin ningún miramiento, quitándole el aliento: "Ya no te amo". Nunca más lo volví a ver.

"Se sabe muy bien cuáles son las obras de la carne: fornicación, impureza y libertinaje, idolatría y superstición, enemistades y peleas, rivalidades y violencias, ambiciones y discordias, sectarismos, disensiones y envidias, ebriedades y orgías, y todos los excesos de esta naturaleza. Les vuelvo a repetir que los que hacen estas cosas no poseerán el Reino de Dios".

Gálatas 5, 19-21

Datos: Para la edad de cuarenta y cinco años, cerca de una tercera parte (tres de diez) de las mujeres norteamericanas habrán tenido, por lo menos, un aborto. (1) De esas mujeres que han abortado, cerca de la mitad han tenido otro aborto. (2) De las mujeres en los Estados Unidos que han tenido abortos:

- 54% usaban métodos anticonceptivos (usualmente condones o píldoras) (3)
- 38% no tienen ninguna afiliación religiosa (4)
- 30% se identifican como protestantes
- 24% se identifican como católicas (5)
- 85% no están casadas (6)
- 56% no están casadas y no co-habitan
- 58% están en sus veintes
- 61% tienen uno o más hijos
- 75% son pobres o tienen bajos ingresos (4)

En la práctica contemporánea del aborto, la discriminación de género en contra del hombre es la norma. Por ley, los padres son excluidos de la participación en la decisión del aborto, lo que significa que el esposo o compañero que quisiera que su hijo viva, no tiene el derecho a prohibir que su esposa o compañera aborte a su hijo (o todos sus hijos). Después de un aborto, los hombres -usualmente- expresan su dolor de una manera reservada. Cuando los hombres expresan su dolor, tratan de hacerlo de la manera cultural prescrita para los hombres: por ejemplo, a través de la ira, la agresividad o el auto control. (7)

Nunca lo Digas

MI PRIMA CAMILA había perdido recientemente a su compañera de cuarto, cuando yo la llamé desesperada para decirle que necesitaba salir de la casa rápidamente, y ella me invitó inmediatamente a vivir en su departamento en Sacramento. A los veinte años estaba decidida a comenzar una vida nueva y mejor. Como necesitaba trabajar comencé a buscar en el diario local – "Sacramento Bee"- y mis ojos se dirigieron a un aviso de Planned Parenthood que necesitaba - urgentemente- una persona que hablara español como parte de su equipo debido a una sobredemanda de mujeres latinas que requerían de sus "servicios". Mi ánimo se levantó con el solo pensamiento de trabajar para ellos debido a que habían sido muy buenos conmigo durante y después de mis abortos, además de generosos, dándome anticonceptivos gratis. Sentía como que les debía un favor.

Poco después los llamé por teléfono expresándoles mi interés, el gerente me llamó para entrevistarme y me dijo que al llegar entrase por la parte posterior de la clínica ya que había gente protestando delante del edificio. Caminado cerca de los que protestaban en dirección a la parte posterior del edificio, me sentí un poco avergonzada y no quise mirar los letreros ni escuchar lo que decían. Para ese entonces yo ya me había vuelto muy pro-choice (libre elección) y pensé: "Esa gente está loca. Es el cuerpo de la mujer. Ella puede hacer con su cuerpo lo que le da la gana".

Una de las primeras preguntas que me hicieron durante la entrevista fue: "¿Tienes algún problema con el aborto?"

"No", respondí con toda confianza, "no tengo ningún problema con el aborto. De hecho, yo me he realizado uno".

"Entonces, ¿no tienes ningún problema en ver una gran cantidad de sangre?"

"No".

"Porque aquí tenemos abortos dos veces a la semana, los miércoles y los viernes, y manejamos unos veinte cada uno de esos días. Están viniendo muchas mujeres hispanas y necesitamos alguien que pueda hablar en español con ellas".

Me contrataron ahí mismo. Comenzaría el lunes. Mi experiencia en el campo médico siempre había sido en la recepción, pero ahora trabajaría dentro de la oficina ayudando a los doctores. Sentí que estaba progresando.

Al llegar el lunes, la gerente -fría y bruscamente- me tomó de la mano y me llevó a su oficina para revisar algunos asuntos preliminares. Sus primeras palabras fueron: "Nunca lo llames 'bebé' o 'él' o 'ella'. Puedes llamarlo 'eso' o 'bolsa'. Hoy vas a aconsejar a las mujeres antes de sus citas, y si ves a alguna mujer con dudas sobre su aborto, tienes que hacer todo lo posible para que venga a su cita".

Me quedé impresionada. Pensé: "No puedo creer que me estén diciendo esto. Esto es lo que hicieron conmigo". Pero dado que yo era pro-choice, hice con lo que me pedían.

A lo largo del día "aconsejé" a varias mujeres, una de las cuales recuerdo muy bien. Lamentándose histéricamente y agarrándose el vientre me preguntaba una y otra vez: "¿Mi bebé va a sentir algo? ¿Mi bebé va a sentir dolor?'

Con absoluta confianza le dije, una y otra vez: "No es un bebé, es una bolsa".

Tratando de tranquilizarla, de la misma manera que la doctora que me realizó mi primer aborto me consoló, repetí: "Yo también he tenido un aborto y estoy bien. No me ha sucedido nada". Ella aún no estaba convencida. No tenía paz en su corazón.

Los martes y jueves, se recibía en la clínica a las mujeres que querían conservar a sus bebés. Estaban llenas de esperanza por dar a luz y el personal se refería gozosamente a la "bolsa" como un bebé. A las que iban a ser mamás se les permitía ver la pantalla del ultrasonido y hablar sobre el latido del corazón, sus cinco deditos, sus órganos en desarrollo. Los martes y jueves, el personal hablaba apasionadamente con esas mujeres sobre sus embarazos: "Mira cómo te está creciendo la barriguita"... "Tú bebé es precioso"... "Mira aquí en la pantalla"... "Puedes ver su corazón latiendo. Ella está viva y es preciosa. ¿te imaginas?"

Los lunes el personal realizaba ultrasonidos en las mujeres que planeaban abortar, pero no les permitían ver la pantalla. Los empleados se referían a los bebés como "masas", "células", "incrustaciones", "tejido", "sacos" y "esos", pero nunca como "bebés" o "niños". Se fomentaba los abortos, pero nunca les explicaban u ofrecían alternativas. Los miércoles y viernes eran los días de aborto en la clínica -eran entre unos cuarenta y cinco a cincuenta abortos por semana. Se llevaba a las mujeres rápidamente a cirugía, sin mencionarles o negándoles los tipos de riesgo emocional, psicológico o espiritual que pudiesen enfrentar posteriormente. El personal se encargaba de eliminar los "obstáculos" a las dudas y temores de las mujeres, asegurándoles -a las que se veían sufriendo un conflicto interno- que todo iba a estar bien.

Ahí es cuando la hipocresía se hizo evidente. Mis pensamientos se movían entre lo que yo había creído de niña y lo que había aprendido de la cultura mientras crecía. Hasta mi adolescencia había asumido automáticamente que, si estás embarazada, tienes un bebé y punto. Pero luego escuchaba: "Sólo son un montón de células, es un embrión, un feto, el producto de la concepción"; cualquier cosa, menos el bebé de alguien. Sin embargo, ahora me sentí confundida y no quise saber qué pensar. Quería impresionar al personal por lo que oculté mi malestar sobre su doblez. Quería gustarles y que vieran que podía realizar bien mi trabajo.

Llegó el miércoles, día de abortos. Miré hacia la sala de espera y me sorprendió ver la cantidad de mujeres afro americanas y latinas que llenaban la clínica. Yo dudé. "Esto no es parte de nuestra cultura". Mi gerente me llevó a su oficina para indicarme que sería un día muy ocupado por lo que tendría que trabajar rápidamente ya que ellos querían que el doctor pasara rápidamente de una sala de operaciones a otra.

Luego me miró a los ojos y me dijo: "Nunca le digas a nadie -ni siquiera a tus amigos o parientes- lo que vas a ver en la parte de atrás". Usando las palabras prohibidas -mamá, papá y bebé- continuó: "Nunca les digas a las mamás ni a los papás que están en la sala de espera lo que verás detrás de estas puertas. Si las mujeres que asisten a la clínica te preguntan lo que hacemos con los bebés, nunca les digas que -básicamente- los arrojamos a la basura".

Así comenzó mi primer día de horror. En medio de erupciones intermitentes de mujeres llorando y gritando, la doctora saltaba de un cuarto de operaciones a otro, ida y vuelta, unos cinco minutos —máximo— en cada uno, mientras sus silbidos se mezclaban con los gritos de cada aborto. Algunas de las mujeres salían lamentándose del cuarto de cirugía, otras derramaban lágrimas silenciosas que bajaban por sus mejillas, algunas caminaban por el pasillo con la mirada perdida. Ninguna de ellas se veía feliz o aliviada. Yo sentí que había entrado a un matadero.

Los primeros días de mi trabajo sostenía las manos de las mujeres durante su aborto. Luego, tratando de ser fuerte al tiempo que daba rienda suelta a mi curiosidad, me paraba atrás para presenciar el aborto por encima del hombro del doctor. Dos pinzas grandes le abrían la vagina, después -nuevamente vi esa aguja inmensa tan larga como un antebrazo-

el doctor la inyectaba repetidamente en el cuello cervical. Luego de un lapso de tiempo bastante corto -mientras hacía efecto la anestesia- vi al doctor tomar la cánula (un tubo largo y delgado, de metal, conectado a una manguera bastante larga) y comenzar a meter y a sacar repetidamente del cérvix de la mujer, mientras la sangre se derramaba por su costado. Era invasivo, espantoso y terrible. El doctor no podía ver a través del agujero pequeño abierto por las pinzas en el cérvix, pues además de oscuro, estaba cubierto de sangre. Moviendo el brazo -violentamente- de atrás hacia adelante (y viceversa) era imposible que el doctor pudiese ver algo. "Esta es una cirugía realizada a ciegas", pensé. "¿Cómo sabe hasta donde empujar? ¿Cómo sabe si es que no está destrozando las partes internas de la mujer?" El único indicador que tenía el doctor de cuándo detenerse era el volumen de sangre que se depositaba en un cilindro de vidrio transparente.

Después de ese aborto la muchacha que me estaba entrenando tomó la bolsa con los residuos sanguinolentos y nos dirigimos a la habitación posterior. "Tenemos que encontrar cinco partes, y tenemos que hacerlo rápido pues el paciente no puede salir de la sala hasta que lo hagamos. Luego le diremos al doctor que el aborto fue un éxito". Sobre la mesa había un plato de vidrio muy grande (Petri). Quien me entrenaba abrió la bolsa y vació su contenido en el contenedor, mientras la sangre se desparramaba alrededor y sobre nosotras. Un olor nauseabundo llenó la habitación. Me dio ganas de vomitar.

"Esta es la placenta", dijo, señalando una masa de células. Luego, con un par de pinzas comenzó a buscar entre las partes del cuerpo, levantó un brazo y lo sostuvo a la altura de la lámpara. El terror me inundó mientras miraba fijamente la mano, sus nudillos, las líneas de su palma, y sus pequeños dedos abiertos y con uñas. "Esta es la parte número uno", dijo mecánicamente. Poniéndola a un lado, agarró con sus pinzas la barriga, que aún tenía conectado el cordón umbilical y una pierna colgando en el aire debajo de ella, con sus rodillas y dedos intactos. Yo pude ver los pequeños vellos en su piel y las uñas en sus dedos. "Esta es la segunda parte". Luego, buscó el segundo brazo y lo sostuvo en el aire mostrando su parte superior, el codo y el antebrazo. "Número tres". Se sentó y sus pinzas encontraron la otra pierna: "Número cuatro". Luego encontró la cabeza y la levantó en el aire. Pude ver sus ojos, sus pestañas, la nariz, incluso sus cejas, que ya se habían comenzado a formar. Su boca estaba abierta y colgando. "Parte número cinco. Éxito completo".

Yo estaba espantada. Pensamientos dolorosos atravesaron mi mente más rápido que los intentos que hice por suprimirlos. Este era, de hecho, una persona humana. Este aborto había sido realizado a los tres meses y medio de gestación. Mi primer aborto había sucedido a los cuatro meses. Pero lo que me sorprendió aún más fue el hecho de que el otro ser humano en frente a mí no mostrase ningún tipo de emoción. Mientras clasificaban las partes del cuerpo, las otras mujeres en la clínica también se veían con la mirada vacía, con rostros robóticos, mientras discutían lo que iban a almorzar. Mientras tanto la doctora se movía de un cuarto de operación a otro en un estado de ánimo alegre. "¿Qué diablos le sucede a esta gente?", me preguntaba mientras miraba a mi alrededor. "¿Por qué yo soy lo única persona horrorizada con lo que está sucediendo?"

Ese día busqué las partes de más de veinte bebés. Algunas de las piezas de los cuerpos eran muy pequeñas, otras muy grandes, y algunas eran inmensas, del tamaño de un bebé nacido prematuramente. La mayoría de ellos estaban bien formadas. Mientras tanto el personal actuaba como si todo esto fuera normal, incluso bueno, mientras que yo sentía que contribuía a la realización de un holocausto.

Muchas de las partes de los bebés fueron arrojadas en una bolsa de basura roja, grande, y con una indicación de riesgo biológico, que era colocada en un congelador, junto con otras bolsas. Cada una contenía alrededor de 20 personas pequeñas. Al final del mes, una unidad de recojo de material de riesgo biológico recogía esta "basura": colecciones compactas de partes humanas, congeladas y fechadas, estaban listas para ser arrojadas.

Cada mañana, me sentía enferma de solo pensar que tenía que ir a trabajar. Después del primer día, el trabajo equivalía a una tortura para mí, pero no quería renunciar. Traté de motivarme enfocándome en la idea de que esta podría ser una buena oportunidad para que yo aprendiera a poner inyecciones y a tomar signos vitales. Sin embargo, los días se hacían larguísimos y mi devastación era tan profunda que tenía que enfrentar la realidad de que había terminado en Planned Parenthood por una razón: enfrentar mi propio pecado. Había pensado que no había hecho nada malo, y ahora había visto la verdad de lo que realmente había sucedido: había asesinado a mis hijos.

Ahora, en un ambiente de trabajo, había sido entrenada para mentir y engañar – así como para ayudar a asesinar. Los miércoles y viernes yo no podía comer. Durante el almuerzo, me sentaba en mi auto y lloraba.

A las dos semanas de haber comenzado a trabajar, al entrar en la oficina encontré a la gerente sonriendo ampliamente y de muy buen humor (esa mujer nunca sonreía). Me presentó a una muchacha de dieciséis años de edad y me dijo que la ayudaría en su aborto. Miré hacia la barriga de la chica, y era inmensa. Tenía más de cinco y medio -casi seis- meses de embarazo y con mellizos. Iba a tener el procedimiento después del almuerzo. La clínica ganaba bastante dinero con abortos realizados en el segundo trimestre y los mellizos significaban un bono extra. Ahora sabía por qué mi jefa estaba tan contenta. Escapándome de la clínica para tomar u poco de aire fresco pensé sobre sus bebés. "¿Cómo es que va a asesinar a sus dos niños? No sólo es uno... son dos". Yo sabía que después del almuerzo me darían la bolsa con los bebés para buscar sus partes.

A la hora del almuerzo entré en mi carro y lloré. "No quiero ver los miembros destrozados de esos bebés. ¡No quiero hacerlo!". Aterrorizada de ver lo grande que habrían de ser -además eran mellizos- me preguntaba qué hacer. Sabía que estaba haciendo algo terriblemente malo y que mi familia se sentiría mortificada si descubrieran para quién estaba trabajando. Sentada en el auto y con mi frente apoyada sobre el timón, levanté mi teléfono hasta mi oreja y llamé a Camila. A través de sollozos incontrolables le conté sobre la pesadilla que estaba presenciando y le dije: "No puedo hacer esto nunca más. No quiero ver a esa chica tener un aborto".

"Deja ese lugar", me dijo Camila. "Ven a casa". Manejé y nunca más regresé.

"No matarás".
Éxodo 20, 13

B

Cuando dejé de trabajar en Planned Parenthood, empezó mi descenso en la oscuridad -de a pocos- tal como comenzaba una noche sin estrellas. Había visto la verdad, enfrentado mi pecado y, por un momento, aborrecí mis tres abortos y el lugar donde había trabajado. Ahora quería olvidar que alguna de aquellas cosas hubiera sucedido. Encerré mis emociones en unas cavernas interiores e inconscientemente escondí esas partes de mi pasado de mí misma y de los demás. Enterrar todo, sin embargo, no ayudó en nada.

De niña no era capaz de dejar de mirarme en el espejo, sin embargo ahora el espejo se había convertido en mi mayor enemigo. En el reflejo veía mi cuerpo distorsionado: fea, gorda -incluso horripilante- mientras mi mente olvidaba conscientemente las partes desmembradas de los bebés. Mi autoestima se desplomó hacia el fondo de un tacho de basura mientras mi corazón se sentía cargado con una tristeza y dolor muy profundos. Sin embargo, debido a mi represión y negación, no tenía la más mínima idea de dónde procedían esos sentimientos.

Continué viviendo con Camila, quien para ese entonces ya tenía diecinueve años, un año menos que yo. Era estudiosa y responsable, pagaba sus cuentas, mantenía su propio departamento, y estaba estudiando Justicia Criminalística en la Universidad Estatal de Sacramento con el fin de lograr su meta de llegar a ser policía; al tiempo que yo comenzaba a tambalearme precipitadamente en dirección opuesta.

Alrededor de esa época, Ozzie -mi primera aventura amorosa- volvió a buscarme. Se había mudado a solo media hora de camino, a Woodland, California, una población conocida por su actividad con las drogas. Cuando se me acercó nuevamente, mis ojos lo vieron de una manera diferente. Ya no era un perdedor irresponsable; en su lugar estaba este muchacho mexicano de piel oscura, ocurrente y tontuelo a la vez que amoroso, atractivo, alto y con unas pestañas preciosas. Mostrándome una atención física muy tierna, me atrapó en su red, y me enamoré rápidamente porque me hacía reír. Y yo necesitaba reír.

Muy pronto empezamos a salir todos los días e ir a fiestas, con cerca de diez adictos, en una casa en donde Ozzie fumaba anfetaminas y buscaba cocaína para darme. Agradecida por tener la atención de alguien y de algo que me hiciera sentir mejor, comencé a usar cocaína -nuevamente- durante los fines de semana, aún con la idea de que no me volvería adicta.

Cada vez que me aparecía en la casa para consumir drogas, la gente me miraba con desconfianza. Yo no tenía "la apariencia". Sus expresiones faciales y susurros revelaban sus pensamientos: "Ella es demasiado remilgada y está muy bien vestida. ¿Qué hace aquí? ¿Qué hace ella con *él*?"

Ozzie nunca me pidió que fuera su enamorada, pero en algún momento, cuando me presentaba a sus amigos, supimos que éramos pareja. Pensaba que lo podría cambiar … que si era lo suficientemente buena, que si me amaba lo suficiente, dejaría las drogas. Pero todo sucedió al revés. Jalándome hacia su madriguera de oscuridad, él terminó cambiándome.

Como la cocaína llegó a ser algo más que un amorío de los fines de semana, Ozzie se dio cuenta que mi nariz sangraba con bastante frecuencia y dijo que me iba a estropear el cartílago de la nariz. Parecía saber de lo que hablaba pues el suyo estaba completamente destruido. "¿Por qué no sólo fumas la anfetamina?", sugirió. "Obtienes la misma sensación de euforia sin la picazón y la sensación que quema en tu nariz o el horrible sabor posterior de haber pasado por tu garganta".

Decidí intentarlo, y dado que no sabía cómo fumarla de la pipa, Ozzie lo inhalaba y luego exhalaba el humo dentro de mi boca. Muy pronto, no solo aprendí a fumar anfetaminas de la pipa por mí misma, sino que lo hacía tan bien que me gané el dudoso título de "El Dragón". Mis pulmones podían inhalar cantidades copiosas de humo de un solo golpe, mucho más que aquellos que habían estado fumando anfetaminas por un par de décadas. En el acto de inhalar, mi cuerpo se sentía revitalizado por una explosión de adrenalina; al momento de exhalar, gozaba de un breve momento de no haber estado deprimida, estresada y herida, mientras observaba el humo ondulante saliendo de mi boca. Por un momento muy breve podía alejar una nube de preocupación. No había nada que me disgustara de las anfetaminas. Nada. Me gustaba su olor, incluso el sabor agrio que me dejaba. Cuando usaba anfetaminas me sentía en la cima del mundo.

Pero cuando terminaba la "euforia" me sumergía en mi realidad terrena y, privada de mi felicidad química, me sentía mucho peor que antes y sentía el golpe. Habiendo descendido desde lo más alto de la vida hasta lo más hondo, mi mente se retorcía hacia abajo en pensamientos suicidas, en los cuales me condenaba a mí misma como la peor persona en toda la tierra. Mi adicción a jalarme el cabello se hizo mayor, dejándome pequeños huecos de calvicie en el cuero cabelludo. No era nada que un sombrero bonito o un pañuelo pudieran esconder, pero mi pérdida de peso podía ser percibida por todos. La gente empezó a comentar que me veía muy delgada, sin embargo cuando me miraba en el espejo, no era capaz de percibir mi pérdida de peso. Estaba tan obsesivamente preocupada con la imagen de mi cuerpo que la delgadez nunca era suficiente. "Siempre puedo perder un poco más de peso", pensé, "entonces seré feliz. Solamente *entonces* seré feliz".

Camila vio esos cambios en mí. También sabía que Ozzie era un drogadicto y se dio cuenta que yo cerraba con llave la puerta de mi habitación. Un día, mientras caminaba hacía la puerta principal, la vi sentada en el sillón con lágrimas cayendo por sus mejillas. Tratando de actuar serena, reunió todo el coraje que pudo para decir: "Si continúas usando drogas en mi casa y sigues trayendo a Ozzie, no puedo alojarte más. Te amo y quiero que estés conmigo. No quiero que te vayas, solo quiero que cambies…" No dejé que la conversación durara más de cinco minutos. Ella comenzó a llorar de corazón mientras que el mío se endurecía. Me sentía ofendida, indignada y llena de orgullo -mientras en lo más profundo- me sentía amargamente avergonzada porque sabía que ella tenía razón. "¡Con derecho o no, cómo se atreve a confrontarme! ¡Cómo se atreve a pedirme que me vaya!" Cogí mis cosas y salí como una tromba para nunca regresar.

> "Antes de la catástrofe está el orgullo, y antes de la caída,
> el espíritu altanero".
> Proverbios 16, 18

k

Datos: Un estudio publicado en el Diario Canadiense de Psiquiatría (Canadian Journal of Psychiatry, en inglés, en abril del 2010) examinó una muestra nacional representativa de más de tres mil mujeres en los Estados Unidos. Después de haber clasificado edades, estado civil, raza, educación, ingresos económicos e incidencias de violencia; los investigadores encontraron en el estudio que las mujeres que había sufrido un aborto tenían el *98 por ciento de riesgo de tener problemas de salud mental*, comparadas con mujeres que no habían sufrido un aborto. Las mujeres que habían abortado también tenían:

59 por ciento de mayor riesgo de tener pensamientos suicidas
61 por ciento de mayor riesgo de desórdenes en sus estados de ánimo
61 por ciento de mayor riesgo de desórdenes relacionados con ansiedad social
261 por ciento de mayor riesgo de abuso de alcohol
313 por ciento de mayor riesgo de abuso de drogas
280 por ciento de mayor riesgo de desorden en el uso de substancias

Es posible que el 25 por ciento de casos de uso de drogas en los Estados Unidos esté relacionado con el aborto (1)

Estos descubrimientos confirman los resultados de cientos de otros estudios publicados en las principales y más importantes investigaciones médicas y psicológicas alrededor del mundo (2, 3), que prueban la conexión entre el aborto y los problemas de salud mental, así como el hecho que el aborto puede ser un factor de la causa de cáncer de mama, pérdidas involuntarias, infertilidad, embarazos ectópicos, así como otras complicaciones en la salud. Al ser uno de los procedimientos más comunes en los Estados Unidos, más común que las biopsias y tres veces más frecuente que las operaciones de las amígdalas (4), el aborto es el único procedimiento en el cual el paciente nunca se le advierte al paciente los riesgos que implica. De hecho, los proveedores de abortos niegan completamente los riesgos como si no existieran (5). Planned Parenthood continúa afirmando en su información general cosas como: "Una mujer con un embarazo no deseado es tan proclive a tener problemas de salud mental, tanto como aquellas mujeres que dan a luz". (6)

Viviendo una Mentira

EL MUNDO DE UN DROGADICTO es oscuro. No te preocupas de cuentas, hipotecas, pago del automóvil, ni siquiera de tu propia salud. Tus principales preocupaciones se reducen a responder las siguientes preguntas; ¿Dónde puedo conseguir drogas? ¿Dónde puedo encontrar un lugar para dormir y consumir drogas? ¿Qué puedo robar y vender para comprar más drogas? ¿A quién puedo llamar para que me eche humo de las anfetaminas? La paranoia invade tu mente distorsionada y la confianza en inútil porque tus amigos te robarán todas tus cosas -discos compactos, maquillaje, joyas, ropa- para comprar la droga que necesitan. Desde el amanecer hasta la puesta del sol, la tierra se desplaza en diferentes axis, en una dimensión diferente, en un universo en el que no existen las responsabilidades.

Amas la energía de la euforia. Tu mente está llena de pensamientos positivos y las metas que lograrás en la vida. Sin embargo, nunca pones en acción ninguna de ellas. Tu miedo principal en la vida es quedarte sin drogas, y tu única preocupación es cómo conseguirlas. "Planeas misiones" todo el día, cada mañana desarrollas una estrategia, pensando en las personas que podrían llevarte a conseguir más drogas, personas con las que podrías estar, contactos y quienquiera que no esté en la quiebra. Mientras más buscas, más fumas. Las pipas y los encendedores se convierten en tu salvavidas. Los llevas siempre pegados a tu cuerpo y te asusta prestarlas. ¿Qué pasaría si no te las devuelven y no tienes como "volar" inmediatamente? ¿Qué sería de ti? Si tu provisión de drogas comienza a escasear, te ataca una ansiedad profunda que te deja medio lisiado; y si te quedas sin nada, te envuelve una desesperación absoluta. Siempre estás en una misión. Tienes el objetivo de asegurarte que tienes suficiente para fumar. No hay otra meta, no hay nada más importante en la vida. En cada momento vives una mentira.

En esta realidad alternativa, existen diferentes entradas a un peligro que vencer mientras pasas a través de ellas. Yo me había adentrado muy profundamente en las antecámaras del mundo de las drogas, pero ahora estaba asomándome a la entrada de un caos y locura completa, que conducía a las cámaras interiores donde se te quitaba una cosa tras cosa y cuyo resultado final era arrancarte tu propia vida.

Consciente del precipicio que se abría ante mí y preguntándome hacia donde dirigirme para encontrar un lugar en donde estar, pensé en mi mamá. Nuestro accidentado pasado aún nos traspasaba con espinas afiladas, y ninguna de las dos podía mantenerse sin explotar cuando afloraba el objeto de nuestra historia común; sin embargo, en ese momento sentí que podía dirigirme hacia ella. Desde nuestra reconciliación, un par de años atrás, ella se había mostrado maternal, dulce y generosa conmigo.

Para ese entonces, mi mamá ya tenía una relación de dos años con un hombre de Honduras. Cuando nos presentaron, la primera vez, tuve un extraño sentimiento que me puso la piel de gallina. Posteriormente mamá me permitió mudarme con ella. Hice todo lo posible por mantener un cuidadoso balance, tenso como era, entre evitarlo, complacer a mi madre y esconder mi hábito. Después de algunas semanas, sin ninguna razón especial, mamá nos anunció -a Ozzie y a mí- que se estaba mudando a México y que su "novio" se iba con ella. "Puedes quedarte con esta casa", me dijo. "Está amoblada. Puedes pagar la hipoteca, cuyo precio es bastante razonable. Es toda tuya". Mi mamá sabía que Ozzie bebía muchísimo y que usaba drogas, por lo que estableció claramente que las drogas no serían toleradas en su casa. Mirando directamente a los ojos de Ozzie, añadió: "Necesitas volverte hombrecito. Te estoy dando la oportunidad de cuidar de mi hija".

Al momento de irse mamá me dirigió unas palabras que nunca olvidaré: "Ten cuidado. No caigas en su mundo. No te metas en ese escenario de las drogas porque una vez que entras ahí, lo pierdes todo".

Con una falsa confianza le respondí: "Mamá, no tienes nada de qué preocuparte".

Tan pronto como se marchó, la casa se convirtió en un paraíso de las drogas. Durante los primeros tres o cuatro meses, Ozzie y yo celebramos nuestra nueva libertad en lo que se llegó a conocer como "La Casa de los Sueños" para los drogadictos de la ciudad de Ozzie. No faltaban las anfetaminas, el alcohol, la marihuana, ni tampoco los drogadictos - acostumbrados a estar apretujados en habitaciones pequeñas, casas derruidas, carros abandonados y veredas-, que se quedaban durante días gracias a la comodidad de tener habitaciones con baños propios, así como acceso a una cocina y un jardín posterior. Las drogas se usaban las 24 horas del día y, muy pronto, los amigos drogadictos de Ozzie, también se convirtieron en amigos míos.

Para pagar la hipoteca comencé a hacer trabajos administrativos en empleos temporales en donde prediqué apasionadamente sobre mis creencias en la Nueva Era, asegurándome que mis compañeros de trabajo se convencieran. Pero también había días en los que me era imposible funcionar. Después de pasar veinticuatro horas sin dormir, me retorcía entre una mezcla de ansiedad, depresión y mareos que apagaban mi capacidad de sobrellevarlos, por lo que llamaba diciendo que estaba enferma.

En un período de tiempo muy corto las anfetaminas se extendieron como una sombra amenazante sobre cada aspecto de mi vida. Sólo después de cuatro meses de haber sustituido la cocaína por anfetaminas, ya no podía imaginar mi vida sin ella. Todo mi cuerpo deseaba estar drogada veinticuatro horas al día, todos los días de la semana, y ya no podía funcionar, con ella o sin ella. Comencé a perder mis empleos ya que no siempre me aparecía a trabajar. Las facturas de la hipoteca se acumularon impagas. Día y noche los carros se estacionaban en mi casa, las luces se encendían y la música se volvía estridente. Cuando salía de ese estado de euforia, la confusión destrozaba mi cerebro, y el miedo de ser denunciada por los vecinos destrozaba mis nervios.

Un mes después que Ozzie y yo comenzáramos a vivir en la casa de mi mamá, comenzó a ausentarse por una o dos semanas a la vez para ver a su antigua enamorada. Predeciblemente, ella lo botaba después de un par de días y regresaba a casa, agraciándose conmigo gracias a su encanto. Siempre lo recibía queriendo creer en sus mentiras fantasiosas: "Realmente te amo. A ella no la amo. La única razón por la cual regreso es para ver a mis hijos pues los extraño". Yo me sentía muy mal por sus hijos. Si él iba a ver a sus hijos yo no quería entrometerme. Le decía que hería mis sentimientos, pero nunca peleé con él o le hice alguna escena. Toda mi vida había sido una persona complaciente, especialmente con mi papá, y ese patrón de conducta no había cambiado, incluso cuando la euforia producida por las drogas estaba en su máxima expresión.

Cuando Ozzie y yo estábamos juntos, estábamos unidos completamente. Si estábamos en la misma habitación se sentaba junto a mí; cuando teníamos comida la compartíamos, en público y en privado se acercaba para sostener mi mano. Nunca pude entender por qué Ozzie me dejaba una y otra vez.

Mi esperanza estaba puesta en él, y mi autoestima había llegado a su punto más bajo. Las drogas eran capaces de adormecerme emocionalmente, por lo que llorar me era muy difícil, a pesar de la pesadilla interna que sufría. Cuando Ozzie estaba lejos, me sentía amargada y sola. Cuando regresaba, se me acercaba como siempre, aunque lleno de disculpas, aun cuando yo sabía que me dejaría nuevamente. Este juego de idas y vueltas duraría dos años y medio. ¿No era yo lo suficientemente bonita o buena para que él se quedara?

Una noche, durante una semana en la que tenía a Ozzie solo para mí, soñé en que mi mamá se aparecía repentinamente de México porque yo no había estado pagando la hipoteca. A la tarde siguiente, cuando Ozzie y yo estábamos solos en la casa, encerrados en la habitación de mi madre y comenzando a drogarnos le conté mi sueño a Ozzie: "¿No sería horrible?", le dije.

Ambos nos revolcamos de risa. Ozzie inhaló nuevamente la pipa y dijo: "Sería muy malo si realmente sucediera". En ese momento escuchamos que alguien tocaba la puerta principal y luego el sonido de la llave abriéndola. Una voz gritó: "¡Patricia! ¡Patricia! Soy tu mamá. ¡Aquí estoy!"

Ozzie y yo nos miramos con los ojos abiertos y en señal de pánico, dejando caer su pipa -lo que nunca había sucedido antes-. Rápidamente le puse seguro a la puerta, agarramos nuestras chaquetas, arrojamos unas cuantas ropas y nuestras drogas en una bolsa y nos escapamos por la puerta corrediza que había atrás.

En ese momento comenzó mi vida de drogadicta sin hogar.

> "Ovejas perdidas, eso era mi pueblo: sus pastores las
> extraviaban, las hacían rondar por las montañas; iban de
> montaña en colina, olvidándose de su redil. El que las
> encontraba, las devoraba, (...)"
>
> Jeremías 50, 6-7b

Durante los siguientes tres años, pasé cada día drogándome cada dos horas, nunca sabía donde dormiría esa noche. Casas de drogas, habitaciones de hotel, y las calles erra mis hogares transitorios. Ozzie llevaba el timón de nuestro viaje sin rumbo, buscando refugio para nosotros entre sus amigos, Cuando llegaban las sombras de la noche y no teníamos ninguna invitación amical a drogarnos -lo cual implicaba tener un lugar donde pasar la noche-, Ozzie encontraba un espacio en la vereda, frente a la casa de alguno de sus amigos, y me alentaba a fumar toda la noche con él para poder permanecer despiertos. Algunas veces estábamos tan "eufóricos en nuestro vuelo" con las drogas que el tiempo se movía a velocidad de la luz: el día y la noche se hacían uno, y el sueño nos eludía por tres o cuatros días seguidos. Cuando, finalmente, mi cuerpo me decía que necesitaba descansar, dormía unas dos o tres horas y luego me levantaba para seguir drogándome como si fuera mi desayuno. Prefería las drogas a la comida.

Dado que yo era la única persona entre nuestro grupo de amigos lo suficientemente "responsable" como para tener licencia de conducir, y porque nuestras actividades ilícitas se veían menos sospechosas ante la policía si una muchacha estaba al volante, yo era la que manejaba a la gente a lo largo de todo el día en un juego de nunca acabar de "buscar y encontrar". Si no podíamos conseguir drogas en Woodland, las buscábamos en Santa Rosa, y viceversa. Durante los tres años que pasé viviendo en las calles nunca robé, mendigué o compré una migaja de anfetaminas. Mis amigos me "proveían" dándome drogas en compensación por transportarlos. Por el hecho de que valoraba a los drogadictos como personas y los trataba bien, a ellos -a su vez- les gustaba yo por mi personalidad amistosa, por lo que me daban drogas.

Mi alimentación también la recibía de los adictos. A los drogadictos no les gusta fumar solos y saben donde encontrase mutuamente, en un intercambio caótico de ayuda y de daño mutuo. Ozzie también conseguía algo de dinero para mis escasas comidas. Él estaba robando para mantener su hábito y alcanzar su meta de ser traficante de drogas. De cuando en cuando vendía algunas onzas de "estupefacientes" aquí y allá, pensando que era la gran cosa. Vender era una manera de sentirse seguro, pues de ese modo se aseguraba que siempre tendría drogas en su poder, lo que también significaba que nunca pasaría mucho tiempo sin estar "volando". Si se acababan sus provisiones, podía llamar al menos a treinta personas de manera sucesiva y tenerme manejando por horas en búsqueda de una solución temporal para una pequeña dosis.

Dentro de una comunidad unida por la adicción, los vendedores y los conductores estaban en una muy alta estima. También los sopladores de vidrio. Muy pronto supe que los adictos a la cocaína y a las anfetaminas hacían sus pipas. Fascinada, veía como mis amigos tomaban una antorcha y la acercaban a un tubo de vidrio de perfume y soplaban hasta convertirlo en una pipa perfecta para anfetaminas o "crack". Sabían el momento exacto para soplar y la cantidad exacta de presión de aire que se necesitaba para abrir la otra parte del tubo de vidrio, haciendo un agujero perfecto. Este arte, que habían perfeccionado con el tiempo, sobrepasaba las habilidades de los mayores expertos sopladores de vidrio.

Para limpiar la pipa, tomábamos una lata de soda, la colocábamos boca abajo en una superficie plana, luego poníamos un poco de alcohol o perfume en el fondo -que ahora ya era la parte de arriba-. Encendíamos el líquido con nuestros encendedores para hacer un pequeño fuego, después cogíamos nuestras pipas sucias y negras, y las poníamos en medio de las llamas, donde se volvían a poner nuevamente de un vidrio transparente - limpias y brillantes-. Esas eran las actividades en las cuales se movían nuestras vidas. Solamente eso.

Después de dos años de estar usando la pipa ya casi no me hacía efecto. Durante tres o cuatro meses fumé sin alcanzar la más mínima sensación de euforia. Como sucede con todos los adictos, con el paso del tiempo, el cuerpo se iba adaptando a la droga consumida, desarrollando tolerancia; en vez de placer, mi dosis usual solamente me ofrecía la ventaja de evitar los síntomas paralizantes de no consumir droga, feroces deseos, y de mayor dependencia.

Cada vez necesitaba una mayor dosis de "drogas" para alcanzar el mismo efecto químico en mi sistema, por lo que empecé a utilizar otro tipo de pipas -que mezclan agua con el humo- por lo cual encapsulaba la mitad de mi rostro mientras inhalaba y la mezcla me producía una euforia increíble. Emocionada, agradecí al "universo" de que algo así me pudiese producir -nuevamente- un sentimiento de euforia.

Mi familia sabía que estaba viva debido a las llamadas ocasionales que le hacía a mi hermano, pero ellos no sabían de mi adicción. Después de un año y medio de mi ausencia, cuando ya tenía veintiún años, llamé a la puerta de mi hermano para preguntarle si es que podía dormir en su auto. Cuando me vio, se mostró profundamente adolorido y a punto de llorar. Ahora él sabía. Me sentí tan avergonzada que también comencé a llorar. Me dijo: "Nunca pensé que me pedirías un favor de esta clase. Nunca pensé que las cosas hubieran podido llegar tan bajo para ti. No quiero que tengas ese tipo de vida". Fue muy cariñoso e hizo lo mejor posible por ayudarme. Nos entregó a Ozzie y a mí las llaves de su auto y dormimos en el asiento de atrás.

Esa noche tuve un sueño:

Era época de Navidad. Estábamos decorando el árbol, mi hermano, mi hermana y yo. Escogí un ornamente muy colorido y lo coloqué en una de las ramas pensando que era el lugar perfecto. Mi cuerpo se relaja bajo la tibias y acogedoras luces navideñas. Viendo a mi papá en el sillón, me acurruqué junto a él. Colocó sus brazos alrededor de mí, y me hizo sentir la niña más especial en el mundo entero.

Días después escuché de mi hermano que mi papá se sentía completamente decepcionado y deshonrado por mí. "Papá está molesto", me dijo por teléfono, "y no te quiere en la casa". Esas palabras me envolvieron con un sentimiento de vergüenza abrasadora. Papá siempre había sido mi mejor amigo y yo había sido su princesa. Su reacción me hizo querer estar lo más lejos posible de mi familia. Sin embargo, no estaba molesta. Sabía que era mi culpa.

Pero no podía hacer nada que me mantuviera alejada de esa búsqueda de "euforia" -ni siquiera el dolor y la deshonra con que estaba infligiendo a mi familia y a mí misma; tampoco las serias probabilidades de dañarme a mí misma; menos el miedo a la cárcel o la amenaza de perder mi propia vida. Algunos terribles incidentes probaron que -desafortunadamente- esto podía suceder. Uno de ellos aconteció cuando andaba con una amiga mía traficante, adicta desde muy joven, cuyo apodo era Julie Pipes. En una de las visitas que le hice, siendo mediodía estábamos fumando "estupefacientes" en su habitación. Ella estaba acostada en su cama, compartiéndome su preocupación por el hecho de haber perdido la custodia de su hijo hacía un par de años. Yo hacía mi mejor esfuerzo -como si no estuviera drogada- de escucharla mientras estaba acostada de lado al frente suyo. Directamente detrás mío había una puerta corrediza de vidrio, cubierta por unas cortinas que estaban cerradas, la cual conducía hacia el jardín interior de la casa.

En esas épocas yo no tenía una devoción particular por la Santísima Virgen, ni siquiera le rezaba, sin embargo tenía en mi billetera -de alguna manera- una estampa de Nuestra Señora de Guadalupe. Sin pensarlo mucho se la alcancé a Julie y le dije: "Toma esto y lee la oración ubicada en la parte de atrás. Es posible que Ella te ayude".

Un segundo después, a una distancia muy corta, escuchamos un disparo proveniente del otro lado de la puerta corrediza, seguido por un grito de dolor muy fuerte proferido por un hombre. Julie saltó y abrió las cortinas, luego la puerta. Un traficante de drogas al cual ella le debía dinero estaba en el suelo, agarrándose la pierna, con una bala en la parte interna del muslo.

Había venido a asesinarla con una pistola completamente cargada. Luego de haber escuchado la voz de su objetivo empezó a disparar sin ver… y había planeado continuar disparando. Las únicas cosas entre mí y los proyectiles eran las puertas de vidrio y las cortinas delgadas. Acostada y con mi cuerpo totalmente expuesto, yo era un objetivo perfecto. Si su primer disparo no hubiera rebotado contra el marco de metal de las puertas y le hubiera caído a él, esas balas me hubieran alcanzado.

Completamente drogada, no me acuerdo nada después de ello.

Otro fatídico día, manejé con Ozzie a Santa Rosa con la finalidad de llenar nuestras provisiones casi vacías de drogas y para que él pudiera ver a sus dos hijos, de cinco y tres años. Mientras me estacionaba una cuadra antes de la casa de su ex-enamorada, se inclinó para darme un beso en la mejilla. Antes que pudiera salir del auto, su ex-enamorada corrió hacia nosotros empuñando un martillo. Cegada por la ira, comenzó a destrozar el parabrisas delantero de mi auto. Piezas de vidrio roto cayeron sobre mi rostro y mis brazos, cortándome la piel de las manos. Luego se abalanzó sobre la parte del conductor, donde yo me encontraba, y golpeó el vidrio con el martillo, donde casi me alcanza en el rostro -pero Ozzie me jaló y rápidamente me ubicó sobre sus piernas en el asiento del co-piloto. Luego saltó del auto y la contuvo mientras ella gritaba: "¡Desgraciado! ¡Te voy a asesinar!"

Un par de personas salieron de sus casas y la jalaron hacia adentro. Me senté en la vereda junto a los restos del vidrio, moviéndome ligeramente de adelante hacia atrás en un estado de trauma silencioso. Ozzie vio mis lágrimas, pero no mostró la más mínima compasión. Él tenía una orden de captura -no recuerdo por qué- y lo último que quería era más drama... Quería saltar en el auto y huir de la escena, pero no podía arriesgarse a manejar con el parabrisas y la ventana y destrozadas. Muy pronto remolcaron el vehículo, pero no teníamos dinero para retirarlo, por lo que aquel día perdí mi auto.

Sin embargo, de lejos, el incidente más degradante y horroroso para mí tuvo que ver con la policía. Sucedió una noche en que estaba descansando en la habitación de un hotel, fumando con un par de chicas y tres muchachos, incluido un traficante llamado Eddy. Uno de nosotros miró a través de la ventana y vio policías corriendo hacia el segundo piso para irrumpir en nuestra habitación y arrestarnos. Eddie cogió una piedra de anfetaminas de 5 libras de peso, del tamaño de un saco de harina, y lo tiró por la ventana trasera. (Esa roca costaba aproximadamente seis mil dólares). Luego saltó desde el segundo piso.

Seis policías irrumpieron a través de la puerta y nos esposaron a todos, para luego llevarnos hacia el estacionamiento donde nos interrogaron. Mientras tanto un par de policías salieron a perseguir a Eddie, quien terminó en la cárcel. Yo estaba parada en la fila de las sospechosas, esposada junto a ocho carros de policía, sin embargo el único pensamiento que me venía era: "¡Mi papá... Mi papá va a matarme!' Va a tener que sacarme de la cárcel. Ésta será la mayor desgracia de su vida".

Uno de los policías me miró y me preguntó, "¿Por qué estás aquí?" Temblando respondí" "Estoy acompañando a mi enamorado".

"Te ves como una muchacha muy buena", dijo con una mirada preocupada, como la de un buen padre. "Eres muy joven. Tu enamorado es un perdedor. Una niña buena como tú no debería andar con este tipo de gente".

Ese día todos fueron llevados a custodia menos yo, que era la única persona que no tenía antecedentes policiales. El policía me miró intensamente, una vez más, como si quisiera que sus palabras se me hubieran grabado, y me dejó ir.

Escapar de caer en prisión fue como haber ganado la lotería. El mundo quitó su peso de mis hombros. Pero haber estado esposada había sido mortificante. ¿En que se estaba convirtiendo mi vida? Nunca había imaginado que sería conocida como una drogadicta, una persona sin hogar, una persona de malvivir. La humillación sobre lo que mi familia extendida pudiera pensar de mí era algo que me consumía. Todos tenían grandes expectativas sobre mí. Sin embargo, ahora todo mi respeto se había perdido, como un barco hundido en un océano de malas decisiones. "¿Qué había sucedido? Yo, Patricia Sandoval, se suponía que debía ser alguien".

"No seas demasiado malo ni te comportes como un necio: ¿Para qué vas a morir antes de tiempo?"
Eclesiastés 7, 17

Durante los dos primeros años de mi vida como adicta todavía se me veía presentable, inclusive saludable y refinada, pero al comenzar el tercer año de estar drogándome mi cuerpo finalmente a mostró huellas de mi enfermedad: mis costillas y clavículas se salían hacia afuera, mi rostro estaba pálido y demacrado, unos círculos negros rodeaban mis ojos y mis ropas arrugadas colgaban torpemente de mi cuerpo escuálido y mi cabeza descubierta mostraba pequeños trazos de cuero cabelludo debido a mi tricotilomía, la cual se iba empeorando.

Vivía con un miedo constante. Miles de preguntas me acosaban mientras trataba de escapar desesperadamente de un mañana sombrío. "¿Dónde dormiría? ¿Dónde podría tomar ducharme? ¿Comería? ¿Conseguiría suficientes drogas?" Nunca supe cuán mal se pondrían las cosas o cuán peor se habrían de poner, menos dónde -eventualmente- terminaría.

La policía se convirtió en un enemigo, odiado y amenazante. Viviendo con gente que detestaba a los policías, que siempre estaban cuidándose y escapándose de ellos, habían multiplicado la presencia de la policía en mi cabeza. Los veía por todos lados. Me volvía paranoica en su presencia y maldecía su existencia. Después de haber perdido mi auto, casi me desmayaba de miedo de sólo pensar que me pudieran detener cuando manejaba el carro prestado -y ruinoso- de alguna otra persona, que tenía a drogadictos como pasajeros; o subida en el auto de algún traficante de drogas cuyo vehículo era -a todas vistas- demasiado ostentoso o caro para una persona de su edad e ingresos. Mi peor pesadilla era pensar en tener que hacer una llamada por cobrar, desde la prisión, a mis padres.

La paranoia se fue permeando, también, hacia otras áreas de mi mente. Avariciosa y posesiva de mis provisiones de drogas, empecé a esconder de mis amigos mis maletas con anfetaminas, a la vez que me encerraba en las habitaciones para fumar, diciéndoles que no tenía drogas. No confiaba en nadie, y tenía muy buenas razones para ello. Mis "amigos más cercanos" revisaban con frecuencia mis escasas pertenencias -ropa, joyas, relojes, carteras- aunque yo nunca le robé a nadie. Incluso Ozzie me había robado. Una vez, cuando me di cuenta que algunas de mis joyas habían desaparecido de lugares a los cuales sólo Ozzie tenía acceso, sus amigos me dijeron que las había vendido para comprar más drogas, pero él, por supuesto, lo negó completamente mientras, con una sonrisa pícara, me decía lo bella que era.

En mi tercer año en las calles, la línea entre un amigo y un enemigo se hizo más delgada y sutil. Un día mi teléfono celular empezó a timbrar con un número desconocido. No respondí sino hasta la tercera o cuarta llamada. "¿Hola?", respondí.

"Soy Sandra". Era la antigua novia de Ozzie. ¿La ex- de Ozzie? Nuestro último encuentro había envuelto a un martillo rompiendo el vidrio de mi auto en dirección a mi cabeza. Sin embargo, estaba muy sorprendida que hubiera conseguido mi número de teléfono. Ella también era parte del grupo de drogadictos de Santa Rosa, en el cual la información ignoraba los límites de la privacidad.

"Sí", respondí temerosamente.

"Necesito hablar con Ozzie. ¿Está contigo? ¿Sabes dónde se encuentra?"

"No lo he visto desde hace tres días", dije -lo que era cierto-. Ozzie a veces se desaparecía sin dejar rastro alguno.

"Necesito su ayuda. Mis... nuestros hijos no tienen comida. Ni siquiera tienen leche".

Mi corazón frío se derritió rápidamente. "¿No tienen leche?"

"Nada"

Incapaz de soportar la idea de que sus hijos no tuvieran leche le dije: "Iré a donde estés ya mismo para ayudarte". Ella, en su desesperación, accedió. Puse en mi bolsillo el poco dinero que tenía, salté en el carro color limón de un amigo, compré algo de comida, y manejé hacia su casa. En la puerta estaba una Sandra completamente diferente -una bella y tímida joven que me hacía recordar a las caricaturas de Pocahontas, quién - posteriormente me enteré- había sido una alumna brillante en la universidad con un futuro brillante- esto es, antes de conocer a Ozzie. Con el tiempo llegamos a ser buenas amigas.

Cambios radicales en las relaciones resultaban confusos, sin embargo, de alguna manera, eran parte normal de mi vida como adicta. Otra cosa inesperada sucedió cuando estaba tratando de hacer una pausa de consumir muchas drogas y de todas las noches sin dormir. Estaba cansada de saltar de un lugar a otro -durmiendo en carros, moteles, o incluso sin dormir- y de vagar por incontables veredas. Deseaba una cama cómoda, una ducha y un lugar dónde descansar. Ozzie pensó que no podía proveerme de un lugar así por lo que dije: "Ozzie, llévame a la casa de mi hermana. Quiero ver si puedo dormir ahí, por lo menos una noche".

Empecé a pensar en lo mucho que extrañaba a mi sobrina, quien para ese entonces ya tenía ocho años, y a mi sobrino, ya de cinco. En el pasado había hecho de niñera durante años a mi hermana, sin nunca haberme negado a sus pedidos desde el momento en que nacieron. Cuando tenía dos empleos, me quedaba en su casa por semanas, cambiándoles los pañales, jugando con ellos, levantándome en la madrugada para darles de comer. Los hijos de mi hermana eran el mundo para mí, y durante toda su vida ellos me habían visto como su tía "moderna".

Cuando mi hermana y yo empezamos a crecer, hice todo lo posible por complacerla y estar con ella en buenos términos. Quería su aprobación y amistad al punto que -cuando éramos adolescentes- nos hicimos juntas un tatuaje horroroso pues insistía en que así estaríamos unidas como dos mujeres poderosas de la Nueva Era. A pesar de mi caída precipitada en la ignominia, tenía la esperanza de que mi hermana me viese vulnerable y quisiera ayudarme, y que, en su corazón, sintiera amor por mí.

Mientras Ozzie manejaba hacia su apartamento en Santa Rosa mis nervios destrozados no permitieron que mi cuerpo se mantuviese despierto por más tiempo. Con mi cabeza apoyada sobre la ventana del co-piloto caí en un sueño profundo:

Estoy riendo, sentada en la canasta de la ropa sucia. Escucho la voz de mi hermana: "… ocho, nueve, diez. ¡Te voy a encontrar! ¡Te voy a encontrar!"

"Ella nunca me va a encontrar aquí", pensé. Luego me di cuenta que ese lugar no olía muy bien y empecé a desear que me encontrara lo más pronto posible".

"¡Te encontré!", gritó, agarrándome por los hombros, mientras yo gritaba de alegría.

Una mano me sacudió por el hombro y escuché la voz de Ozzie sonando en mis oídos: "Patricia, despiértate. Ya estamos aquí". Había estacionado el auto, estratégicamente, ligeramente fuera de la visión del apartamento de mi hermana que quedaba en el segundo piso. "Esperaré aquí hasta que me des la señal de que te quedarás ahí".

"De acuerdo, de acuerdo", murmuré, desorientada y medio dormida. Luchando por mantener mis ojos abiertos, vi alrededor una gran cantidad de gente haciendo barbacoas en sus balcones. Era el Cuatro de julio. Todos se veían muy normales y felices. Suspirando profundamente, salí del auto y pasé delante de las celebraciones familiares para dirigirme a las escaleras del departamento y llamar a la puerta de mi hermana. Cuando abrió la puerta, con sus hijos junto a ella, ellos me miraran llenos de alegría. Entonces, delante de sus hijos y de todos los vecinos gritó con toda la fuerza que tenían sus pulmones: "¡Tú, pedazo de caca! ¡Tú drogadicta! ¡Lárgate de mi casa y mantente alejada de mis hijos! ¡Eres una miserable perdedora!" Comencé a llorar e intentar decirle que estaba intentando pedirle ayuda, pero hizo sonar sus dedos y me empujó lejos de la puerta. Mis ojos hicieron contacto con los de mi sobrina, quien me miró atónita. Luego cerró la puerta estrepitosamente. Yo quería que la tierra me tragara. Mientras los vecinos observaban la escena estupefactos, me volteé lentamente y empecé a caminar -dolorosamente- hacia donde se encontraba Ozzie.

No podía imaginar hundirme más bajo. No podía pensar en qué clase de esperanza podría tener en la vida, por qué buscaba llegar al día siguiente y no buscaba alguna manera de rendirme y morir. Todo el tiempo que estuve en las calles cargaba una pequeña antorcha de esperanza, una luz débil que chispeaba dentro de mí. Era la creencia que podía cambiar a mi enamorado; que habiendo caído con él en este agujero; de alguna manera ambos saldríamos de ahí. El me amaría y se preocuparía tanto por mí que sería capaz de hacer cualquier cosa para convertirse en una mejor persona, de cambiar para hacer que nuestra relación funcionase. Buscaba ese final feliz de los cuentos de hadas, en el que Ozzie dejaría las drogas, tendría un trabajo y nos casaríamos, tendríamos niños y viviríamos felices para siempre, mientras todo era felicidad.

> "Y ustedes señores,
> ¿hasta cuándo ultrajarán mi honor,
> amarán lo que es falso
> y buscarán lo engañoso?
> Sepan que el Señor hizo maravillas por su amigo:
> Él me escucha siempre que lo invoco".
> Salmo 4, 3-4

Datos: Convivir no es una prueba para el matrimonio, sino más bien un entrenamiento para el divorcio. Más de ocho de diez parejas, que viven juntas terminan antes de la boda o después se divorcian (1)

Mirando hacia Arriba

O ZZIE Y YO NUNCA PELEÁBAMOS. Cuando me hería, se lo decía y si yo estaba decaída siempre trataba de alegrarme. Desde el momento en que me enamoré de él, le di mi corazón, mi cuerpo, mi sobriedad, mi alma. Aunque yo vivía con el corazón roto, su ingenio, la manera en que lucía, y su abrazo apasionado -sumado a mi estado de euforia- siempre era capaz de calmar mis nervios destrozados, al menos temporalmente.

La única vez que discutimos en esos tres años sucedió casi al mediodía, cuando nos encontrábamos apiñados en un pequeño cuarto de hotel, lleno de musgo, en Santa Rosa, California, con cuatro de nuestros amigos. La comida había escaseado y nos estábamos quedando sin drogas. Tratando de conseguir más drogas, nuestros amigos querían ir a Woodland, pero yo preferí quedarme. Hice un comentario que irritó a Ozzie. Con una rabia muy poco característica, me regañó delante de todos y me gritó: "¿Por qué no te largas? ¡Vete!" Nunca me había alzado la voz, ni una sola vez. Salí asustada y humillada. Nadie me detuvo. Ninguno salió en mi defensa. Pensé con toda seguridad que Ozzie saldría tras de mí y me ofrecería sus disculpas. Pero no lo hizo, simplemente me dejó ir.

Tan pronto como salí del edificio y me senté en el estacionamiento, vi a Ozzie y a sus amigos subir al auto y marcharse. Estaba sorprendida. Me habían dejado sin nada y ni siquiera tenía unas monedas para llamar a alguien -como si tuviese alguien a quien llamar. Me senté y lloré cerca de una hora, con la esperanza de que regresara por mí. "Esto no puede estar sucediendo", pensé. "Esto no puede ser realidad. Estoy sedienta y ni siquiera puedo comprarme una botella con agua". El temor al reproche era tan aplastante que no me atrevía a llamar a mi familia y me negaba a convertirme -delante de mis propios ojos- en una mendiga. Pensando en amigos a los que pudiera acudir me di cuenta que "no tenía ninguno".

Aquellos que habían manejado conmigo eran más amigos de Ozzie que míos, y en el mundo de sustancias artificiales -pero sin sustancia- los amigos eran personas, simplemente buscando las mismas cosas que tú. Todo lo que teníamos en común eran familias destrozadas y el deseo de "volar".

"Ozzie regresará por mí", lloré. "Le di mi virginidad. Le di mi sobriedad. Me metí en esta vida por él".

Pasó el tiempo... y pasó aún más tiempo... y Ozzie nunca regresó. No podía creer cómo es que su corazón se había enfriado inmediatamente. Ya había pasado una hora y media sentada en la vereda, acribillada por miedos que me paralizaban: "Probablemente ya está en Sacramento... ¿Le importaré? ... ¿Me voy a volver una mendiga pidiendo dinero en las calles?" Empecé a lamentarme. Mi pecho se agitaba, cortando mi respiración, en una erupción de dolor incontrolable que duró algunos minutos, pero que se sintió como si hubieran pasado horas.

Repentina e innegablemente, sentí una poderosa presencia en el Cielo cuidándome. Mis sollozos cesaron y miré hacia arriba. El cielo tenía un azul brillante con unas cuantas nubes flotando. No sé cómo lo sentí, pero supe que esa Presencia era la de Dios Padre, cuidándome en ese preciso instante.

Instantáneamente regresé a la fe que había tenido de pequeña. Mirando hacia las nubes dije: "Eres todo lo que tengo en mi vida en este momento. He llegado hasta lo más bajo. No tengo nada: amigos, dinero, drogas, ni familia. He arruinado mi vida. No sé cómo me dejé llevar hasta este punto, pero sé que Tú existes y me estás escuchando". Entonces, algo dentro de mí, en un momento de gracia, me hizo alabarlo. Exclamé en voz alta: "Quiero agradecerte por las muchas bendiciones que me has dado en la vida. Me has dado una niñez hermosa, una familia maravillosa y quiero agradecerte por todo ellos. Pero ahora he arruinado mi vida, La he arruinado completamente".

Puse mi frente entre mis rodillas, doblando mis piernas, y lloré con un dolor profundo. Dos minutos después, sentí que alguien se arrodillaba detrás mío y me abrazaba. Mis ojos miraron a través de lágrimas y vi a una mujer rubia muy hermosa, aproximadamente de mi misma edad -veintitrés años- ofreciéndome una sonrisa bella y amplia. La placa de su uniforme decía: "Bonnie". Mirándome con gran ternura dijo: "Jesús te ama".

La miré muy confundida: "¿Qué has dicho?"

"Jesús te ama. Soy mesera en ese restaurante", dijo, señalando un edificio en la esquina. "Estaba tomando un pedido cuando el Señor habló a mi corazón y dijo: "Deja tu libreta de notas, mira a través de la ventana y dile a esa joven sentada en la vereda que, aunque su madre o su padre la abandonen, yo nunca la abandonaré u olvidaré. Yo estaré con ella hasta el final de los tiempos".

Yo estaba sorprendida. El Autor de esas palabras me conocía y había respondido a mis oraciones inmediatamente, ni bien había terminado de hablar con Él. Bonnie, aún sonriendo, dijo: "Te voy a llevar al restaurante. Mi turno casi ha terminado, por lo que te voy a dar de comer y luego te llevaré a casa, dondequiera se encuentre tu hogar". Su rostro era cálido y acogedor, y el amor en su voz… era real. Era Dios. Ella no me veía como un ser humano indigno de la calle. Podía ver que en sus ojos y en su corazón yo poseía dignidad y valor. Dulce, educada y de muy buenos modales, me hacía sentir como si salir de las calles fuera una cosa muy fácil -como si nada- y que ayudarme no representaba ninguna carga para ella.

Una vez adentro me alcanzo un menú y dijo: "Estoy contenta de haberte conocido pues hay un hombre que ronda por estos estacionamientos y recoge a muchachas jóvenes para prostituirlas; yo solamente estoy tratando de protegerte". Señalando el menú dijo: "Puedes pedir lo que quieras".

No pude dejar de notar que Bonnie se veía como una persona bastante íntegra. Tenía un trabajo y lucía responsable. Yo estaba maravillada ante su sonrisa y la felicidad y caridad que emanaban de ella, cuando un pensamiento se cruzó por mi cabeza: "Así es como debería ser yo".

Bonnie me sirvió una comida completa (entrada, plato principal y postre), mientras que yo trataba de aparentar normalidad y una compostura -que no engañaba a nadie- mientras me sentía abrumada, al mismo tiempo, por la gratitud y la vergüenza. Nunca había sido una persona dada a pedir por nada, y los compañeros de trabajo de Bonnie que la habían visto sacar de la calle a una chica con los ojos hinchados por el llanto, no podían evitar mirarme con curiosidad. Sin embargo, la presencia de Bonnie me tranquilizaba.

Cuando me llevó a su auto me detuve. "Yo tenía un carro igual", murmuré. Era exactamente del mismo año, modelo y color que el que había perdido. Me subí y vi lo decidida que estaba: "Voy a llevarte a donde sea que se esté tu casa", afirmó. "Vas a ir a casa". No me dio la posibilidad de elegir. Manejamos los quince minutos de distancia hasta Petaluma y cuando salí del auto le agradecí. Me dijo que era cristiana e hija de un Pastor. Nos abrazamos y se alejó manejando mientras se despedía agitando la mano amigablemente.

Me había dejado en la acera de la casa de mi papá. Los seis metros que me separaban de su puerta tenían el aspecto de una colina muy alta y traicionera que llevaba al borde de un acantilado escarpado. Parada en la entrada de su casa era como estar lista para saltar a un precipicio sin saber lo que había abajo. Mientras mis nudillos tocaban la puerta de papá, mi cuerpo sentía el terror de la caída ya que de mi destino dependía de la respuesta a mi llamado.

Papá abrió la puerta y ahí estaba yo, una persona muerta en vida: un metro sesenta y siete, con la fragilidad de sólo cuarenta kilos, con poco cabello y ropas desgastadas, cansada de esta vida. Los ojos de mi padre se llenaron de un profundo dolor. Me arrojé a sus pies sollozando, pidiéndole que me perdonase. Incapaz de contener sus lágrimas me levantó del suelo y me llevó a su habitación. No le importó la vergüenza que había traído a la familia o que yo lo hubiese abandonado. En ese momento sólo le importaba yo. Con mi cabeza sobre sus rodillas, mientras él estaba sentado al borde la cama, lloramos juntos. La única otra vez que lo había visto llorar fue cuando mi mamá lo abandonó. Sus lágrimas se sintieron como una lluvia de misericordia cayendo sobre mi alma reseca. Estuvimos así por una buena hora, ambos sollozando, mientras me acariciaba el cabello, diciéndome muchas veces que me amaba y que todo iba a estar bien.

"(...) Si un hombre tiene cien ovejas, y una de ellas se pierde, ¿No deja las noventa y nueve restantes en la montaña, para ir a buscar a la que se extravió? Y si llega a encontrarla, les aseguro que se alegrará más por ella que por las noventa y nueve que no se extraviaron. De la misma manera, el Padre que está en el cielo no quiere que se pierda ninguno de estos pequeños".
Mateo 18, 12-14

Papá había recibido en casa al cascarón de la hija que él conocía. Había estado enferma en cuerpo y mente, aún con la adicción y tratando de aferrarme a la cordura. No quería dejar mi habitación. Me sentía tan débil, deprimida y fracturada por la vergüenza que pasaron días enteros sin que mi cabeza se levantara de la almohada. Lloraba, luego me dormía, y me despertaba nuevamente bañada en lágrimas pensando: "La vida apesta", y luego me dormía nuevamente. "Eres un fracaso absoluto", me repetía constantemente. "¿Qué va a ser ahora de tu vida?"

Por momentos mi cuerpo temblaba y comenzaba a sudar. Cuando los síntomas de mi falta de uso de las drogas se volvían severos, las tentaciones me atormentaban -deseaba devolver las llamadas de mis amigos y de ir a buscar a Ozzie-. Nunca quise abrir la puerta cuando sonaba el timbre y saludaba brevemente a la gente antes de retirarme. Con algunas áreas calvas en mi cabeza, temblaba ante el pensamiento de que alguien me viera. Mientras yo sentía que aún podía perder algunas libras más de peso, la gente comentaba que mis costillas se notaban y que mis clavículas se salían. Pensé que exageraban. Pero cuando me probé mis ropas antiguas y, literalmente se me caían, entonces solamente ahí consideré que podía haber algo de verdad en lo que la gente comentaba.

Mi padre me había recibido amorosamente y sin ninguna reserva, pero su personalidad estoica no era la más adecuada para ayudar a una Patricia que estaba débil, frágil, llorosa y necesitada. Luego de trabajar largas horas llegaba a casa y decía unas cuantas palabras preciosas. En las raras ocasiones en que abría mi puerta para echar un vistazo me daba un breve "hola", que me hacía sentir como si me hubiera arrojado un hueso, lo que me hacía sentir más avergonzada. Yo me encerré en mi misma y él se volvió más frío. A aquellos del mundo exterior que preguntaban "¿Cómo le va a tu hija?" trataba de darles buenas noticias, pero no podía esconder cuán decepcionado estaba de mí. Mi padre se encerró en sí mismo. Yo pensé que estaba molesto conmigo y me sentí asustada de él.

Mi hermano, que también vivía en la casa, también me dio la bienvenida. Tal como mi padre, no sabía qué decir ni qué hacer; pero por debajo de esta situación tan extraña, sabíamos que entre nosotros existía un amor no expresado en palabras y que el tiempo y la tragedia no habían podido robar. Yo adoraba y apreciaba a mi hermano, y él sabía eso.

Viviendo con dos hombres que eran incapaces de manejar cosas relacionadas a los "sentimientos" no tenía a nadie con quien hablar. Pero fuera de la casa tenía a mi mamá, quien, sin yo saberlo, se había vuelto a convertir al catolicismo hacía menos de un año atrás. Su regreso a la Iglesia Católica comenzó en la época en que estaba trabajando para la Hewlett-Packard, y uno de sus técnicos, quien también era un pastor cristiano, la miró directamente a los ojos y le preguntó: "¿Lees la Biblia?"

Ella se rió de la pregunta y respondió: "No creo en ese libro, es un libro como cualquier otro, un libro lleno de historias".

"¿Pero tienes una Biblia?", le preguntó sin darse por aludido.

"Sí. Está en algún lugar, guardada en un cajón".

"¿Si tu padre te hubiera escrito cartas de amor, las pondrías en cualquier lugar sin haberlas leído, o las leerías y luego las guardarías cuidadosamente?'

"Por supuesto que primero las leería".

"Esas cartas que has arrinconado son cartas de amor de tu Padre Celestial, y el Él está esperando, con un inmenso amor por ti, que leas las cartas que te ha escrito".

Mi mamá sintió que un amor muy tierno penetraba su corazón. Sorprendida por su propia reacción miró al técnico y le dijo: "Te prometo que voy a buscar mi Biblia y leerla esta noche".

Él miró hacia el cielo y susurró: "Gracias a Dios".

Esa tarde, cuando mi mamá llegó a casa después de trabajar, la primera cosa que hizo fue buscar su Biblia. Sentada sola en su mesa de comer, abrió la Biblia al azar y fue a dar con el pasaje de Isaías 49, 15-16a: *Se olvida una madre de su criatura, no se compadece del hijo de sus entrañas? ¡Pero aunque ella se olvide, yo no te olvidaré! Yo te llevo grabada en la palma de mis manos...* " Por primera vez en su vida mi madre sintió que tenía un Padre que la amaba. Algo dentro de su alma le hizo creer que estaba grabada en las palmas de las manos de su Padre y que ahí estaba segura. Cerrando la Biblia, pensó: "No sé si esto es verdaderamente la Palabra de Dios, pero sé que siento algo muy bello en mi corazón". Durante los días siguientes, comenzó a leer diariamente pequeños fragmentos de la Biblia, sus cartas de amor.

Posteriormente, una antigua amistad la invitó a participar de un retiro que duraba todo el día. Mamá no quería ir, pero su amiga le hizo cambiar de opinión. Los retiros de los hispanos tienden a incluir aplausos, bailes, cantos y alabanzas, nada de lo que le interesaba a mi mamá. Durante todo el retiro se sintió impaciente y preocupada. Mientras varios sacerdotes daban las pláticas y sonaba la música, su principal oración era que ese día se acabase lo más pronto posible. Luego, uno de los sacerdotes hizo una exposición del Santísimo Sacramento.

Mamá no entendió completamente Quién estaba presente en la forma del Santísimo Sacramento, pero siguiendo los movimientos de quienes estaban alrededor suyo, inclinó su cabeza y miró hacia el suelo adelante de su silla. Entonces vio los pies de Jesús en el suelo, como mirando los suyos. Podía ver Sus sandalias, Sus tobillos, Sus espinillas y Su manto -de la misma tonalidad marrón que la de los Frailes Franciscanos-. Su alma se sintió vulnerable y transparente. Mientras tanto el coro cantaba:

"Él dijo, 'no me gustas (tal como estás ahora)'".

Voy a romperte

y a transformarte

en un nuevo recipiente.
Pero en el proceso, voy a hacerte llorar
porque voy a hacerte
pasar a través del fuego". (1)

Jesús vio a través suyo, mostrándole un corazón de piedra. Ella musitó: "Señor, cambia mi corazón. ¡Cambia mi corazón!". Segundos después comenzó a sentir como que su corazón se estaba rompiendo en pedazos. Un dolor agudo, físico, emocional y espiritual emanaba desde el centro su pecho. Luego desapareció la visión, y se quedó llorando por varias horas.

Una semana después participó de un retiro en Calistoga, California, donde por primera vez en treinta años, se sintió lo suficientemente segura como para reconocer sus pecados y librarse de ellos en el Sacramento de la Reconciliación. Atraída a la Iglesia, como el Hijo Pródigo que anhelaba el consuelo de la casa de su padre, regresó a la práctica de la fe que había vivido en su niñez. Solo entonces, una vez que había sido alimentada por los sacramentos que la sostenían en su fe y la guiaban, se dio cuenta a través de los chismes que su hija no sólo estaba viviendo en la calle, sino que también era drogadicta.

Mi mamá se deprimió y preocupó; dormía y comía muy poco, por lo que adelgazó mucho. Pero con la ayuda de sus nuevos amigos, convirtió su dolor en oración. Ofreció Rosarios por mí, fue a Misa por mí, se arrodilló en Adoración ante el Santísimo Sacramento en mi nombre. Además del dolor de corazón sentía una culpa tremenda: "Si sólo le hubiera enseñado a Patricia la fe, tal vez eso nunca le hubiera sucedido".

Un día, mientras estaba sentada en la Misa, delante de una estatua de Nuestra Señora de Guadalupe, rogaba repetidamente: "Oh Santa madre, ayuda a mi hija. ¡Sánala!"

Nuestra Señora le habló al corazón de mi madre diciéndole: "No estás rezando de la manera correcta".

Sorprendida, mi madre le pidió: "Madre Santa, entonces enséñame a rezar correctamente".

Nuestra Señora le dijo: "Entrégale tu hija a mi Hijo".

"Ya lo hice"

"No, no lo has hecho. Cuando comiences a glorificar a mi Hijo durmiendo apropiadamente, comiendo y dejando atrás la tristeza, entonces realmente habrás entregado tu hija a mi Hijo".

Escuchando estas palabras de nuestra Santísima Madre, mi mamá empezó a confiar en Dios, a alabarlo con alegría -y a esperar un milagro.

Con una confianza renovada se volvió más audaz en sus oraciones y le avisó a Satanás: "Más te vale no tocar a ninguno de mis hijos", lo que significaba, esencialmente, que sus hijos estaban bendecidos.

Cuando mamá regresó a mi vida ella estaba en la capacidad de guiarme. De hecho, el único alivio y consuelo que yo recibía eran sus llamadas telefónicas. Todos los días rezaba conmigo a profundidad a través del teléfono y me decía cuánto me amaba. Me hablaba de Jesús y citaba las Escrituras, asegurándome que Dios me ayudaría a pasar por todo esto. Me habló de Sus promesas y hacía oraciones de petición y agradecimiento al Padre y al Hijo y al Espíritu Santo a Quienes ella había comenzado a conocer. De alguna manera, a pesar de mi envolvimiento en la Nueva Era y las drogas, yo todavía sabía que Jesús era real. El hecho de que se me había aparecido cuando era una niña, se había grabado en mi memoria y Sus palabras, a través de Bonnie -la mesera-, todavía resonaban en mi corazón: "Te amo. Aún si tu madre o tu padre te abandonaran, yo nunca te abandonaré o te olvidaré. Estaré contigo hasta el final de los tiempos".

También sabía desde mi niñez que Jesús estaba en la Iglesia católica, y ahí es donde quería estar cerca de Él. Lentamente, tentativamente, comencé a salir de mi cuarto con más frecuencia y, desde ahí, me aventuré a caminar hacia la iglesia cercana para la Misa. Cada mañana me sentaba en la misma banca, en la parte posterior del templo, escuchando ansiosamente al mismo sacerdote que me había dado mi Primera Comunión. Cuando llegaba el momento de la Liturgia de la Eucaristía, yo era dolorosamente consciente que aún no podía recibir el Cuerpo y la Sangre de Cristo pues no me había confesado. El veneno de mi vergüenza era lo que me impedía hacerlo.

Cada vez que las manos del sacerdote levantaban la Hostia, seguidas por la Preciosa Sangre de Jesús, tenía sensaciones físicas de hambre y de sed. *"Este es el Cordero de Dios que quita los pecados del mundo"*, proclamaba. Con mis ojos fijos en el Pan de Vida, elevados, deseaba ardientemente recibir a Jesús en mi cuerpo y en mi alma y lloraba por sanación interior. El sacerdote continuaba: *"Dichosos los llamados a la Cena del Señor"*. El sonido de esas palabras me estremecía. Ellas me punzaban pues yo no era una de esas personas. Avergonzada y adolorida por ser la única que se quedaba en la banca mientras los demás se acercaban a recibir al Señor, le pedí a Jesús poder comulgar espiritualmente con Él y, muchas veces, mi corazón se sentía cubierto por una paz hermosa. En la Iglesia me sentía en casa, mucho más que en la casa de mi padre terrenal. En la Iglesia el amor del Padre era mucho más fuerte que mi dolor.

Mientras que Dios expresaba claramente su agrado por mi participación en la Misa, ciertamente el demonio mostró que *él* no estaba contento con ello. Rabioso por mi regreso a la Iglesia, lanzó un ataque espiritual el primer día que fui a Misa. Comenzó cuando estaba tratando de dormir, boca arriba, y sentí una presencia negativa en mi habitación, en la parte derecha de mi cama. Sin previo aviso esa presencia saltó sobre mí, inmovilizando mi cuerpo y mi voz. Mis manos, mi torso, mis piernas, todo menos mi boca estaban completamente paralizados. Ni siquiera pude gritar pidiendo ayuda. Finalmente, luego de unos veinte minutos de lucha, esa presencia soltó su presión.

Después de eso, cada tres horas a lo largo de la noche, y algunas veces durante el día, cuando tomaba unas pequeñas siestas o miraba la televisión, esa presencia ominosa y sofocante me presionaba cerca de unos veinte minutos. Sin conocimiento o entendimiento de lo que era una batalla espiritual, pensé que tendría que librar esta batalla por mi misma. Luché ferozmente para moverme y hablar. Cansada por la lucha, me fui sintiendo más débil y frágil. Sin embargo, por alguna razón, no estaba asustada. Sabía que Dios estaba conmigo.

> "No temas, porque no te avergonzarás; no te sonrojes; porque no serás confundida: olvidarás la ignominia de tu adolescencia y no te acordarás del oprobio de tu viudez. Porque tu esposo es aquél que te hizo: su nombre es el Señor de los ejércitos; tu redentor es el Santo de Israel: el se llama 'Dios de toda la tierra'. Sí, como a una esposa abandonada y afligida te ha llamado el Señor: '¿Acaso puede despreciar a la esposa de la juventud?', dice el Señor".
>
> Isaías 54, 4-6

Datos: De acuerdo a una encuesta nacional realizada el año 2010, realizada por el "Estudio de Conocimientos Religiosos de los Estados Unidos" (U.S. Religious Knowledge Survey, por su nombre en inglés), el 45 por ciento de los católicos en los Estados Unidos no saben que la Iglesia enseña que el pan y el vino utilizados en la Comunión no son meros símbolos, sino que realmente se convierten en el Cuerpo y la Sangre de Cristo. De todos los americanos, el 52 por ciento dice, incorrectamente, que el catolicismo enseña que el pan y el vino utilizados para la Comunión son solamente símbolos del Cuerpo y la Sangre de Jesús. (2)

Una investigación realizada un año después -el 2011- por el diario "National Catholic Reporter" constató que más del 50 por ciento de los católicos adultos no conocen las enseñanzas de la Iglesia con respecto a la Presencia Real de Jesús en la Eucaristía. (3)

Viviendo en Dos Mundos

AUNQUE AÚN ESTABA DÉBIL EN MI CUERPO y cansada mentalmente por el conflicto espiritual que padecía, estaba sanando. Empezaron a salir pequeños brotes de mi antiguo yo y algunos de ellos a florecer. Mi papá se dio cuenta del cambio y su dureza exterior se ablandó mostrando una parte más amable, que podía dialogar conmigo. A pesar de todo yo aún lucía como una sobreviviente del Holocausto. Después de la visita de una de mis tías, ella se fue muy preocupada y llamó a mi mamá: "Las costillas de tu hija saltan a la vista. No se le ve nada bien".

Mi mamá llamó desde su casa en Sacramento ese mismo día. Había tratado de evitar esa hora y media de manejo que le tomaría llegar para verme con el fin de evitar la posibilidad de encontrarse con mi papá, pero ahora no había nada que la detuviera. "Pienso que lo mejor es que te recoja mañana. De ese modo podrás descansar conmigo y yo me encargaré de ti. Es importante que te nutras lo suficientemente bien. Estás débil y necesitas ayuda Patricia. Tú papá está demasiado ocupado con el trabajo y le es muy difícil atenderte adecuadamente. Ven para estar conmigo, y mañana visitaremos el Santuario Nacional de Nuestra Señora de Guadalupe en Sacramento, donde siempre he querido ir".

Colgué el teléfono, agradecida y entusiasmada. ¡Tendría a mi mamá cerca, nuevamente! Los años de la alegría de la niñez con ella inundaron mis recuerdos, como una lluvia tibia sobre una tierra reseca y partida.

El enemigo no estaba, de ninguna manera, feliz con la invitación que me hizo mi mamá. Esa noche me atrapó una ansiedad feroz, moviendo mi voluntad hacia mi pasado reciente. Sudando por la tentación, quise salir y drogarme para calmar el fuego que me quemaba los nervios. Ahora que ya conocía a Dios y que estaba al tanto de lo que estaba en juego, me negué a darme por vencida. La fortaleza que estaba recibiendo gracias a la Misa diaria me mantuvo bajo las mantas de mi cama y con la ropa de dormir, mientras se desataba una fuerte tempestad dentro de mí.

Podía escuchar a mi hermano jugando video juegos con sus amigos en la otra habitación, mientras mi papá, abajo, veía la televisión. Después de una hora de miedos interminables y deseos inaguantables, mi voluntad se había debilitado al punto de la desesperación. Cerrando mis ojos fuertemente y apretando mis manos juntas en oración le dije a Dios: "Señor, tienes que ayudarme porque no puedo más con esto. Ya no me quedan fuerzas. La tentación es tan fuerte que te la entrego".

En un instante mi campo de visión se volvió blanco y negro. Como la pantalla de un televisor antiguo con una antena rota, todo comenzó a moverse de lado a lado, como olas borrosas, como si estuviera dentro de un sueño o un recuerdo antiguo, como si estuviera viajando en una dimensión diferente. Había estado sin usar anfetaminas cerca de un mes, y aún en los momentos de euforia más elevados, nunca había experimentado un fenómeno así. Un minuto después, desaparecieron las olas y mi visión regresó a la normalidad, excepto que todo permaneció en blanco y negro.

Me sentí impulsada a mirar hacia mi izquierda. Ahí, en mi propia habitación, vi a una pequeña niña que parecía tener unos doce años, con pelo oscuro y ondulado que le llegaba a los hombros. Sobre su cabeza tenía un sombrero de ala ancha con una pluma muy larga, su vestido blanco tenía lazos blancos alrededor de las muñecas y el cuello; y tenía además una capa muy corta que le adornaba el pecho y los hombros haciéndola lucir como si fuera un peregrino de la antigüedad, un sacerdote o un Papa.

"Oh no. Estoy viendo un fantasma. Después de todos esos años de consumir drogas y justo hoy he perdido la cabeza". Todo lo que sabía es que estaba completamente despierta pues todavía escuchaba el sonido de los video juegos que venían del cuarto de mi hermano, así como los de la telenovela favorita de mi papá que sonaba desde abajo. Sin embargo, necesitaba más pruebas, por lo que me pellizqué el antebrazo lo más fuerte que pude, me di unas cuantas cachetadas y llamé a mi hermano. Pero él ignoró mis gritos pues todavía no había terminado de jugar. Llamé a mi papá, pero estaba tan absorbido con su novela que no me respondió.

Volteé nuevamente hacia mi izquierda. "Maldición". Ahí estaba ella y parecía no querer irse. Se notaba claramente que estaba viva y tenía una mirada seria y sombría. La miré y me devolvió la mirada con mucha intensidad. "Debe ser un fantasma", pensé. "Posiblemente esta pequeña niña murió en esta casa antes de que mi papá se mudara aquí".

Después de algunos minutos de esta incómoda competencia, le hice una broma, como una mamá que juega con su hija a las escondidas. "Te puedo ver", le dije payaseando. Repentinamente se dobló y empezó a sollozar. Cubriendo su rostro con sus manos se inclinó hacia adelante en su silla, sin embargo aún podía ver su pecho agitarse por la tristeza. Luego de algunos minutos, levantó su cabeza y me miró nuevamente, esta vez con una expresión adolorida, como si tuviera el corazón roto, luego se inclinó nuevamente y siguió llorando.

Jalé las sábanas sobre mi cabeza, con la pobre esperanza de que esta niña desapareciera. Pero cuando las retiré, ella seguía ahí. Intenté esto varias veces y ellas lloraba cada vez que la miraba. Todavía estaba ahí. "Esto es algo extraño", murmuré. "Siempre me asustaban las historias de fantasmas que contaba mi hermana cuando éramos chicas, pero no me asusta estar mirando a un fantasma. Si es un fantasma; ¿Por qué tengo una sensación de paz en mi corazón?"

Finalmente me dije a mí misma: "Mi cerebro está cansado. No sé lo que está sucediendo y, cualquier cosa que sea, no se va. No puedo explicarlo ni manejarlo, por lo que me voy a dormir". Jalé mis sábanas, me volteé dando la espalda a la niña y me quedé dormida.

A la mañana siguiente mi visión estaba completamente normal. Los colores habían regresado y la niña se había ido. Saltando de la cama fui corriendo donde mi papá y le dije: "ayer en la noche vi a una niña pequeña en mi cuarto, era un fantasma. Pienso que se debe haber muerto en esta casa... o quizás le sucedió algo aquí".

Mirándome preocupado, suspiró hondamente y meneó su cabeza. La mirada en su rostro -una mezcla de exasperación y compasión- me hicieron sentir avergonzada, sola e irrelevante. Después de juntar los últimos pedazos que me quedaban de auto estima, le dije que me iba a ir a vivir con mi mamá intentando curarme. Me dijo que estaba bien. Miré en sus ojos buscando algún sentimiento oculto y un sentido de remordimiento pasó entre nosotros.

Al día siguiente, mientras empacaba mis cosas, mis sentimientos de ansiedad se desvanecieron rápidamente. ¡Mi deseo de ser amada y cuidada se iba a cumplir nuevamente! Cuando vi estacionarse el auto de mi mamá al frente de la casa mi corazón comenzó a bailar. Sabía que ella no tocaría el timbre para evitar encontrarse con mi papá, por lo que abracé a mi hermano, besé a mi papá y caminé hacia el abrazo de mi madre.

Mamá y yo habíamos estado esperando este día de encuentro. Tal como lo prometió, nuestra primera parada fue en el Santuario Nacional de Nuestra Señora de Guadalupe, donde nuestros sentidos se deleitaron con el estilo y la arquitectura propia de nuestra herencia, incluso el olor de la madera era mexicano. Había estatuas en las paredes, bellamente esculpidas, y mientras mamá y yo pasábamos de un santo a otro, llegamos a la imagen de una niña sentada en una silla, con sus brazos extendidos como en un gesto de bienvenida. La imagen tenía puesta un vestido azul y gris largo, con adornos alrededor de sus muñecas y el cuello, así como una capa roja medio marrón, muy corta, que le caía sobre los hombros. También tenía cabello marrón oscuro que le llegaba a los hombros y enmarcaba su rostro angelical. En su cabeza llevaba puesta un sombrero de ala ancha con una pluma.

"Esta pequeña... esta niña..." tartamudeó mi madre, "¡se me apareció en una visión y me dijo que te iba a sanar de las drogas!'

"¡Mamá! ¡Esta niña pequeña se me apareció anoche en mi habitación!"

En ese momento, un sacerdote caminaba por ahí nos dijo: "No es una niña. Es el Niño Jesús de Atocha. Es muy milagroso. Reza y llora por los jóvenes que están perdidos". Luego se marchó, mientras nosotras nos quedamos boquiabiertas.

Mi mamá y yo estábamos tan contentas por ese milagro mutuo que tan pronto llegamos a su casa lo primero que hicimos fue llamar a mi tía en Guadalajara, la Hermana Olga, para contarle lo sucedido. Exclamando de alegría nos dijo: "¡No puedo creer lo que me están contado! ¡Ayer en la noche puse la foto de Patricia junto a la imagen del Niño Jesús de Atocha y se la confié, pidiéndole que la sanara de las drogas!" Mamá y yo nos miramos incapaces de decir una sola palabra.

Estas confirmaciones de la visita milagrosa del Niño Jesús de Atocha marcaron el inicio de muchos días de gracia pasados con mi madre. Cuando entré en su casa en Sacramento, la misma casa que Ozzie y yo habíamos deshonrado, fue como entrar a un lugar de oración. Cada cuarto lucía muy bonito y habían sido bendecidos. Mamá había estado trabajando a tiempo parcial como asistente de profesora y su relación con su enamorado hondureño era ahora más de larga distancia que otra cosa., por lo que sólo tenía que soportar sus visitas durante algunos días cada uno o dos meses. Todo el tiempo libre que tenía mi mamá lo usó para atenderme, alimentando mi cuerpo con comidas sanas, así como mi alma con sus oraciones. Esta mamá nueva, católica, era completamente diferente a la madre enojona de la Nueva Era, incluso de la madre consentidora de mi juventud. Ella era más expresiva en su amor y mostraba una santa paciencia, dándome lo mejor que tenía -libre y generosamente- desde su corazón. A veces no la reconocía.

Vivir con esta mamá nueva significó que EWTN, el Canal de televisión católico, estaba prendido a lo largo del día. Era un recuerdo gentil de la presencia del Señor, silencioso y no invasivo, catequizándome sin forzar mi voluntad, ya que nadie me obligaba a mirarlo. De hecho, ese canal era la única cosa capaz de calmar mi ansiedad. Cada cosa que se mostraba en

EWTN me producía paz: el rezo del Rosario, la Coronilla de la Divina Misericordia, la Misa, y la amplia variedad de programas religiosos. Era lo que me brindaba paz y además compañía, por lo que me enganché. Las oraciones y las enseñanzas católicas, me acompañaban como música de fondo durante el día, y por las noches me quedaba dormida escuchando a la Madre Angélica, la fundadora del canal, cuya naturaleza maternal y su peculiar sentido del humor, acompañaban mi alma. No sabía cómo o por qué, pero mientras me sentaba al frente de la televisión, pensaba que algún día estaría en EWTN.

Mi mamá estaba determinada a curarme y a salvarme. No dejaba ningún cabo suelto, por lo que rápidamente juntó a su pelotón de abuelas católicas hispanas, quienes cayeron sobre mí -como aves de presa- "rezando" y llevándome a grupos carismáticos. Estos secuestros compulsivos -tres veces a la semana- hubieran sido tolerables de haber durado unos treinta minutos. Pero cada vez era como estar secuestrada por tres horas, sentada en un círculo con seis o diez extraños, que rezaban por sus familias, luego por el mundo, luego por cada uno, y nuevamente por cada uno. Luego rezaban en lenguas, para luego cantar alabanzas, luego otra canción de alabanza... y otras más. Para mí este tiempo era de castigo y como una práctica de lo que sería experimentar un sufrimiento incesante. Cuando parecía que ya se iba a acabar la oración alguno decía: "¡Ahora, recemos otro Rosario!" o "¡una canción más para Jesús!" Yo quería agregar: "¡Asesínenme!" Hacía rato que mis pies ya me hubieran llevado corriendo, si es que no hubiera estado atrapada sin algún lugar a donde ir. Sin embargo, debo admitir que cuando esos extraños rezaban imponiéndome las manos, me sentía agradecido por su cariño sincero, y la oscuridad y ansiedad que llevaba dentro desaparecían.

Una de las amigas de oración más queridas de mi mamá era la abuela Yolanda, una mujer ciega, dulce, y con unos dones espirituales muy profundos. La primera vez que puso sus manos sobre mi cabeza comenzó a profetizar. Las palabras que pronunció me agarraron por sorpresa: *"Mis caminos no son tus caminos, y mis pensamientos no son tus pensamientos'*. El Señor te quiere para Sí. Él va a usarte y viajarás por muchas naciones".

"¿¡Qué¡?" Parecía una misión demasiado grande como para aquellos que son como yo. Solamente era una drogadicta. Además, ¿entregarme completamente? ¿Ser toda de Dios? Eso parecía poco atractivo y aburrido. Deseché sus palabras considerándolas irrelevantes. excepto la parte en la que hablaba de los viajes, lo cual me gustaba. Sin embargo, nunca pude olvidar completamente sus palabras…

Quería que mi transición al catolicismo se diera lentamente. En mi visión distorsionada de los creyentes, pensé que, si me volvía una "Súper católica", tendría una vida sin emociones y me convertiría en una persona aburrida y tonta que vestiría -Dios no lo permita nunca- ropa sin colores. Me quedaría sola y miserable con un grupo de ancianas a manera de compañía; o me casaría con un tonto, pues ningún chico guapo se enamoraría de una chica que iba a Misa a diario. Mis días de saltar de discoteca en discoteca habrían terminado para saltar de un grupo de oración a otro durante toda mi vida. A la edad de veintitrés años no me podía imaginar a ninguna chica -mucho menos a un muchacho- que estuviera envuelto en la religión. Una visión superficial del catolicismo me impedía expresar mis deseos de ir a los bares con mis amigas, disfrutar mi amor por la música mexicana -con letras que engrandecían a los carteles de drogas- y realizar mi sueño de ser -nuevamente- la reina de la moda. Los vestidos bonitos y el maquillaje de alguna manera podían sostener mi frágil ego, y mostrarle al mundo que de alguna manera tenía éxito, aunque por dentro me sintiera una fracasada. Sin querer dar mi brazo a torcer, juré avanzar con un pie en cada uno de esos mundos.

Un día en que mamá y yo estábamos sentadas en su auto -esperando que cambie la luz roja- camino a nuestra casa después de haber hecho compras, no pude dejar de notar el auto que se había ubicado a nuestro lado: Un Thunderbird de 1980 completamente arruinado. Sucio, maltrecho, cinta adhesiva cubriendo las ventanas y humo negro saliendo del tubo de escape. El auto se agitaba tan fuertemente que sonaba a pesar de estar detenido; su pintura no era otra cosa más que óxido se veía que estaba chocado por todos lados. El vehículo parecía una bomba a punto de explotar. En el asiento del conductor había una chica afro americana, de unos veinte años de edad, cantando a todo pulmón una alabanza. Con sus codos meciéndose salvajemente fuera de la ventana, aplaudía y cantaba en voz alta - con gran amor y alegría- el nombre de Jesús. La miré incrédula. "Parece no importarle lo que los otros piensen sobre ella", pensé. "¿No se da cuenta que la gente en los autos alrededor suyo la están mirando? ¿No le molesta mostrarse tan absurda? Yo nunca podría ser como ella. Ella había ido demasiado lejos".

No podía soportar que alguien me etiquetara de la misma manera en que yo la estaba etiquetando. Yo quería aparentar que era exitosa y dueña de mí misma. No, yo amaría a Jesús silenciosamente sin causar molestias o parecer una tonta. Sin embargo, no podía dejar de mirarla. Las lágrimas empezaron a llenar mis ojos y en mi pecho sentí que me dolía el corazón. A pesar de mis prejuicios la admiraba muchísimo pues era *libre*.

Algunos días después caí en una gran depresión y lloré todo el día. Pensé en todos los sueños que había tenido desde muy niña. Había sido muy popular, una buena estudiante, adorada por mis parientes y además era la niña de los ojos de mi papá. Ahora me sentía como una perdedora - una ex-drogadicta sin trabajo, sin pelo, y sin amigos verdaderos. Los amigos falsos que había tenido habían sido los drogadictos. El abismo entre quién había sido yo y quién quería ser, parecía inalcanzable. Además, extrañaba a Ozzie. Quería que me quisiera, que me viniese a buscar y que me confiese sus tropiezos. Mientras tanto mi mamá rezaba para que él se mantuviera alejado.

Ya había anochecido y yo aún no había salido de mi cama, cuando mi mamá vino a mi habitación. Recién se había puesto su ropa de dormir mientras que yo no me había quitado las mías. Viendo mi expresión desesperanzada mientras me sentaba en la cama, se sentó junto a mí y me preguntó: "¿Qué sucede? ¿Estás bien?"

"No, no lo estoy", respondí llorando. "Me siento indigna, como una don nadie. Soy un fracaso absoluto. Siento que no tengo nada".

Esperaba que mi mamá me dijera: "Todo está bien. Todos cometemos errores" o "Eres muy bonita. Eres muy inteligente. Todo va a estar bien". En vez de ello me agarró firmemente de uno de mis brazos y mirándome directamente a los ojos me dijo: *"Esa no es quién eres tú"*. Esta no es Patricia Sandoval. Tú no eres valiosa por los amigos que has tenido, o el carro o la ropa que tienes. Esas cosas no te definen. La gente te va juzgar y a criticar, incluso dentro de nuestra familia, pero eso tampoco eres tú. Las elecciones que has tomado en la vida tampoco te definen. Esas son cosas que has hecho, pero ellas no son quién eres.

Con gran celo y pasión afirmó: "Tú eres la hija de un Rey. *Tú eres la hija del Dios Altísimo"*. Eso me impactó. Había muchísima dignidad en ese título. Era la primera vez que escuchaba palabras semejantes. Había vivido creyendo en lo que la gente decía acerca de mí. Mi identidad era la suma de las opiniones de los demás. "La única razón por la cual tú eres digna", continuó diciendo mi mamá, "es porque Cristo derramó su sangre por ti en la Cruz. Tú eres digna del precio de su Sangre".

Hasta ese momento no tenía idea que en Cristo poseía una identidad completamente diferente. Escuché, consciente que el Espíritu Santo hablaba a través de mi mamá, pues nunca la había escuchado hablar así. "Nuestro Padre Celestial te ama, y te voy a decir lo que Él piensa de ti y quién eres". Tomando la Biblia en sus manos leyó en voz alta. Mientras hablada sentía que el Espíritu Santo traspasaba mi corazón y que estaba recibiendo, verdaderamente, la Palabra de Dios:

"¿Se olvida una madre de su criatura, no se compadece del hijo de sus entrañas?

¡Pero aunque ella se olvide, yo no te olvidaré!

Yo te llevo grabada en las palmas de mis manos, tus muros están siempre ante mí.

Tus constructores acuden presurosos, los que te demolieron y arrasaron se alejan de ti".

Isaías 49, 15-17

Mi mamá sabía que el sábado había un servicio de la Reconciliación o Confesión en la Iglesia de San Hilario -en Tiburón, California- aunque sólo me dijo que estábamos yendo a Misa. Subí al auto y manejamos un poco más de una hora por la carretera, luego a lo largo de una vista panorámica subiendo por una colina hasta la terraza del frente de la Iglesia. Desde ahí se podía ver un paisaje pintoresco de la Bahía de San Francisco. Cuando entramos a San Hilario vimos un rebaño de "ovejitas", moviéndose alrededor del altar (ellas era parte de una actuación). Las noventa y nueve -bueno, al menos nueve- ovejas comenzaron a cantar cómo el Buen Pastor quería encontrar Su oveja perdida -una niña pequeña sentada en una esquina, cubierta por una manta blanca y algodonosa- para llevarla de regreso a casa cargándola en Sus brazos.

Mientras estaba parada en la entrada de la Iglesia, asombrada por la belleza de la escena y pensando en cómo el Buen Pastor iba a llevar a cabo su labor (era de la mitad del tamaño de la oveja perdida) algunos de los niños -de siete años- comenzaron a quitarse sus disfraces y ponerse en filas en uno de los pasillos laterales de la Iglesia. Vi como el sacerdote de la parroquia jalaba una silla de las que se usaban en el jardín de infantes y se sentó en ella, con sus rodillas casi tocando su barbilla. Doblándose hacia adelante para acomodar su tamaño de la mejor manera posible, les indicó a los que estaban en la fila que se acerquen, uno por uno, para que le susurraran al oído sus pecados. Una de las señoras de la parroquia que conocía mi historia -la mayoría de gente la sabía- me tomó de la mano y dijo: "Vamos, te vas a confesar".

TRANSFIGURADA

"¿Ahora? ¿Aquí?" No me había confesado desde mi Primera Confesión a la edad de siete años, y ciertamente no quería ir ahora, pero tampoco quería hacer una escena en la Iglesia. Me llevó a marcha forzada a la línea de la Confesión y me dejó ahí. Debió de haber estado de acuerdo con mi mamá y ahora estaba atrapada. Si mi mamá me hubiera sido quien me hubiera dicho para ir a confesarme me habría negado por el miedo y la vergüenza; sin embargo, en honor a la verdad, era algo que deseaba hacer desesperadamente para poder recibir -finalmente- la Eucaristía.

Parada en la fila con un grupo de pecadores enanitos, como Will Ferrel en la película "El Duende", me imaginaba que todos los ojos se volvían y me miraban con curiosidad. Cuando estaba por llegar mi turno, podía escuchar la confesión de los niños delante mío: "Dejé libre a mi mascota y ahora no la podemos encontrar. Es mi culpa". "Estaba enojada con mi hermana y le puse goma de mascar en el pelo". "Dije malas palabras. Le dije a mi hermano que era malo y que tenía cara de culo".

Ya era mi turno. Avancé y me arrodillé nerviosamente muy cerca de la oreja del sacerdote: "Perdóneme Padre porque he pecado". Hice una pausa, retorciéndome por el remordimiento y la humillación. "He tenido tres abortos. He sido adicta a las drogas" – el sacerdote acercó un poco más su oreja, casi tocando mis labios- "y he cometido muchos pecados de tipo sexual". Se acomodó en su silla y, con una expresión preocupada, moviendo lentamente su cabeza, me hizo saber que lo acababa de hacer era extremadamente importante. Me alentó a vivir una vida nueva, libre de las serias ofensas que me habían herido a mí misma y a otras personas, y me agradeció por haber hecho una buena confesión. Sentí que podía haber dicho más cosas de no haber sido por las pequeñas orejas que había alrededor nuestro. Mi penitencia fue rezar un Padrenuestro y tres Ave Marías. El sacerdote me absolvió de mis pecados y yo me levanté sintiéndome libre, feliz y limpia, como si unos diez kilos de basura acumulados en mi alma ya no estuvieran ahí. ¡Qué sencillo y maravilloso había sido! ¡Tanto pecado, tanta oscuridad... absueltas en un par de minutos! Llena de gozo me maravillé ante la extraordinaria misericordia de Dios.

Al día siguiente, prácticamente corrí hacia la Iglesia de nuestra localidad y esperé ansiosamente el momento de la Comunión, como una novia que se reúne con su amado luego de un prolongado intercambio de cartas de amor a larga distancia. Cuando caminé para recibir el Cuerpo de Cristo, me sentí tan especial como el día de mi Primera Comunión, cuando vestí mi pequeño traje de gala rosado y caminé como la reina de la promoción en el pasillo del templo. Pero esta vez no tenía la necesidad de la adulación del público. Mi alma conocía la fuente de su dignidad. Yo venía solamente por Él. En los días siguientes, me sentaba en la primera fila de la Iglesia para ser la primera en recibir a Aquél de quien yo sabía no podía esperar para entregarse a Sí mismo, completamente a mí, una y otra vez.

Con el Señor nuevamente en mi alma desarrollé un hambre insaciable por conocer mi fe. Me involucré leyéndola Biblia, estudié la vida de los santos y me sentí muy intrigada por nuestra Madre María, la discípula perfecta, la seguidora más importante de Jesús sobre la tierra. Cuando me enteré que se había aparecido muchas veces en la tierra, devoré lo que pude encontrar sobre sus apariciones. Pero me detuve luego de haber leído algunas de sus palabras durante sus apariciones en Fátima, en 1920, y mi alma se llenaba de dudas. "Los pecados que llevan más almas al infierno, son los de la carne", había dicho Nuestra Señora. "Llegarán estilos de ser que ofenderán mucho a nuestro Señor. Las personas que siguen al Señor no han de seguir esas formas. La Iglesia no tiene modas. Nuestro Señor siempre es el mismo".

Sus palabras sacudieron toda mi confianza y clamé a Dios: "¡Ayúdame! ¡Sáname! ¡No soy lo suficientemente fuerte para este tipo de vida!" No ayudaba en nada que mi visión de la santidad fuese la de una piedad descolorida, sin elegancia o sentido de la diversión. Pero el Señor escuchó mi oración y, a su manera, buscó responder a mi pregunta a través de una de las invitaciones de mi mamá.

"Hay un retiro al que tienes que ir. Se llama el "Viñedo de Raquel""

"Muy bien, ¿para qué es eso?"

"Sanación".

"¿Qué clase de sanación?"

"Sanación Post-aborto".

Silencio mortal.

De ninguna manera. No iba a hacer eso. Nunca le había dicho nada a ella de mis abortos y nunca lo haría. "¿Cómo se había enterado?"

Después de tres meses de estar viviendo con mi mamá y EWTN, me llevó y a su grupo de oración para contarnos, muy emocionada, que un joven sacerdote de Croacia con los dones de bilocación, profecía, lectura de almas y los estigmas -entre otras cosas- venía a nuestra ciudad. Su nombre era el Padre Zlatko Sudac, y tenía treinta y tres años. Era una de las raras ocasiones en que venía a los Estados Unidos a dar unas conferencias durante dos días en un Coliseo muy grande en Sacramento. Las amigas de mi mamá hubieran comenzado a saltar de alegría de arriba hacia abajo de no haber sido por su artritis.

El sábado por la mañana nos apilamos en el carro de mi mamá para ir a la conferencia. Disfruté de las profundas charlas del Padre Sudac y de su presencia bondadosa; él era lo más cercano a lo que me había imaginado de cómo sería Jesús. Pero después de siete u ocho horas de pláticas intercaladas con oraciones, música simplona y aplausos entusiasmados, empecé a inquietarme interiormente. "¿Así van a ser ahora mis fines de semana? ¿Es está mi vida? ¿Esto es lo que significa ser súper católica?" Había tenido más que suficiente por un día y lo único que quería era irme a casa. "No voy a venir mañana", me prometí a mí misma.

A la mañana siguiente, llena de ansiedad, pero sintiéndome extremadamente cansada, anuncié con una voz rasposa falsa que necesitaba descansar debido a una repentina e inexplicable debilidad. Ignorando mis súplicas, mi mamá entró feliz en mi habitación seguida por la abuela ciega, Yolanda. "Vamos, alístate. Nos vamos a la conferencia".

"Estoy cansada y me duele la cabeza", me quejé. El rostro feliz de mi mamá se convirtió en una expresión que no dejaba a lugar a dudas que no iba a aceptar un no por respuesta. "Vamos, vas a ir. Necesitas sanación"

Molesta, le respondí de manera desafiante: "No, no voy a ir".

"¡Oh sí, sí vas a ir!" Gritó mi mamá. "No te voy a dejar aquí sola. Soy tu madre y así son las cosas". Enojadísima corrí a encerrarme en el baño, dejando atrás a mi mamá y a la abuela Yolanda. Me sentía cansada y frustrada por no tener autonomía ni libertad o voluntad propia, y encima sentirme forzada a asistir a un evento espiritual tras otro.

Las dos guerreras alzaron sus brazos de batalla, literalmente, y comenzaron a golpear la puerta del baño: "Abre la puerta Patricia. *¡Abre esta puerta!*" Gritó mamá con furia, mientras Yolanda repetía: "querida, Dios te ama". Hablando por encima de esa voz gentil mamá gritó: "¡Esto es obra del demonio! ¡Él no quiere que vayas a la conferencia!"

Mi ansiedad saltó hasta el techo del baño: "Son unos locos fanáticos", decidí. "Estoy cansada de sus pequeñas conspiraciones. No más '¡llevémosla aquí!, '¡llevémosla ahí!' De ahora en adelante voy a hacer lo que *yo* quiera" Sabía que no querían llegar tarde a la conferencia y no perderse nada de ella, por lo que soporté sus peticiones y golpes en la puerta, pensando que se rendirían y me dejarían sola. Mientras tanto mi angustia comenzó a hacerse intolerable. Necesitaba hacer algo para calmar el tifón que estaba remeciendo mi alma. "Suficiente. Ya tuve demasiado", me dije. "Tan pronto como se vayan" voy a empacar mis cosas y llamar a alguno de mis antiguos amigos y pedir que me recojan lo más pronto posible. Voy a regresar a mi vida anterior. Es tiempo de la revancha. Voy a mostrarles que presionándome, me han empujado nuevamente a las drogas".

"Te aseguro que cuando eras joven,
tú mismo te vestías e ibas donde querías.
Pero cuando seas viejo, extenderás tus brazos,
y otro te atará
y te llevará donde no quieras".
Juan 21, 18

Datos: La mayoría de católicos asisten a su Primera Reconciliación de niños y nunca más vuelven a hacer el Sacramento como una práctica espiritual. En un estudio realizado por el Centro de Investigaciones Aplicadas en el Apostolado (Center for Applied Research in the Apostolate, por su nombre en inglés) de la Universidad de Georgetown en Washington, tres cuartas partes de los católicos dijeron que no habían participado en el Sacramento de la Reconciliación en por lo menos un año. (1)

Al inicio del Año de la Misericordia, el 8 de diciembre del 2015, el Papa Francisco hizo que el perdón del pecado del aborto y de los que habían cooperado con el mismo, sea más accesible al mundo a través del Sacramento de la Reconciliación. Lo que proclamó el Papa Francisco sobre la mayor accesibilidad al perdón por el pecado del aborto es lo siguiente:

"Uno de los graves problemas de nuestro tiempo es, ciertamente, la modificación de la relación con la vida. Una mentalidad muy generalizada que ya ha provocado una pérdida de la debida sensibilidad personal y social hacia la acogida de una nueva vida. Algunos viven el drama del aborto con una consciencia superficial, casi sin darse cuenta del gravísimo mal que comporta un acto de ese tipo. Muchos otros, en cambio, incluso viviendo ese momento como una derrota, consideran no tener otro camino por donde ir. Pienso, de forma especial, en todas las mujeres que han recurrido al aborto. Conozco bien los condicionamientos que las condujeron a esa decisión. Sé que es un drama existencial y moral. He encontrado a muchas mujeres que llevaban en su corazón una cicatriz por esa elección sufrida y dolorosa. Lo sucedido es profundamente injusto; sin embargo, sólo el hecho de comprenderlo en su verdad puede consentir no perder la esperanza. El perdón de Dios no se puede negar a todo el que se haya arrepentido, sobre todo cuando con corazón sincero se acerca al Sacramento de la Confesión para obtener la reconciliación con el Padre. También por este motivo he decidido conceder a todos los sacerdotes para el Año jubilar, no obstante cualquier cuestión contraria, la facultad de

absolver del pecado del aborto a quienes lo han practicado y arrepentidos de corazón piden por ello perdón. Los sacerdotes se deben preparar para esta gran tarea sabiendo conjugar palabras de genuina acogida con una reflexión que ayude a comprender el pecado cometido, e indicar un itinerario de conversión verdadera para llegar a acoger el auténtico y generoso perdón del Padre que todo lo renueva con su presencia".

(Carta del Santo Padre Francisco con la que se concede la indulgencia con ocasión del jubileo extraordinario de la misericordia – 1ro de Setiembre del 2015)

La Expiación

ME ZAMBULLÍ DIRECTAMENTE EN EL MUNDO DE LAS DROGAS, con la ventaja, esta vez, de contar con una nueva amistad, la ex-novia de Ozzie, la mujer que había intentado asesinarme con un martillo. Yo no quería tener nada que ver con Ozzie, quien se me acercó actuando simpático y divertido intentando que regresemos, sin embargo, yo me sentía más libre al haber conocido a Sandra, quien era naturalmente divertida. Muy rápido nos sentimos unidas por nuestra adicción a las drogas y poder burlarnos – de manera terapéutica- de Ozzie.

Nuestro sentido del humor era tan torcido como nuestras mentes. Un día, conseguí el equivalente a tres mil dólares en anfetaminas y fui a la casa de Sandra llevándoselo de regalo. Cuando abrió la puerta principal, entré balanceando la bolsa con las drogas ante sus ojos. *¡Bravo!* Exclamó, aplaudiendo como si fuera una niña pequeña. Nos sentamos en la mesa de la cocina y comenzamos a drogarnos mientras imitábamos el tono y los manierismos de las mentiras más evidentes de Ozzie. "*Realmente* te amo Patricia", lo imité. "Yo no amo a Sandra. La única razón por la que quiero regresar es para ver a mis hijos a quienes extraño muchísimo".

Impostando la manera de pararse de Ozzie, Sandra dijo: "No te preocupes por nada Bebé. Solamente estoy usando a Patricia porque tiene auto y casa". Nuestras risas desenfrenadas no se detuvieron ahí. Cada vez que Sandra mencionaba que quería ir a algún lado era mi oportunidad de decir: "Yo te llevaría, pero resulta que ya no tengo auto", y nos matábamos de la risa nuevamente.

Ozzie descubrió rápidamente que ya no podía hacer su doble juego con nosotras. Sandra y yo nos llevábamos tan bien que preferíamos nuestra amistad a la atención de Ozzie. "Realmente estoy contenta de haberte conocido", me dijo. "Me hubiera gustado que haya sido antes de haber conocido a Ozzie". Mientras tanto mi corazón continuaba rompiéndose por ella y sus dos hermosos hijos. Esos pobres niños se sentían confundidos. Al principio se suponía que debían odiar a la otra enamorada de su papá y querer que se aleje de ellos y de su papá. Sin embargo, ahora se suponía que debían querer a la enamorada de su papá, alegrarse de recibirla y, odiar a su papá.

Alrededor de esa época Sandra quedó embarazada de un tipo que recién había salido de la cárcel. Una mañana en que la visité me dijo de manera casual que se iba a realizar un aborto y que había pasado por eso múltiples veces. Las palabras salían de sus labios como si no significaran nada y yo me revolví de disgusto y de rechazo hacia ella. En ese momento no estaba pensando en mis propios abortos -no pensé en ello ni mucho menos de haber trabajado en Planned Parenthood. Sin embargo, mi repulsión fue sepultada rápidamente, volviendo su estado normal de represión, y la apoyé consiguiendo un auto prestado para llevarla a la clínica. Pensé que de esa manera estaba siendo una buena amiga y haciendo algo realmente útil.

Pero en los días posteriores me di cuenta que los momentos que pasaba con Sandra habían dejado de ser divertidos y luego de tres meses de haber estado en las calles, las drogas tampoco eran tan buenas cómo habían sido antes. Las anfetaminas seguían ayudándome con mi depresión y mi ansiedad, pero no habían logrado oscurecer mi consciencia. La droga, que solía ser mi mejor amiga y que me catapultaba a la cima del mundo, ahora me dejaba en medio de un campo de batalla que yo no entendía: la batalla por mi alma.

Sabía que necesitaba a mi mamá. Nerviosamente agarré el teléfono para llamarla, y cuando escuché su voz suave y suplicante, me sentí aliviada, aún a pesar de mi vergüenza. "Ven a casa hija", fue todo lo que dijo, sin mostrar la rabia y la preocupación que debía haber estado sintiendo.

"Muy bien mamá", le dije. "Iré ya mismo".

> "No se dejen engañar: «Las malas compañías corrompen las buenas costumbres». Vuelvan a comportarse como es debido y no pequen más (...)"
> 1 Corintios 15, 33, 34a

Debido a que yo estaba haciendo lo que a ellos les interesaba, los demonios, que previamente me habían asaltado, dejaron de hacerlo durante el tiempo en que caí nuevamente. Sin embargo, tan pronto regresé a la casa de mi mamá, sus ataques no solo se reiniciaron, sino que se hicieron más frecuentes. Las cosas llegaron a su máxima expresión cuando mi mamá hizo una cita para que recibiese al Sacramento de la Reconciliación. Me había resignado a cumplir con sus deseos y a participar en los grupos de oración con las viejitas (tengo que admitir que pelearme con esas señoras tan bien intencionadas no solamente era negativo sino también inútil). Durante la semana previa a mi cita, los ataques continuaron sin cesar, dejándome muy poco tiempo para dormir. Cada media hora o algo así, durante toda la noche, me quedaba inmovilizada en mi cama pues mis opresores me estrangulaban, cortándome la entrada del aire al punto que me era muy difícil respirar, moverme o pensar. Esos demonios no querían que vaya a Confesarme. Había demasiado en juego.

La noche antes de mi cita, una presencia familiar de oscuridad entró a mi habitación y se paró al lado derecho de mi cama. Tenía el poder del miedo y quería aterrorizarme. Me dio unos escalofríos que me recorrieron por toda la columna, pero por la Gracia y el Poder de Dios, ese miedo nunca me poseyó. Repentinamente esa presencia demoniaca saltó sobre mí. Intenté pelear tratando de moverme y de respirar, pero me di cuenta que no tenía suficientes fuerzas. Aplastada y sin poder moverme, sentía mi cuerpo como si estuviera amarrada y hundiéndome en el océano, descendiendo lentamente hacia las aguas profundas. Invocando a Dios pude susurrar: "¡Jesús, Jesús!", preguntándome por qué Él no había intervenido inmediatamente para ayudarme.

Después de unos cinco minutos de una lucha violenta, mi respiración se hizo menos dificultosa y fui capaz de mover un poco mis manos, aunque el resto de mi cuerpo permaneció inmóvil. Comencé a aplaudir a Jesús y a adorarlo cantado esa canción de Misa: *"Dios está Aquí"*. "En cualquier momento Él estará aquí", me decía a mí misma. Pero mi confianza se convirtió rápidamente en reclamos: *"¿Dónde estás?* ¡Tienes que venir a ayudarme!"

Finalmente, mi opresor me soltó y se paró en la entrada de mi habitación. Sólo se veía su silueta, una sombra negra de casi dos metros de alto. Mi espíritu lo identificó inmediatamente; era el mismísimo Satanás. Mientras lo miraba y él me devolvía la mirada, se estableció entre nosotros una forma de comunicación perfectamente diáfana, a nivel del alma, más allá de los cinco sentidos. "¿Sabes qué? dijo. "Tu cancioncita de alabanza no me asusta. Yo también conozco esa canción". Luego comenzó a aplaudir al mismo ritmo que yo, como un acompañante musical maléfico. Riendo y cantando groseramente fuerte, intentaba que se voz suene más fuerte que la mía. Buscando en mi memoria otra canción de alabanza, cambié de alabanza con la esperanza de que esta otra canción tuviera poder sobre él, pero también la siguió: "También conozco esa canción". Sintiéndome indefensa y frustrada continué cantando y preguntándome por qué Dios no se hacía presente. "Conozco cualquier canción que se te vaya a ocurrir", se burló el demonio, "pero tú no sabes ninguna cita de la Biblia. ¡Ninguna!" Poniendo sus manos sobre sus orejas, como si fueran los cuernos de un alce, movía sus dedos en dirección hacia mí mientras me sacaba la lengua. Después de eso desapareció.

Corrí donde mi mamá para decirle lo que había sucedido y me dijo: "¡La Biblia, es tu espada! Recuerda, cuando Jesús fue tentado por Satanás en el desierto, Él citó las Escrituras para rechazar al demonio diciendo, 'Como está escrito...' citando los versículos de Su propio Libro". Ella tomó su Biblia y leyó Hebreos 4, 12a: *"Porque la Palabra de Dios es viva y eficaz, y más cortante que cualquier espada de doble filo..."*

"¿Por qué", me pregunté, "Satán me dio una pista sobre la Biblia? ¿Dios lo forzó para que diga eso?" Comencé a leer mi Biblia todos los días. Ahora ya estaba lista. La próxima vez que apareciera Satanás ya tenía preparadas mis citas favoritas y, con toda seguridad, el recitar –aún el mero pensar en ellas- la Sagrada Escritura debilitarían su presión sobre mí. Mi grito de batalla favorito era una variación de 1 Juan 4, 4b: *"(...) porque aquel que está en ustedes es más grande que el que está en el mundo".*

A la mañana siguiente mamá me llevó a la Iglesia de San Hilario para ver al mismo sacerdote que había escuchado mi confesión entre los niños de segundo grado. Él había sido tan bueno y tan calmado que yo me había sentido tranquila de manera inmediata. Pero cuando le dije que había vuelto a caer y regresado al mundo de las drogas, me miró duramente a los ojos y me amonestó con gran intensidad y fervor, casi al punto de gritarme: "Ahora vas a escucharme. ¡Deja las drogas! No juegues con Dios. ¿Entiendes que si vuelves a las drogas y mueres en pecado te podrías ir al infierno? Ese no es un lugar en el que quisieras terminar".

Estaba molesto y yo me asusté. Pero permanecí sentada ya que mi mamá me había dicho que tenía conocimiento sobre combates espirituales y que me podría ayudar. Hice acopio de todo el coraje que pude para contarle con todo detalle sobre los ataques espirituales de los que había sido víctima. Me explicó que, dado que yo había vivido en un ambiente demoniaco, con drogadictos y toda clase de contaminaciones, los demonios me estaban oprimiendo porque no podían soportar que yo me confesara y recibiera la Eucaristía; por lo que estaban desarrollando una batalla espiritual en mi contra. En un esfuerzo por vengarse, habían tratado de disuadirme de recibir los sacramentos y de continuar mi camino hacia Cristo -y si eso no funcionaba- lo más que podían hacer era que mi camino espiritual se volviese miserable.

"No estás loca", me dijo. "Muchos, muchos santos han experimentado cosas similares, visitas molestas del demonio y de sus ayudantes. Santos como Santa Gemma Galgani, Santo Padre Pío, Santa Faustina Kowalska, Santa Teresa de Ávila... Asegúrate de estar cerca de los sacramentos y llamar a los santos para que te ayuden. Y si quieres paz y fortaleza en tu alma, reza frecuentemente en Adoración ante el Santísimo Sacramento". Le agradecí al sacerdote y dejé el confesionario sintiéndome fortalecida y mortificada al mismo tiempo. Ese encuentro había sido muy bueno para mi alma, pero devastador para mi ego.

Mi mamá continuó haciendo todo lo que estaba a su alcance para que sanara bien a nivel físico, emocional y espiritual. "*Hija*, no tengo dinero suficiente para llevarte a un doctor, a un psiquiatra o a un psicólogo, pero en la Eucaristía tienes algo mucho mejor que todo eso. La Eucaristía es Jesús, el mismo que sanó a la gente en los Evangelios... el mismo Jesús que curó al leproso, que le dio vista al ciego y que resucitó a Lázaro de entre los muertos. Lo recibes a Él en cada Misa y Él está vivo en ti".

Con el apoyo de mi mamá decidí seguir los consejos del sacerdote y encontré una Iglesia cerca de mi casa que ofrecía la Adoración del Santísimo Sacramento. Sentada en una pequeña capilla lateral, miraba de rato en rato la Hostia, el Cuerpo de Cristo bajo la apariencia de una oblea, redonda y delgada. Era la presencia de Jesús mismo, colocada en una Custodia: Un receptáculo dorado con la forma de sol, apoyado en un soporte vertical, colocado sobre el altar. Aunque lo miraba y rezaba, comencé a dudar de la Presencia Real de Jesús bajo la forma de esa pequeña hostia de pan: "¿Es Dios realmente? ¿Eres Tú, Jesús, realmente?" No dudaba de Su Presencia durante la Misa, pero aquí, en la Adoración, me costaba creer.

Esa noche tuve un sueño muy real, a todo color:

Estaba parada delante de una catedral antigua con numerosas escaleras de cemento que conducían hacia la entrada. Miré hacia mi derecha y vi a una mujer sentada en una de las gradas. "¿Quieres que te lea las palmas?", me preguntó.

"No", respondí enfáticamente.

Entonces miles de miles de personas comenzaron a aproximarse a esta mujer para que les leyera las palmas de las manos y las cartas del tarot. Ofendida porque esta mujer estuviera haciendo eso delante de la Casa del Señor comencé a gritar hacia la multitud: "¡No! ¡Su poder es falso! ¡Ese no es un poder verdadero!" Señalando la entrada de la Iglesia, grité: "¡El verdadero poder está dentro de la Iglesia! ¡La Verdad está dentro de la Iglesia!" Pero nadie me escuchó.

Sintiéndome terriblemente impotente miré cómo la mujer continuaba leyendo las cartas en las gradas mientras una turba se arremolinaba a su alrededor, como si fueran perros buscando un hueso.

Quise consolar a Dios, por lo que volteé y corrí hacia la Iglesia. Una vez dentro me di cuenta que las paredes prácticamente relucían con un blanco radiante, y el piso blanco y negro, al estilo de un tablero de ajedrez, se veía tan limpio que casi brillaba. En la Iglesia no había nada más que el altar y sobre él el Santísimo Sacramento expuesto en una bella Custodia de oro brillante. Avancé para sentarme frente a Jesús, mi Señor, sintiéndome con el corazón destrozado por el hecho que Él estaba completamente solo en el altar, sin nadie que lo adorara. Derramando lágrimas le dije: "Señor, esa gente que está afuera está siguiendo una mentira, pero aquí estoy para adorarte, y cantaré y te alabaré para honrarte". Para consolarlo comencé a cantar en voz alta, danzando en círculos —saltando, alabándolo y aplaudiendo como si fuera una niña- ensalzando Su amor y Su misericordia, tratando de hacer reparación por los miles que se encontraban afuera.

Inesperadamente, Jesús mismo salió del Santísimo Sacramento y se paró detrás del altar, utilizando Su forma humana. Vestía un traje blanco luminoso, y sus facciones eran como los de la imagen de la Divina Misericordia. Sorprendida, dejé inmediatamente de cantar y bailar y me paré a mirarlo, incapaz de moverme o hablar. ¡Me estaba mirando con una gran ternura, llenando mi alma con sentimientos de una gran dignidad! Sin dejar de mirarme, caminó hacia el lado izquierdo del altar y bajó los dos escalones en dirección a mí. ¡Mi pulso se comenzó a acelerar y mi corazón se ensanchó entre maravillada e incrédula! ¡Él había venido solamente por mí! Cuando llegó tan cerca que casi podía tocarme, sentí que casi me desmayaba por la alegría y lo mucho que lo había buscado. De su ser se irradiaba un amor tan profundo que me atravesaba produciéndome un éxtasis indescriptible. Luego, con una voz, que era una mezcla de gran cariño y una gran autoridad, me dijo: "Arrodíllate Patricia, pues voy a ungirte en la cabeza" Caí de rodillas con mi cabeza inclinada hacia el suelo. Imponiendo sus manos sobre mí con gran dulzura, dijo: "Te voy a purificar".

Mientras miraba sus pies descalzos, Jesús oró fervientemente por mí en lenguas celestiales que yo no entendía. Yo me decía: "Estoy soñando. Esto no es real". Consciente de que Jesús había leído mi corazón, sentí que Él presionaba Sus manos sobre mi cabeza -a propósito- para que yo lo sintiera de manera física. En mi espíritu sabía que se estaba comunicando conmigo: "Patricia, esto es verdadero. Esto es Real. No dudes de Mí. Aquí estoy contigo, estoy aquí para ti, y tengo un plan..."

En la mañana, salté alegremente de mi cama y continué saltando de arriba a abajo en mi habitación, recordando cada detalle del sueño. ¡Lo había visto y lo había sentido! Todas mis dudas sobre la Presencia Real de Jesús en el Santísimo Sacramento se habían desvanecido, y gracias a la unción de Sus manos, me había quedado un sentimiento muy fuerte de que Él me había elegido para una misión en la vida. ¿Pero cuál era?

"(...) Escuchen bien mis palabras: Cuando aparece entre ustedes un profeta, yo me revelo a él en una visión, le hablo en un sueño".

Números 12, 6

Un día, de la nada, mi mamá me dijo: "Tienes que ir a un retiro".
"¿Qué retiro?"
"Uno de 'El Viñedo de Raquel'".
No respondí. ¿Por qué tenía que traer nuevamente ese tema a colación? Tenía la esperanza que lo hubiera olvidado. No había manera de que yo fuese. El aborto era mi secreto mejor guardado y no veía ninguna razón para hacerlo público. Había ido a confesarme y no necesitaba de un retiro, que además era para mujeres y hombres que se encontraban sufriendo. Yo estaba bien. De hecho, después de cinco años mis abortos raramente se me habían hecho presentes y había olvidado por completo que había trabajado en Planned Parenthood. Caso cerrado. Cambiemos de tema.

Yo tenía un talento especial para cambiar de tema si es que no me gustaba lo que se me presentaba. Otra ocasión de esas fue cuando conocí a una de las vecinas de mi mamá, una mujer de unos treinta años que lucía muy amigable, unos seis años mayor que yo. Mi mamá me presentó diciendo: "Esta es mi hija Patricia". Cuando me dio la mano, me miró y palideció. No pronunció una sola palabra. "Qué encuentro tan extraño", pensé, mientras mi mamá y yo nos alejábamos.

Con el tiempo llegamos a convertirnos en buenas amigas, y un día me dijo: "tengo que contarte algo, algo que he tenido miedo de decir. Es algo que no entiendo, pero cuando nos conocimos, al momento de darte la mano, tuve una visión -supongo que fue eso pues nunca en mi vida me había pasado algo así-". Hizo una pausa, atemorizada que yo cuestionase su salud mental. "Lo que vi fue en blanco y negro, como en una película; en el estrado había un hombre con un traje azul oscuro, un hombre de Dios, muy conocido, hablándole a cientos de jóvenes. Me di cuenta de su apariencia: alto y guapo. Tú estabas abajo, con la audiencia, parada delante suyo. Él estiró sus manos hacia abajo y las colocó sobre tu cabeza diciendo: 'Dios bendiga y proteja a mi esposa y a mis hijos'. ¿Quién sabe lo que esto signifique? Pero eso es lo que vi. Yo no sé, probablemente te vayas a casar con un católico. Oh, y él era hispano. De cualquier modo, esa es la razón por la cual me quedé fría y no pude hablar. Debes de haber pensado que estaba loca".

Atrapada en la telaraña de mi naturaleza, materialista y al mismo complaciente, la primera cosa que pensé fue: "Qué aburrido. ¿Un predicador? Ni siquiera tiene un trabajo de verdad. Es alguien que no será capaz de mantenerme". La única cosa que me gustó de las cosas que dijo fue que haya dicho delante de todos: "Dios bendiga y proteja a mi esposa y a mis hijos". El ser reconocida, la protección, el amor, y los niños fue algo consolador, pero mi imaginación transformó mi estado de ánimo en consternación. "Voy a ser una muchacha hambrienta con una Biblia. ¡No gracias!"

Dios tenía preparadas cosas buenas para mí, pero yo todavía tenía un pie en el mundo y dos serios pecados en mi alma: el materialismo y el tratar de complacer a la gente –la puerta de entrada a la fornicación y a otro tipo de problemas. Dios me había mostrado a un hombre digno por el cuál esperar. Sin embargo, yo no era lo suficientemente santa como para entender la enorme bendición que sería casarme con un siervo de Dios. Me imaginé este regalo a través de unos ojos manchados por el mundo y mis pensamientos se atropellaban por el temor y los prejuicios, por lo que esa visión no se me grabó.

Mi mamá seguía saliendo con ese hondureño, quién resultó ser un lobo disfrazado de oveja. Ella confiaba en él porque se había presentado como un hombre santo y la había apoyado de muchas maneras. Para mí, ellos nunca se vieron como una pareja compatible. Mi mamá era bella e inteligente y se movía con un aire de elegancia; por el contrario, los rasgos faciales de él se torcían en un gesto lascivo; cuando venía de visita, su mirada invasiva me forzaba a dejar la habitación, y algunas veces la casa, para alejarme de su alcance.

Después de un año de vivir con mi mamá, su comportamiento invasivo llegó a ser demasiado para mí. Me di cuenta que tenía que contarle a mi mamá algunas de las cosas que él estaba haciendo y que escondía de ella; pero al mismo tiempo no quería hacerlo. Todavía me sentía débil, recién saliendo de las drogas, y habiendo encontrado -finalmente- un hogar en el que me sentía amada y segura. Ahora, este hombre enfermo estaba amenazando con destrozar todo. Si le decía a mi mamá y no me creía, podría abandonarme nuevamente. Perdería mi refugio seguro y a mi propia madre, la única persona en el mundo que sabía cuidarme y me conocía.

Un día me hice de valor para contarle a mi mamá esas noticias tan poco felices. Temblando de miedo le dije con voz temblorosa: "Mamá, tu enamorado ha estado llamándome..."

Explotó con furia. "¿Qué estás haciendo para provocar eso? ¿Me estás mintiendo?"

"¿Por qué mentiría sobre algo así?"

"Bueno, voy a hablar con él". Ese razonamiento tan doloroso y mordaz hizo que terminara diciendo: "Me voy. Regreso con mi papá". Y ambas estuvimos de acuerdo con esa decisión.

Sin embargo, las cosas no habían quedado bien. Mamá no me habló cerca de un mes y yo lloraba todas las noches hasta quedarme dormida, torturada por la idea de haberla perdido nuevamente. Un día me llamó por teléfono. Cuando vi que era su número me alegré pensando que llamaba para hacer las paces. Pero su tono de voz sonaba enojado. Recién se había peleado con su enamorado. "Patricia, necesito saber la verdad. Dice que lo estás acusando de algo que no ha sucedido".

"Mamá", le dije, "¿Por qué tendría que mentirte? ¿Por qué no me crees?"

"Él me ha dicho que *tú* estás mintiendo y tratando de separarnos para que terminemos nuestra relación", respondió.

Le supliqué, usando toda la lógica que podía articular: "Yo no gano nada inventando esto... Yo solo quiero estar contigo... quiero estar en paz... Simplemente quería que conocieras la verdad".

Las palabras que pronunció a continuación se grabaron en mi alma como la herida producida por un cuchillo envenenado.

"Escúchame... *Yo no te creo*".

Estaba parada en la cocina de mi papá y mis ojos se quedaron clavados en el suelo. El dolor en mi corazón era tan intenso que solo pude atinar a colgar el teléfono. La siguiente cosa que escuché sobre mi mamá fue que había vendido su casa y se había mudado a Carolina del Norte. No sabía si alguna vez volvería a saber de ella.

Esa noche lloré hasta quedarme dormida y soñé sobre el pasado:

Estoy acostada en la mitad de una cama gigante, junto con mi hermana y mi hermano. Estoy con mis pijamas rosadas y floreadas, mi hermana está con su pijama morada, y mi hermano vistiendo su pijama favorito de color azul. Mamá entra en la habitación y se acuesta con nosotros. Nos abraza fuertemente, nos da un beso en las mejillas mientras comienza a cantarnos, canciones inventadas, como la hacía todas las mañanas. "Eres el mejor despertador del mundo", le dije, arrojando mis brazos hacia su cuello para devolverle el abrazo. Sonríe y canta una canción especial para mí: "Levántate mi pequeña princesa, sigue tu camino. Dios te va a dar un hermoso día..."

"Me levantaré mami, te lo prometo", le respondo. "Pero déjame estar aquí sólo un minuto más..." Para hacer más explícito mi pedido levanto un dedo a la altura de mi nariz. Mi hermano y mi hermana desaparecen de la habitación mientras estiro mis brazos y bostezo para acurrucarme en el brazo suave de mi mamá, disfrutando del calor y la seguridad que siento junto a ella.

Gimiendo, estiré mi mano para apagar la alarma del reloj despertador. Sintiéndome demasiado cansada y completamente abandonada como para poder levantarme de mi cama, permanecí cobijada mientras reflexionaba en la historia de mi mamá tratando de desentrañar el misterio de cómo podía irse sin avisar, sin siquiera decir adiós.

Sabía que la niñez de mamá había sido muy difícil y, en algunas ocasiones, hasta traumática. Tratando de comprenderla y de entender cómo se habría sentido, me ayudó pensar en lo que debía haber sido para ella crecer teniendo como mamá a la abuela Consuelo. Recordé lo que conocía de mi abuela: una madre soltera que había criado a nueve hijos y que llevaba una pistola en su sostén. Esa mujer tan dura, que se burlaba de las emociones superficiales, fumaba puros, y jugaba a las cartas con los hombres en nuestros encuentros familiares; aunque ella no siempre había sido así.

La abuela Consuelo se había vuelto dura y amargada luego de que sucediera algo inimaginable: su esposo, el primer y el único amor de su vida, había sido asesinado de un disparo. Entre los dos habían tenido cinco criaturas (los hermanos y hermanas mayores de mi mamá); habían escapado juntos de la pobreza y habían hecho crecer, de la nada, en su empobrecido pueblo natal, Zacatecas, México, un lucrativo negocio de quesos. Mostrándome sus manos callosas solía decirme: "Estas son las muñecas de una mujer que sabe cómo ordeñar una vaca".

Durante los preparativos para el servicio funeral de su esposo, mi abuela permanecía en un estado catatónico debido al dolor. A sus familiares, por parte de su esposo, nunca les había gustado y no querían que ella heredara nada del dinero y las extensas propiedades que le pertenecían. Poniéndole un contrato frente a sus ojos, que no sabían de estos menesteres, le mintieron y le dijeron: "Firma aquí para que lo podamos poner en el ataúd". Ella ni siquiera miró los papeles y de una sola firma, se quedó sin nada. Sus familiares la dejaron, incluidos a sus cinco hijos (entre los que se encontraban mi tía, la Hermana Olga) sin nada. Encontré esto tan horrible y difícil de creer que una vez le pregunté a la hermana Olga si era verdad, quien me confirmó que así había sucedido.

A los pocos días de haber enterrado a su esposo, Consuelo fue arrojada a la calle. Sin dinero, ni siquiera como para alimentar a sus hijos, tuvo que mendigar en busca de sobras. Alguien le permitió dormir con sus hijos en el granero durante un mes; luego de eso vino la calle. Durante los años siguientes se apoyó en un hombre casado, para que sus hijos sobrevivieran y tuvieran un techo sobre sus cabezas, con quien tuvo otro niño. A pesar de que en ese entonces mi mamá todavía era una niña, lo recuerda llegando semanalmente con bolsas de comida y ropas para ella y sus hermanos. Tan pronto como la abuela comenzó a ganar suficiente dinero como costurera para poder dejar esa relación, lo hizo, para luego caer en los brazos de un alcohólico con quien tuvo a sus dos últimos hijos.

Mi mamá había crecido en un ambiente bastante inseguro, donde escaseaba el cariño, y lleno de abusos -en una casa donde ella tenía que cocinar, limpiar, planchar, bañar y alimentar a sus hermanos menores. La gente la consideraba una hija bastarda y a su madre una ramera. Ella sabía eso, pues la gente lo decía abiertamente.

Con el tiempo, la abuela Consuelo botó al alcohólico, aunque él se rehusaba a dejarla sola y solía acercarse cuando estaba borracho. Uno de esos días en que se apareció, Consuelo, temerosa de lo que le pudiera hacer a ella y a sus hijos, corrió a su habitación y agarró su pistola, la que guardaba bajo su almohada, junto a la imagen de Nuestra Señora de la Medalla Milagrosa. Alzando la pistola con las dos manos, soltó el seguro, le apuntó para asustarlo, y comenzó a disparar. La abuela me dijo que esa era la manera en que la gente de su pequeño pueblo -Florencia, México- solía arreglar sus problemas. No es necesario decir que nunca más regresó.

La abuela era de una naturaleza muy estricta y de un temperamento bastante loco. Cuando la hacías llegar al tope de su paciencia, no había manera de pasar por encima de ella. Tan pronto como mi mamá cumplió los dieciséis años la abuela le dijo: "Si llegas tarde, después de la hora que te he dicho, no te voy a dejar entrar en la casa". Una noche mi mamá tocó la puerta más tarde de lo acordado y la abuela no la dejó entrar. Sin ningún lugar al cual ir, mamá empezó a vivir con su enamorado con quién terminó casándose -todo debido a esas reglas tan estrictas-. A los diecisiete años mi mamá quedó embarazada, pero su nuevo esposo era alcohólico, drogadicto, había abusado física y verbalmente de ella, incluso durante su embarazo. Un día, cuando estaban en medio de una discusión él arrojó algo hacia la cuna del bebé. Temiendo por su hijo, mi mamá tomó al bebé (mi hermana mayor) y corrió hacia la casa de la abuela cerrando la puerta por dentro. Muy pronto empezó a escuchar afuera los murmullos de su esposo y de su suegra. Apoyando su oído contra la puerta escuchó decir a su suegra: "Quítale la niña".

La abuela Consuelo tomó cartas en el asunto. No quería que mi mamá volviera con su marido, pero tampoco quería que volviera a la casa con su hija -creo que sentía que ya tenía suficientes bebés que cuidar. Por lo que envió a mamá muy lejos, antes de que él la pudiera encontrar, diciéndole: "He arreglado las cosas para que trabajes en los Estados Unidos. Te quedarás en la casa de tu hermana en Chicago". Mi mamá no tuvo oportunidad de pensarlo. La abuela Consuelo ya había arreglado con los "coyotes", hombres y mujeres que se dedican a hacer pasar "ilegalmente" a la gente por la frontera. Tenía que irse al día siguiente. Durante tres días y noches peligrosísimas, mi madre -de diecisiete años- tuvo que poner su vida en las manos de extraños, dormir en condiciones deplorables, caminar a paso de trote durante millas y cruzar autopistas y carreteras cargando una bebé de dos meses, en una travesía en la cual no todos sobreviven.

¿Sería esta la razón por la cual mi mamá continuaba huyendo?

> "Después que lo sacaron, uno de ellos dijo: «Huye, si quieres salvar la vida. No mires hacia atrás, ni te detengas en ningún lugar de la región baja. Escapa a las montañas, para no ser aniquilado»".
> Génesis 19, 17

No era la primera vez que mi mamá había huido y tampoco sería la última. Finalmente regresó al norte de California dejando atrás al hondureño, y nuestra relación comenzó y terminó nuevamente, en una especie de danza. Pero nuestro sentimiento de cercanía ya no era el mismo. Yo había regresado a la casa de mi papá en Petaluma e hice mi mejor esfuerzo para regresar a la Iglesia Católica. Coloqué en la casa cuadros con imágenes que nos miraban desde las paredes- eché agua bendita en las puertas, el olor a incienso inundaba la casa y el sonido de EWTN eclipsaba las telenovelas mexicanas favoritas de mi papá. Con poco peso y sin estar a la moda me veía más yo misma de lo que antes me había visto, y mi sentido del humor comenzó a regresar. Papá se sentía aliviado de que mi antiguo yo hubiera regresado y vi el orgullo en sus ojos cuando me vio decidirme a convertirme en asistente médica; luego ganar el premio por ser una buena estudiante, así como obtener las mejores notas en mi clase, y finalmente verme trabajar duro y responsablemente en ese campo. Cuando podía costearlo -y el tiempo se lo permitía- papá arreglaba las cosas para que mi hermano y yo viajáramos a México con él, donde disfrutábamos ese tiempo juntos. Mucho más que antes, mi papá y yo éramos los mejores amigos.

También disfrutaba de una relación más cercana con mi hermano, quien comenzó a tener la Biblia junto a su cama y a rezar durante las noches, ahora que su "hermana santita" estaba en la casa. Traté de reanudar mi relación con mi hermana y me acerqué mucho a mi sobrina y a mi sobrino. Sin embargo, a pesar de las relaciones familiares que tenía, todavía añoraba tener una familia amorosa y unida, que fuera realmente mía, y ese deseo intenso me llevó -como a una polilla hacia el fuego- hacia mi siguiente enamorado.

Se llamaba Marcelo. Habíamos sido buenos amigos desde que teníamos doce años. Su familia y la mía nos queríamos mucho, y siempre lo había visto como un buen amigo desde que teníamos doce años. Lo llevé a la Iglesia, le hice conocer al Señor, le cociné, lo limpié, lo amé y recé por él. Si se encontraba en problemas, lo cual sucedía frecuentemente, ahí estaba yo para ayudarlo a arreglar las cosas. Nuestros buenos tiempos juntos, estaban llenos de risas y juegos, lo que duró por meses. Una vez me dijo que "él era".

Pero Marcelo era un *machista* inseguro. Celoso hasta el punto de la locura, Marcelo no me dejaba ir a ningún lugar sola; y cuando estaba con él, a propósito coqueteaba con las chicas, dejando propinas extravagantes a las meseras, mientras se comía con los ojos a cuanta mujer pasaba a su costado. Yo pretendía ignorarlo, mientras miraba todos sus movimientos.

Incluso antes de que comenzáramos a salir juntos yo sabía que era un tramposo. Pero yo era tan especial ante sus ojos que me hice la idea que nunca me engañaría. Estaba equivocada. Algunas veces se desaparecía por días enteros y cuando, finalmente, se aparecía en la puerta de mi casa, me ganaba nuevamente con su encanto y sus regalos -incluso autos de su concesionario, los cual calmaba mi temor de querer constantemente lo que había experimentado en la calle. Si eso no funcionaba, trataba de seducirme haciendo comentarios denigrantes acerca mío, los que compartía abiertamente en frente de otros, incluso su propia familia: "Nunca vas a ser nadie en la vida sin mí", solía decir. Y yo comencé a creerle.

Aferrada a la ilusión de un futuro mejor, no estaba dispuesta a darme por vencida en mi relación con él, aun cuando llegado el momento en que tuvimos intimidad mi conciencia no dejaba de hacerme sentir culpable. Mis oraciones perdieron su paz y se convirtieron en un ciclo repetitivo de: "Te amo Dios... lo siento... por favor perdóname nuevamente... te amo...". Tal como había sucedido antes, mi papá pretendió creer que le estaba diciendo la verdad cuando me quedaba en la "casa de unos amigos" durante los fines de semana, incluso cuando esos fines de semana se convertían en semanas enteras. Ninguno de nosotros encontraba una razón para demoler la idea de la chica buena que yo le quería mostrar y que él prefería ver.

Cuando necesitaba regresar a casa por más ropas, usualmente los domingos por la mañana, Marcelo me llevaba. Una vez que estábamos cerca de la casa de mi papá Marcelo bajaba la velocidad a menos de diez kilómetros por hora con la esperanza -mientras yo rezaba- que mi papá no estuviera afuera y descubriera lo que ya sabía que estábamos haciendo. Sin embargo, una mañana al voltear la esquina, mi papá estaba ahí -a las 8 de la mañana- lavando su auto en la entrada de la casa. "Maldición", dijo Marcelo, agachándose casi por debajo del timón, pensando que podía engañar a mi papá haciéndole creer que nadie manejaba el auto. Yo quería que la tierra me tragara, pero salí del auto en mi ropa de dormir e inicié mi camino de la vergüenza.

Durante este tiempo, en la casa de mi papá estaba escondida la imagen del Sagrado Corazón, aquella que me penetraba con sus ojos, de los días en que nuestra familia estaba unida. Papá había guardado el cuadro en el armario de su habitación, donde había caído en el olvido llenándose de polvo. Durante años no había pensado en esa imagen, ni siquiera aquel día en que -limpiando mi habitación- recibí un mensaje interior de Jesús: "Dile a tu papá que no quiero estar en el armario. Dile que Me saque y que Me rinda honor".

Sin dudarlo me acerqué donde mi papá y le dije: "¿Te acuerdas de la imagen del Sagrado Corazón de Jesús que está en tu armario? Jesús quiere que lo saques de ahí y que lo honres".

"Lo haré", respondió.

Pero nunca lo hizo. Sintiéndome culpable de que el pedido de Jesús no había sido obedecido, puse la imagen del Señor en mi habitación. Pero no lo miraba. La única razón por la que lo mantenía en la pared de mi habitación era porque sabía lo que había escuchado. Entrar en mi habitación resultaba particularmente doloroso cuando volvía después de haber pasado algunos días con mi enamorado y sentía que la imagen "me miraba". Algunas veces sentía mi alma traspasada por la desgracia al darme cuenta de Su mirada y yo volteaba la imagen contra la pared mientras le decía con tristeza: "Lo siento Jesús, pero no puedo mirarte en este momento".

Cuando Marcelo me propuso la idea de comprar una casa para los dos, tomé esa oportunidad de inmediato. Sabía que estaba forzando un acto de esperanza. Posiblemente con la permanencia que significa una casa, él se volvería más estable y amoroso conmigo. Después de todo, nuestra intención era casarnos algún día y hacer las cosas bien. Como regalo, quería poner la casa a mi nombre. "Escoge la casa que desees", dijo, con la generosidad que lo caracterizaba. Después de ocho meses de búsqueda escogí una casa grande e iniciamos el trámite de comprarla a mi nombre.

No mucho tiempo después de eso, el beber casual de Marcelo se convirtió en peleas de borrachera enojado, y sus celos mostraron su lado oscuro. Una vez me dio una bofetada en presencia de nuestros amigos, simplemente porque caminé hasta el recibidor con un joven para indicarle donde se encontraba el baño. Desde ese momento sus arranques de celos se hicieron cada vez más violentos. Un día me empujó con tal fuerza que, por primera en mi vida, le devolví el golpe rompiéndole el labio. En ese momento me dije: "Si no lo dejo pronto, esto se va a poner peor". Sólo en ese momento me di cuenta -dentro de lo confusa que estaba mi cabeza- que no estaba acercando a Dios a mi enamorado.

Al final mi corazón dejó de preocuparse por él y lo único que quería era terminar esa relación, pero me resultaba imposible forzarme a mí misma pues durante las fiestas y cuando lo necesitaba, tenía una mamá, una abuela, hermanas, sobrinos y sobrinas; una familia muy unida que reemplazaba a la que yo había perdido. También me resultó difícil dejarlo pues la imagen que tenía de mi misma había llegado a un punto bastante bajo. Marcelo había manipulado mi mente contra mí misma, y había tenido éxito, borrando todas las huellas auto-estima que había obtenido ante el Señor. Las palabras que mi mamá me había dicho, con un poder que venía desde lo alto, "Eres la hija de un Rey", habían sido desplazadas por la repetición constante de Marcelo: "Eres una basura. No eres nada. Nunca conseguirás nada".

Una semana antes que el corredor de bienes raíces me entregara las llaves de la casa me enteré que Marcelo había embarazado a una muchacha. Devastada y angustiada grité: "¿Cómo me puede hacer esto?" Al mismo tiempo no estaba sorprendida, ni siquiera desesperada, ya que había dentro de mí una pequeña voz que me susurraba diciendo que Marcelo me acababa de dar la razón y la valentía para dejarlo finalmente. No habría casa juntos, tampoco una vida juntos.

"No den las cosas sagradas a los perros, ni arrojen sus perlas a los cerdos, no sea que las pisoteen y después se vuelvan contra ustedes para destrozarlos".
Mateo 7, 6

Para alimentar mi ego destrozado después de la ruptura, decidí lucir especial con ropas nuevas, joyas, maquillaje y cosas hermosas que compré gracias al dinero que estaba ganando como asistente médico. Mientras hacía lo mejor posible por satisfacer mis deseos banales, hice lo imposible por enterrar mi pasado, el cuál se había hundido a un nivel de depravación que no podía exponer: Había tenido tres abortos, caído en la drogadicción, escapado de casa, y vivido con un tramposo que había abusado de mí. "Ningún buen hombre va a querer a una chica con una historia como la mía y que además estaba bastante gorda", me decía (aunque estaba tan delgada como un palo). "Voy a tener que mentir". Con mi deseo infantil de llegar a ser alguien especial, colgando como una maldición sobre mí, pensé que debía hacer lo mejor posible por fingir que así era.

Falseando es como conseguí mi siguiente enamorado, Rodrigo, quien me trataba tan bien al punto de pensar que era una especie de diosa... y lo dejaba creerlo. Vivía bastante lejos, en Chicago, y nos amábamos mutuamente, pero de una manera superficial, a un nivel materialista. Yo estaba encandilada por sus profusas declaraciones de amor, sus avances románticos, sus visitas frecuentes, y su deseo de comprometerse conmigo -pero no con el Señor-. Mientras más le mostraba mi fe, más nervioso se ponía. Finalmente, cuando vi que no le interesaba ir en dirección hacia Dios terminé con él.

Mientras tanto, las palabras del sacerdote de San Hilario hacían sonar su alarma en las profundidades de mi conciencia: "No juegues con Dios". A los veintiséis años mis días con las drogas eran ya cosa del pasado. Durante tres años no había experimentado ningún tipo de deseo por las anfetaminas ni siquiera había pensado en "volar". El uso de las anfetaminas es tan peligroso y con un promedio de rehabilitación de sólo cinco por ciento (sólo doce por ciento con rehabilitación médica) (1), que la ausencia de daños físicos o sentimientos adictivos no eran sino un milagro. El Niño Jesús de Atocha me había sanado verdaderamente.

Sin embargo, ahora mis períodos de castidad no duraban mucho y me sentí que estaba "jugando" nuevamente. En vez de dejar de tener sexo, había dejado de ir a Misa. ¿Cuál era el punto de ir, pensé, si sabía que no podía recibir la Eucaristía? No quería ser hipócrita. Solamente luego de confesarme -luego de cada ruptura con mis enamorados- (entrando a un confesionario diferente cada vez, de modo que los sacerdotes no se dieran cuenta que estaba haciendo lo mismo) volvía a ir a Misa. Mis días de saltar de bar en bar habían terminada hacía mucho tiempo, pero mis días de saltar de Confesionario en Confesionario habían comenzado.

No entendía la razón del "¿por qué"? detrás de la pureza y la castidad, y tampoco mis padres mientras yo crecía. Mis padres nunca me hablaron sobre la castidad pues no sabían qué decirme, y en la escuela pública me habían enseñado que si sucedía alguna cosa... use el condón. Mi educación sexual había tenido lugar en una clase con niñas de doce años riendo de vergüenza, donde el maestro nos hablaba de la práctica del "sexo seguro" desenrollando condones sobre bananas. La castidad, para mí, era un concepto escrito en las páginas de la Escritura y el Catecismo más que un mandamiento tejido por Dios en la trama de mi alma.

Alguien podría pensar que yo me alejaría muy contenta de ese pecado ya que las relaciones sexuales hacían evidente la culpabilidad en mi conciencia. Pero yo quería que esas ocasiones fueran tan esporádicas como fuese posible y que terminaran rápidamente. Mis enamorados siempre querían ser más activos sexualmente que yo, mientras mis amigas mantenían records de sus conquistas, lo que me dejaba pensando si es que había algo malo en mí. Pero dado que asumí que las relaciones sexuales eran obligatorias en cualquier relación, me entregué muchas veces, culpándome a mí misma por hacer que los hombres se sintieran infelices y frustrados. La razón principal por la cual yo consentía tener sexo era porque me preocupaba que los hombres pensaran de mí como si fuera menos mujer -y lo que la gente pensaba de mí significaba todo. Eso era aún parte de mi identidad.

Mi plan iba de la siguiente manera: primero entregarme a los deseos de mi enamorado, hacerlo feliz, hacer que se enamore de mí, mostrarle mi religión y hacer que se enamore de Dios para luego casarme con él y luego confesarme, limpiar mi alma, iniciar una familia y ser feliz. Pero mis creencias y prácticas religiosas siempre parecían tan fanáticas y alejadas de la realidad para mis enamorados que no podía entender por qué mis esfuerzos misioneros resultaban ser tan poco efectivos.

Dios estaba hablándome tan claramente a través de la resistencia de esos jóvenes, pero de alguna manera no podía escuchar lo que Él me decía: "No puedes atraer a ninguna persona hacia Mí llevando tu alma y la suya hacia un pecado tan serio, el cual los aleja de Mí". El tiempo y, de nuevo, las circunstancias probaban que mi método estaba equivocado, pero el mundo estaba en lo correcto.

El Señor también trató de llamar mi atención a través de los sueños. Algunas veces, mientras dormía durante la noche, me sucedía alguna tragedia. En mis sueños me caía por un precipicio o me golpeaba la cabeza debido a choque, algunas veces huía de un hombre que me perseguía con una pistola. En un sueño, me dispararon y estaba muriendo. Mi alma se desprendió de mi cuerpo y me encontré suspendida en el aire en un azul oscuro. Estaba ante la presencia de Dios y lo sentí rodeándome con su ira poderosa. Era el momento de mi juicio personal. Un Padre molesto me miraba y estaba a punto de condenarme. En el instante en que estaba a punto de entrar al infierno me desperté.

Eran las dos o tres de la mañana y estaba acostada junto a mi enamorado de turno, mi corazón latía frenéticamente en mi pecho. Un tremendo temor de Dios sobrepasó mi espíritu y comencé a rezar fervientemente: "Lo siento, lo siento, Padre. Lo siento, lo siento mucho..." Pero no estaba lo suficientemente arrepentida.

"Eviten la fornicación. Cualquier otro pecado cometido por el hombre es exterior a su cuerpo, pero el que fornica peca contra su propio cuerpo. ¿O no saben que sus cuerpos son templo del Espíritu Santo, que habita en ustedes y que han recibido de Dios? Por lo tanto, ustedes no se pertenecen, sino que han sido comprados, ¡y a qué precio! Glorifiquen entonces a Dios en sus cuerpos".

I Corintios 6, 18-20

Datos: El Ex cirujano General de los Estados Unidos, General C. Everett Koop, advirtió: "Si tú tienes sexo con alguien, estás teniendo sexo con todos aquellos con los que esa persona haya tenido sexo en los últimos diez años, y todos los que ellos y sus compañeros hayan tenido en los últimos diez años". Por ejemplo, si tú y tu compañero han tenido sexo, cada uno, con cinco compañeros anteriormente, ambos han sido expuestos sexualmente a treinta y un personas. Si cada de ustedes ha tenido sexo con diez personas, ambos han sido expuestos a 1,023 individuos. Con veinte personas cada uno, ambos han sido expuestos a 1'048, 575 personas.

Para ver un gráfico visual de esta estadística, busquen en la Web: "Sexual Exposure Chart".

https://www.wvdhhr.org/appi/edresources/sexual_exposure_chart.pdf

Tiempo para Sanar

CUANDO YO TENÍA VEINTISIETE AÑOS, papá comenzó a cortejar a una mujer muy pobre, de un pueblo pequeño, muy cercano a su pueblo natal. Pronto quedó flechado de amor y me imaginé que se casaría con ella. Después de muy pocos meses se fueron a México y al regresar Elvira vino a vivir con nosotros. Al comienzo ella y yo nos llevamos bien. Sin embargo, con el tiempo, ella empezó a mostrar signos de desconfianza y de irritación hacia mí, los cuáles supo ocultar muy bien ante mi papá. Hice lo mejor que pude para complacerla, pero incluso cuando ella y mi papá tuvieron un bebé, no me permitían cargarlo mucho porque nunca lo "hacía bien".

Le dije a mi papá que parecía que Elvira no me quería cerca, pero no quiso escuchar y me acusó de inventar cosas. Mi corazón se hundió. Él tomaría parte por su esposa; así serían las cosas. Ahora parecía que papá ya no me necesitaba y, de hecho, empezó a actuar de esa manera.

Buscando consuelo y un lugar al cuál pertenecer, un día manejé a la Iglesia de San Hilario para rezar. Cuando llegué no había nadie adentro. Mientras caminaba hacia adelante por el pasillo central, sentí que una paz llena de ternura tocaba mi alma, como la suave caricia de una mano amada. Atraída hacia mi estatua favorita, una de Nuestra Señora de Fátima que tenía unas características impresionantes y estaba adornada con gemas brillantes, me arrodillé ante ella. Una sensación de cariño tocó mis emociones más sensibles, aliviando mis penas. Mi alma quería más. Desde un lugar muy profundo dentro de mí, mi oración se convirtió en palabras: "Madre, quiero amarte completamente. Enséñame como amarte. Guíame para conocer más acerca de ti y de tú corazón".

Luego me levanté y me fui a sentar en una de las bancas. Algunos segundos después una mujer salió de la capilla de Adoración al Santísimo -situada al costado de la Iglesia- cargando una bolsa. Nunca antes la había visto. Sin decir una palabra puso la bolsa junto a mí y salió de la Iglesia. Con curiosidad miré dentro la bolsa y encontré tres libros de las supuestas apariciones en Medjugorje. (1) María había respondido a mi oración casi instantáneamente. Cuando abrí uno de los libros se cayó un papel pequeño. Lo recogí y al verlo me di cuenta que era un panfleto invitando a un retiro de sanación post-aborto auspiciado por "El Viñedo de Raquel". "Esto debe ser una coincidencia", pensé mientras me encogía de hombros.

Tan pronto como llegué a casa salté a mi cama con los libros y comencé a leerlos. No sabía que María seguía apareciéndose en la tierra y durante el período en que yo estaba viva. Supuestamente comenzó a aparecérsele a seis niños en 1981, en el pequeño pueblo de Medjugorje, ubicado en la antigua Yugoslavia, ahora llamada Bosnia-Herzegovina, desde donde había dado miles de mensajes al mundo. Cautivada, leí por horas, algunas veces olvidándome de comer y dormir, empujada por el Espíritu. Mi alma devoró los tres libros en pocos días. Mi amor por la Santísima Madre había comenzado a arder.

Una de las cosas que más me intrigó fue la respuesta a la pregunta que uno de los videntes le hizo durante una de sus presuntas apariciones. En palabras de la vidente Mirjana:

> "De niños le hicimos una pregunta tonta: «¿Cómo es qué eres tan bella? »
>
> Ella nos sonrió y dijo: «Soy bella porque amo. Queridos hijos, si quieren ser bellos, comiencen a amar»".

Las palabras de Nuestra Señora llegaron al centro de mi terrible obsesión por mi apariencia. Mis pensamientos siempre me torturaban con la preocupación de como lucía, lo que vestía, y lo que la gente pensara de mí. Siempre había deseado ser bella, pero nunca estaba satisfecha. Vivía con miedo y frustración por no alcanzar un ideal estético imposible. Sin embargo, María estaba hablando acerca de la fuente de la auténtica belleza. Cualquier persona podía vestirse bien, pero sólo aquella que estuviera llena de amor podía lucir radiante. El amor era lo que hacía que María brillara. Su corazón era lo que la hacía tan hermosa. Esta revelación aligeró mi preocupación desfigurada, por lo que empecé a tratar de mostrar más y más amor-más belleza verdadera.

Tres días después volví a San Hilario para unirme a un grupo de oración vespertina, donde conocí a una muchacha de Kentucky que tenía mi edad. Era nueva en la ciudad y tuvimos una conversación amigable desde el momento en que nos conocimos. La invité a cenar, pero me dijo que no podía pues se estaba preparando para ir a Medjugorje con sus padres, por lo que pospusimos nuestra salida. Cuando regresó no pudo esperar para contarme sobre su experiencia, mientras que yo no podía esperar para escucharla. Durante la cena me contó animadamente, cómo su peregrinaje había salvado el matrimonio de sus padres. Antes de partir, sus padres estaban al borde del divorcio, pero en Medjugorje se enamoraron nuevamente; y hacia el final del viaje su mamá y papá se tomaban de la mano y se besaban, como dos alegres adolescentes. Incluso insistieron en renovar sus promesas matrimoniales en "Saint James", la iglesia local en Medjugorje

Al momento en que Sara volvió a casa dijo que quería regresar. "¿Por qué?", pregunté.

"Porque creo que no hay un lugar como ese en la tierra. Una vez que has sentido la paz celestial de Medjugorje, nunca vas a querer dejarla".

Sara y yo descubrimos muy rápidamente que teníamos muchísimas cosas en común, mientras abríamos nuestros corazones mutuamente y compartíamos con confianza aquellas cosas que nunca le habíamos dicho a nadie. Inclinándose por encima de la mesa, Sara me reveló en un susurro uno de sus secretos más dolorosos y ocultos: que en el pasado se había realizado un aborto. También mencionó que recientemente había recibido una sanación muy grande sobre eso.

"¿Cómo?, pregunté.

"En un "Retiro del Viñedo de Raquel". Mi respiración se detuvo. "No de nuevo". Aunque no tenía planeado revelar mi pasado lleno de altibajos a nadie, esa noche le dije que yo también había tenido... uno.

Sara y yo nos encontramos nuevamente un Viernes Santo. Mientras estábamos arrodilladas juntas, en una banca delante del Santísimo Sacramento, luego de haber participado en el Vía Crucis, le pregunté: "¿Cuál ha sido el momento más importante que has tenido en tu vida de fe?"

Esperé que me dijera, "Medjugorje".

Me miró y respondió: "El Retiro del Viñedo de Raquel".

"¿Qué? tartamudeé, "¿De veras?"

"Ese retiro cambió mi vida completamente. Me ha transformado y curado de tantas cosas que nunca pensé que fueran posibles. Es realmente, realmente, hermoso". Mirándome directamente a los ojos, agregó: "Patricia, quiero que vayas".

Por primera vez en mi vida mi mente se abrió una pizca a esa idea. Confiaba en Sara pues ella ya había ido al retiro y además sabía que era muy particular escogiendo sus cosas. Sin embargo, mi corazón estaba paralizado por el miedo. "Si ella ha tenido la valentía de ir", me pregunté, "¿entonces por qué yo no?

"Pongan en práctica la Palabra y no se contenten sólo con oírla, de manera que se engañen a ustedes mismos. El que oye la Palabra y no la practica, se parece a un hombre que se mira en el espejo, pero en seguida se va y se olvida de cómo es. En cambio, el que considera atentamente la Ley perfecta, que nos hace libres, y se aficiona a ella, no como un oyente distraído, sino como un verdadero cumplidor de la Ley, será feliz al practicarla".

Santiago 1, 22-25

Ese mismo día empecé a buscar en internet y encontré que había un retiro del "Viñedo de Raquel" (2) a punto de realizarse cerca del área en donde vivía. Ante la insistencia de Sara acepté, a regañadientes, que les diera mi número a los organizadores, siempre y cuando todo se mantuviera de manera estrictamente confidencial. Muy pronto empecé a recibir llamadas -las cuales no me atreví a contestar. Pero luego de escuchar algunos de los cariñosos mensajes de voz que me habían dejado, algunos de ellos muy halagadores por parte de Sara, finalmente decidí devolverles las llamadas.

Desprevenida, me encontré en la mitad de una entrevista de admisión. La voz de la organizadora se escuchaba tan tranquilizadora e invitadora que, para mi sorpresa, hablar con ella me dio mucha paz. Me resultaba difícil hacerme la idea del hecho de estar hablando calmadamente sobre mis abortos y que, de alguna manera, era algo bueno -a pesar que una flecha de angustia me atravesó cuando dije la palabra: "tres". No se lo había dicho a nadie en diez años. Pero en su voz no escuché ningún tipo de juicio, solamente comprensión. Después de hacerme algunas preguntas muy básicas, esta persona amable -a la que no conocía y que se había identificado como Valerie- dijo, para alivio mío: "Patricia, siento mucho tener que decirte que el retiro está completamente lleno y que no hay espacio para nadie más".

"¡Qué bueno!", pensé: "Después de todo no era la Voluntad de Dios que yo vaya. No es mi culpa. Lo intenté".

Valerie continuó diciendo: "Si es la Voluntad de Dios, alguien cancelará y se abrirá una plaza". Inmediatamente comencé a rezar para que ello no sucediera. Pero Dios no estaba interesado en mis súplicas. Un día antes de comenzar el retiro, me llamó para decirme que -milagrosamente- se había abierto un lugar para mí. "¡Estamos emocionadas por el hecho de que vengas!"

"Fantástico", dije a modo de broma. Todo ese día lo pasé pensando en como excusarme. Simplemente no me iba a aparecer. Al día siguiente, viernes, recibí una serie de mensajes de textos de Sara animándome. Cada vez que llegaba uno de ellos, mi mente se rebelaba en contra de eso: "Realmente no necesito esto. Me siento forzada a ir... No puedo creer que la gente vaya a saber cuántos abortos he tenido... No voy a ser capaz de soportar que me juzguen... No necesito ningún tipo de sanación... Siempre hay un 'próximo año'..." Finalmente me forcé a mí misma a subirme a mi auto, casi contra mi voluntad. El miedo corría a lo largo de mis venas, haciendo que me faltara el aliento. Para reunir coraje, pensé: "Simplemente voy a hacer que Dios se sienta feliz y terminar con esto. Me sanaré en alguna cosa y ya. Punto. Nunca nadie más tendrá que saber sobre mis abortos y *nunca más* tendré que lidiar con este asunto".

Cuando llegué al lugar del retiro mi cuerpo comenzó a temblar. Éste sería mi primer retiro en el que tendría que pernoctar y, los recuerdos de haber estado atrapada en el retiro del Padre Sudac, me comenzaron a inundar. "¡Una vez que esté adentro no podré escapar! ¿Qué haré? Debería dar la vuelta e irme". Pero cuando vi a dos personas saludándome con los brazos -el dulce rostro de un hermano vistiendo un hábito carmelita y el de una bella joven parada junto a él, con una inmensa sonrisa- hizo que mi pulso se calmara. Me ayudaron con mis maletas y me acogieron con tal amor que dejé de temblar. Cuando caminamos hacia adentro mis antenas estaban afinadas en búsqueda de alguien que me pudiera reconocer, aunque Valerie me había asegurado que las posibilidades de que ello sucediera eran casi nulas. "¡Uff! Ella había estado en lo cierto". Luego dos brazos se estiraron hacia mí. Repentinamente, estaba abrazando a Valerie.

Entré en el Retiro del Viñedo de Raquel sin saber lo que llevaba por dentro. La agonía de mis abortos había estado reprimida durante tanto tiempo y a tal grado, que no era consciente de mi gran necesidad de sanación. A través de los ejercicios, oraciones y la atmósfera tan amorosa de ese fin de semana, no sólo recibí sanación por mis abortos, sino también de muchos otros dolores que sufría provenientes de circunstancias pasadas; y esos resentimientos desaparecieron milagrosamente. En "El Viñedo de Raquel" nadie era juzgado, sólo había perdón. Todas estábamos subidas en el mismo bote, temerosas de ser arrastradas por las corrientes que habían golpeado nuestras almas durante tanto tiempo, y - los unos con los otros y con Dios- encontramos orillas seguras.

Cada ejercicio me abría a una nueva dimensión de sanación, pero hubo un momento en particular que me afectó profundamente. El sábado en la noche el Señor me dio un regalo que cambiaría mi vida. Cuando estaba en oración profunda, con los ojos cerrados, me encontré en un campo de césped. Mientras la visión avanzaba me di cuenta que en la distancia había tres niños, parados uno junto a otro, como posando, al estilo de esas fotos de los tres pastorcitos de Fátima que habían recibido las apariciones de Nuestra Señora en Portugal. De alguna manera, mi espíritu sabía que era una cita divina, y que Nuestra Señora había estado preparando a estos niños, incluso vistiéndolos para esta ocasión. También sabía, sin lugar a dudas, que esos eran mis niños.

Mi corazón se llenó de una mezcla extraña de gozo y dolor. Podía ver claramente a los niños, pero en blanco y negro, pues esa era la naturaleza de la visión. La mayor y más alta estaba parada a la izquierda: una niña que tendría unos nueve años de edad, vestía una blusa de manga larga bajo un vestido largo, de cuello cuadrado, que le llegaba a las rodillas. Me di cuenta que se parecía bastante a mí cuando era más joven -delgada, con ojos grandes y cabello marrón no tan largo-, pero su personalidad parecía más reservada y seria de lo que yo había sido. A su izquierda (es decir a mi derecha), había un niño extremadamente guapo, un poco más bajo que ella, de unos siete años de edad, que se parecía bastante a su padre -Saúl-. Tímido y cauteloso, parado con sus hombros ligeramente hacia adelante, lucía adorable en sus pantalones cortos a cuadros y con tirantes, medias hasta las rodillas y una boina. Siempre había pensado que vestiría a mi hijo de esa manera. La tercera niña tendría unos seis años y tenía una cara redonda, como la de una muñeca, y era la que menos se parecía a Saúl o a mí. Su pelo largo y marrón, estaba peinado hacia atrás en forma de lazo, y terminaba en rizos que llegaban hasta su cintura. Vestía una blusa de manga corta con botones, una falda a cuadros y una sonrisa exuberante.

Parecía que ninguno de ellos se atrevía a moverse por lo que su vestimenta tan perfecta dejó de lucir tan bien. Luego mi visión se acercó hacia el rostro de mi niña más pequeña - tan cerca que pude ver un hoyuelo en su mejilla izquierda. Mirándome, arrojó todo el decoro mostrado y empezó a saltar de alegría. Volteando su cabeza de lado (lo que me permitió ver el lazo que tenía en su pelo) agarró la camisa de su hermano y comenzó a gritar: "¡Ahí viene, ahí viene!" Mi espíritu sabía que ellos habían estado rezando por mí y esperando por este momento tan especial desde hacía tiempo. Mientras me acercaba a ellos, caí en cuenta que yo también lo había estado esperando. Sobre nuestros rostros se derramaron sonrisas de gran alegría y, con un amor más profundo que las palabras, nos miramos amorosamente. Luego desapareció la visión.

Estaba triste por haberlos perdido de vista, pero al mismo tiempo me sentí muy feliz. Nunca había pensado en mis abortos como niños. Ahora sabía, sin lugar a dudas, que ellos no sólo existían, sino que estaban vivos -y no sólo vivos, sino que gozando de las alegrías del cielo- lo que constituía un regalo que no se comparaba con nada. Ya no era una asesina, era una mamá. Y el hecho de que algún día vería nuevamente a mis hijos -no por un momento o un día, sino por toda la eternidad- iba más allá de mi concepto humano de misericordia.

Les puse por nombres a mis hijos: Mariana, en honor a la Virgen María; Emmanuel, en honor a Jesús; y Rosie, por el Santo Rosario. Me alegré al saber que ellos me amaban y que, siendo tan puros y estando ante la misma presencia de Dios, me habían perdonado. ¿Cómo no lo habrían hecho? Y la conciencia de que ellos habían estado intercediendo por mí, su mamá, durante los últimos diez años de mi vida, me llenaron de una gratitud que me sobrepasaba. Ese fin de semana, los abortos que me había realizado se transformaron de ser manchas imperdonables en mi alma se convirtieron en errores humanos limpiados por la Cruz, la cual Jesús estaba usando para cubrirme con Su amor. Las Escrituras tenían razón: *"Sabemos, además, que Dios dispone todas las cosas para el bien de los que lo aman, de aquellos que él llamó según su designio". (Romanos 8, 28)*

Ya bastante entrada la noche, les escribí a mis hijos esta promesa: "Ya que no les di la oportunidad de vivir y caminar sobre esta tierra, haré todo lo que esté en mi poder para defender la vida. Seré la voz de aquellos que no tienen voz".

"Todavía estaba hablando, cuando llegaron unas personas de la casa del jefe de la sinagoga y le dijeron: «Tu hija ya murió; ¿para qué vas a seguir molestando al Maestro?». Pero Jesús, sin tener en cuenta esas palabras, dijo al jefe de la sinagoga: «No temas, basta que creas». Y sin permitir que nadie lo acompañara, excepto Pedro, Santiago y Juan, el hermano de Santiago, fue a casa del jefe de la sinagoga. Allí vio un gran alboroto, y gente que lloraba y gritaba. Al entrar, les dijo: «¿Por qué se alborotan y lloran? La niña no está muerta, sino que duerme». Y se burlaban de él. Pero Jesús hizo salir a todos, y tomando consigo al padre y a la madre de la niña, y a los que venían con él, entró donde ella estaba. La tomó de la mano y le dijo: «Talitá kum», que significa: «¡Niña, yo te lo ordeno, levántate!». En seguida la niña, que ya tenía doce años, se levantó y comenzó a caminar. Ellos, entonces, se llenaron de asombro".

Marcos 5, 35-42

Mientras manejaba a casa, regresando del retiro, recibí un mensaje de texto en mí teléfono. Era de Saúl. Ahora tenía veintisiete años y no había sabido nada de él desde hacía siete años. Hacía tiempo que había cambiado mi número de teléfono. "Hola ¿cómo has estado?", decía el texto. "Sentí la necesidad de saludarte y saber cómo te estaba yendo". Un sentimiento de rechazo, antiguo y familiar, me inundó, pero lo reconocí como un síntoma del síndrome post-aborto (3). Me preguntaba qué es lo que estaba tramando Dios, pero ya sabía cuál era la respuesta. Si Saúl no se hubiera puesto en contacto conmigo nunca lo hubiera buscado para contarle la verdad. la excusa que había usado durante tantos años era que no sabía nada sobre él, ni siquiera donde se encontraba, por lo que nunca se llegaría a enterar.

Pero mi excusa no estaba en los planes de Dios. Demasiado atemorizada como para hablar con Saúl, le envié un mensaje de texto y le pedí su dirección para enviarle una carta de gran importancia. Esa noche me senté a escribirle.

Querido Saúl,

Te estoy escribiendo para pedirte que me perdones, cosa que no merezco. Cuando me enviaste el mensaje de texto estaba regresando a casa saliendo de un retiro llamado "El Viñedo de Raquel", para personas que han experimentado abortos, en donde encontré una fuente de sanación interior y he experimentado el amor y la misericordia de Dios. Ahora debo decirte la verdad. Yo no aborté uno de nuestros hijos, aborté tres. Nuestro primer embarazo no terminó en una pérdida; te escondí un segundo

131

embarazo, el cuál también terminé. Es muy difícil para mí pedirte esto, pero quisiera que me perdones. Lamento mucho haberte arrebatado a tus hijos y tu derecho de ser papá.

Sinceramente,

Patricia

Tres o cuatro días después recibí un simple mensaje de texto: "Gracias por decirme la verdad. Espero que algún día yo pueda encontrar esa sanación que tú has encontrado. Cuídate". Sentí el dolor en las palabras de Saúl, y me fue muy difícil leerlas; pero al mismo tiempo sabía que, debido a mi participación en el retiro, la gracia también se había derramado hacia él. El momento en que me había llegado su primer mensaje de texto era demasiado improbable como para ser una coincidencia. Posiblemente nuestros hijos en el cielo también habían estado molestando a Dios para que les permitiera conocer a su papá.

Al día siguiente, aunque mi cuerpo estaba cansado hasta morir, me sentía viva en espíritu y decidí que era el momento de buscar a mi mamá. Ella no solamente me había urgido para que vaya al "Viñedo de Raquel", sino que cada año me había invitado a ir a la "Caminata por la Vida" ("Walk for Life", por su nombre en inglés) que se realizaba en la Costa Oeste, en San Francisco, donde se reunían anualmente cerca de cincuenta mil personas para escuchar pláticas y testimonios, mientras rezaban pacíficamente y marchaban para que se ponga fin al aborto. Ella decía que esa experiencia estaba llena de la gracia de Dios y que era maravillosa, pero nunca acepté su invitación debido a mi propia hipocresía. El retiro me dio el valor de decirle el "por qué", por lo que me senté con ella y le dije: "Mamá, necesito hablar contigo. Necesito que sepas que la primera vez que quedé embarazada no tuve una pérdida. La verdad es que he tenido tres abortos y que, el fin de semana pasado, finalmente asistí a un retiro del "Viñedo de Raquel"".

Mirándome sin ninguna expresión de sorpresa me respondió: "He estado esperando que me dijeras eso. El Señor me hizo saber de tus abortos tres años atrás, y esa es la razón por la que insistía tanto en que fueses a ese retiro". En honor a la verdad, cada una de nosotras sabía lo que la otra iba a decir. Era una conversación que ya habíamos tenido antes en un silencio incómodo, que cuando se convirtió en palabras, hizo que descendiera una paz sobre nosotras que casi se podía tocar. Lo que solo tres días antes parecía imposible, había salido de nuestros labios de manera muy natural, como si hubiéramos exhalado un respiro hondo.

Con excepción de mi mamá, todavía tenía en mente no contarle a nadie sobre el hecho de mis abortos. Mientras descendía de la experiencia transformadora de la montaña de mi retiro, la promesa que le había hecho a mis hijos se fue retirando hacia el mundo del secreto en una esquina oscura. Todavía quería defender la vida, pero sin revelar que yo había eliminado vidas. El mundo exterior no era como el "Viñedo de Raquel" y, en la parte más baja de la montaña, la visión tenía un rostro diferente. ¿Por qué había necesidad de compartir mi vergüenza secreta con un mundo que yo sentía, no iba a abrazar ni mi historia ni a mí?

"Si Dios está con nosotros, ¿quién estará contra nosotros? El que no escatimó a su propio Hijo, sino que lo entregó por todos nosotros, ¿no nos concederá con él toda clase de favores? ¿Quién podrá acusar a los elegidos de Dios? Dios es el que justifica. ¿Quién se atreverá a condenarlos? ¿Será acaso Jesucristo, el que murió, más aún, el que resucitó, y está a la derecha de Dios e intercede por nosotros? ¿Quién podrá entonces separarnos del amor de Cristo? ¿Las tribulaciones, las angustias, la persecución, el hambre, la desnudez, los peligros, la espada?"
Romanos 8, 31b-35

Datos: Hasta el caso histórico de Roe versus Wade en 1973, el aborto todavía era un crimen en la mayoría de los estados de Estados Unidos. Debido a que los hechos que rodean al aborto y a las leyes del aborto durante los primeros doscientos años de la historia de esta nación no son de conocimiento público, mucha gente no es consciente de que, durante casi todo el tiempo de la existencia de este país, eliminar la vida de un bebé en el vientre materno estaba prohibido.

De hecho, para aquellos que han crecido en la época posterior al fallo de Roe vs. Wade, que les han enseñado muy poco de historia y que escuchan la retórica de los pro-abortistas, lo opuesto parece ser verdadero. Para esos jóvenes, da la impresión que Estados Unidos había sido fundado y garantizado siempre la "libertad de elección" con respecto al aborto.

Sin embargo, hasta 1973, los niños antes de nacer estaban protegidos por la Ley Americana... A mediados del siglo diecinueve, la recién formada Asociación

Médica llevó a cabo la organización de las sociedades médicas y de doctores para apoyar las leyes en contra del aborto... Para 1910 todos los estados, con la excepción de Kentucky, habían pasado leyes anti abortos (y las cortes de Kentucky habían declarado que el aborto en cualquier etapa de la gestación era ilegal). Para 1967 las cosas no habían cambiado mucho. En cuarenta y nueve de los estados el aborto era un delito; en Nueva Jersey era un delito de gran importancia. Además, veintinueve estados habían prohibido la publicidad sobre el aborto, y muchos habían prohibido la fabricación o distribución de abortivos.

Sin embargo, en 1967 las leyes estatales comenzaron a cambiar, luego de años de campañas organizadas por las fuerzas pro-aborto. Luego, en 1973, la Corte Suprema proclamó el fallo de Roe vs. Wade. De un brochazo judicial, fueron consideradas nulas e inválidas cerca de doscientos años de protección legal para el no nacido. Por primera vez en la historia de América, el aborto se convirtió en "la ley de la tierra". Los extractos mencionados previamente han sido tomados del artículo de Brian Young: "La vida antes de Roe: Una breve investigación de la Ley del Aborto en los Estados Unidos antes de la decisión de 1973". (4)

Recibiendo Serenatas

E L "VIÑEDO DE RAQUEL NO SÓLO me salvó en una multitud de maneras, sino que renovó y reforzó mi Fe católica. Una de las semillas plantadas en mi corazón fue el deseo de -finalmente, a la edad de veintisiete años- recibir el Sacramento de la Confirmación. En vez de pasar por el largo proceso de preparación que se realiza en los Estados Unidos, pensé que si viajaba al pequeño poblado de mi papá, en Jalisco - México, donde el sacerdote de la parroquia conocía a todos en mi familia me podría confirmar rápidamente. Durante un festival que dura diez días y se realiza en enero, en honor a Santa María, la Patrona del pueblo, es ocasión para la realización del Sacramento de la Confirmación, del que participan muchísimas personas. Había sentido en mi corazón un deseo muy fuerte de casarme algún día en la Iglesia y, habiendo recibido el Sacramento de la Confirmación, ese anhelo podría cumplirse. Mi hermano también quería confirmarse por lo que el sacerdote nos envió libros sobre la Confirmación y los siete dones del Espíritu Santo, que recibiríamos por medio del Sacramento. Mientras más leía, mi alma rebosaba de emoción. Muy pronto sería ungida con algunos de los mismos dones que el Mesías, que Isaías había profetizado:

"Saldrá una rama del tronco de Jesé y un retoño brotará de sus raíces. Sobre él reposará el espíritu del Señor: espíritu de sabiduría y de inteligencia, espíritu de consejo y de fortaleza, espíritu de ciencia y de temor del Señor –y lo inspirará el temor del Señor–".
Isaías 11, 1-3a

Cuando llegó el momento de recibir el Sacramento, mi tío y su esposa -mis padrinos- estuvieron parados, orgullosamente, detrás mío en la pequeña Iglesia del pueblo, Santa María del Oro. Mientras el sacerdote pronunciaba las oraciones del Rito de Confirmación, concediéndonos -a mí y a mi hermano- los dones del Espíritu Santo, me sentí transfigurada, mirando al crucifijo de madera detrás del altar. Una lágrima de gratitud rodó, acariciando mi mejilla.

Esa noche, la fiesta de carnaval del pueblo estaba en su apogeo. Mi hermano y yo habíamos llegado a la mitad de esta celebración anual. Casi nadie trabajaba durante esos diez días y la música sonaba sin cesar, así como la bebida y una salvaje y estridente celebración que duraba hasta las siete u ocho de la mañana del día siguiente, que se contradecían con la oración y las actividades especiales que realizaba la Iglesia.

Para las siete de la noche, una banda muy estridente estaba tocando para los cientos de personas apiñadas en la plaza del pueblo. Cuatro hombres levantaron una estatua de Nuestra Señora de Guadalupe en la Iglesia y la pusieron en unas andas muy bien decoradas, para llevarla -majestuosamente- en medio de la multitud. Mientras ella pasaba, los habitantes del pueblo le arrojaban pétalos de flores y confeti en señal de respeto a la Madre del Cielo. Mientras estaba parada en medio de la multitud me di cuenta de un joven, a una corta distancia a mi derecha, uno de los tantos muchachos portando tequila en sus manos. "Ese muchacho es guapísimo", pensé. Mis amigas, que estaban que babeaban por él, estaban de acuerdo. Alto y escultural, con una gran tranquilidad y sentido de sí mismo, así como un pelo negro bien peinado, me hizo pensar en James Dean. Aunque no buscaba llamar la atención, era difícil ignorarlo. No lo intentaba y, realmente no lo necesitaba. Mientras admiraba sus ojos suaves y marrones, así como sus pestañas grandes y largas, repentinamente volteó hacia mí y sentí su mirada. Pero me forcé a mirar a otro lado con la esperanza de que no hubiese notado que lo había estado observando.

Cuando terminó la procesión, todas las chicas caminaron alrededor de la plaza, era parte de la tradición en el pueblo, mientras los hombres se quedaban al borde admirando a las chicas y arrojándoles pétalos de rosas y confeti. Mientras caminaba, con los brazos entrelazados con los de mis amigas, ese joven empezó a lanzar flores y confeti en dirección mía. Hice como que no lo había visto. Increíblemente tímida y nerviosa cuando me encontraba con gente del sexo opuesto, ni siquiera pude mirarle a los ojos o sonreírle. Sin inmutarse empezó a gritar: *"¡Bonita!" "¡Linda!" "¡Hermosa!" "¡Guapísima!"* y cualquier otro sinónimo que se le pudiera ocurrir. Sus amigos lo incitaban de manera divertida, pero su tono humorístico no podía ocultar su obvia sinceridad.

Era costumbre que, una vez que las chicas finalizaban el desfile alrededor de la plaza, todos -incluida la banda- se dirigían a una cena, fiesta, baile, auspiciada por mi primo, quien era dueño del local. Junto a la banda y la plataforma para el baile, había mesas para diez personas, decoradas con regalos y tequila, donde éramos atendidos por los alegres pobladores. Mientras caminábamos con mis amigas pude sentir la mirada del caballero, casi como si un fuego estuviera calentando el área en que mi cuerpo entraba en contacto con su mirada; pero continué actuando como si no me hubiera dado cuenta. Se sentó con sus compañeros, armados de tequila hasta los dientes, mientras que yo me senté -tres mesas más allá- con mis amigas. Mis amigas no cesaban de darme codazos para que me diera por enterada de su interés, pero me negué a hacer contacto visual, a pesar de que quería hacerlo. Compró para mi mesa una ronda de licor... y luego otra... y otra. Nos bebimos todas y cada una de ellas. Por el rabillo del ojo, lo vi levantar su vaso -en algún momento- y decir *"Salud"*. Finalmente, sus encantos me conquistaron. Miré hacia él y levanté mi vaso diciéndole *"Salud"*. En mi cuarto vasito de tequila los Siete dones del Espíritu Santo se fueron volando.

Quería bailar con él, pero mi intuición me decía que él era un poco orgulloso y que no se arriesgaría a pedírmelo sin estar seguro que yo le diría que sí. Asumiendo que él podría pensar que yo no me había dado cuenta -debido a mi comportamiento distante- decidí aceptar la invitación a bailar de otro muchacho, cuya camisa estaba desabotonada hasta la mitad, mostrando varias cadenas de oro que hacían juego con sus dientes. Comenzamos a bailar con dificultad pues él se acercó hasta mi pecho, y mi estrategia funcionó inmediatamente. En el momento en que me senté mi admirador caminó hacia mi mesa y, con el gesto de un caballero, extendió su mano para guiarme hacia la pista de baile. Mientras caminábamos juntos, los ritmos del mariachi de nuestro país natal, encendieron nuestro interés mutuo. Supe que su nombre era Julián y que venía de un pueblo cercano llamado Valle Juárez. Antes de que la jornada hubiera terminado ya me había pedido bailar con él una y otra vez mientras llenaba continuamente mis brazos con rosas.

A las tres de la mañana terminó la celebración en el salón, solo para dar inicio a otras actividades. Mientras todavía había gente regada en la plaza del pueblo, Julián caminó hacia la banda y dijo: "Voy a pagarles para que toquen para esa chica una hora o dos". En pocos segundos me encontré parada cerca de las escaleras de la Iglesia en la cual recién había sido confirmada, delante del hombre más guapo de la fiesta, que me estaba ofreciendo una serenata con una voz angelical bajo la luz de la luna y con una banda de mariachis detrás suyo.

Mis amigas se alocaron y mi hermano se mostraba desconcertado. Se inclinó hacia mi oído para decirme: "¡Ay mi Dios, este hombre está berreando!" Muy pronto me di cuenta que todos en el pueblo estaban despiertos y presenciando esta escena. Nunca me había sentido tan impresionada. Cuando terminaron las canciones, Julián y yo nos quedamos conversando hasta el amanecer. Cuando ya era imposible seguir despiertos me llevó a la casa de mi abuela y me preguntó si me podría invitar a almorzar al día siguiente, dado que esa tarde volvía a los Estados Unidos para regresar a trabajar. Luego manejó hacia su pueblo, sólo darse la vuelta y volver a mediodía.

Sobrio y a la luz del día, Julián era un manojo de nervios. Sus manos temblaban tanto durante el almuerzo que no podía comer bien. Pero su torpeza mostró su buen corazón y humildad, que me resultaron entrañables. Educadamente me pidió mi número de teléfono y comenzamos a comunicarnos vía telefónicamente. Mi deseo de estar con él estaba impulsado, más que nada, por mi visita para conocer a su familia durante los tres meses de esta etapa de cortejo. En el momento en que me presentó a sus diez hermanos y hermanas, quienes estaban corriendo por toda la casa, riendo y haciéndose bromas mutuamente, deseé ser parte de una familia a la cuál pudiese llamar mía.

Tomando una decisión dramática me mudé a ese pequeño pueblo de México, el Valle de Juárez en el estado de Jalisco, para vivir con Julián en una casa inmensa que había heredado de su padre. Sabía que estaba cometiendo un pecado mortal, pero pensé que muy rápidamente convertiría a Julián, lo puliría un poco y lo haría pensar como yo, para luego nos casarnos en la Iglesia.

Julián probó ser un verdadero caballero, con un sentido del humor muy divertido matizado con un toque de seriedad, lo cual me intrigaba. Me abría las puertas, me ayudaba a sacarme el abrigo. Si se daba cuenta que tenía problemas para abrir una botella, caminaba desde el otro lado de la habitación para ayudarme a abrirla. Si yo estaba sentada hablando con un grupo de chicas, caminaba hacia nosotras para preguntar si necesitábamos algo. Si tenía dolor de cabeza en la mitad de la noche y necesitaba un vaso con agua, no le incomodaba salir de un sueño profundo para caminar por el largo corredor hacia la cocina, ida y vuelta.

Una vez, cuando asistimos a una barbacoa con su familia y sus amigos, junto a un lago, algunas de las parejas empezaron a turnarse para subirse en una motoneta acuática con el hombre al timón. Cuando regresaban a la orilla tenían que vadear el lodo pantanoso mientras cosas desconocidas se les resbalaban por los tobillos. Cuando Julián y yo subimos a la motoneta, yo fui la única mujer lo suficientemente loca como para agarrar el timón y que manejó como una maniática, casi golpeando a Julián un par de veces mientras él luchaba por salvar su vida. Cuando llegamos a la orilla, estaba a punto de bajar cuando Julián me interrumpió y me dijo: "No, no, no. Déjame cargarte para que no te ensucies". Me cargó en sus brazos, llevándome segura sobre las aguas, para depositarme -gentilmente- sobre una piedra. Al estilo de un gran caballero procedió a sacar su pañuelo, me limpió y secó los pies, luego me puso las sandalias y las ajustó. Todas las mujeres miraron a sus enamorados y esposos y empezaron a darles de codazos.

Para los ojos de Julián yo era su princesa. Un día, al mirarme, empezó a llorar: "Nunca me dejes ", rogó. "Por favor, no me dejes nunca ".

"¿De qué estás hablando?" pregunté, dado que yo no tenía ninguna intención de terminar nuestra relación. Yo lo amaba realmente y quería casarme con él. Pero sólo había un problema. Julián no sabía quién había sido yo y tampoco quería saberlo. Los temas de mis antiguas relaciones o mi adicción a las drogas eran un tema tabú, así como mis debilidades, mis fallas, mis caídas -cualquier cosa de mi pasado que pudiera cambiar el estado de las cosas. No podía compartir con él todo lo que hubiera deseado. Pero yo era su cómplice en todo lo referido al tema de mis abortos. Julián nunca sabría sobre ellos -ni tampoco nadie en el futuro. En la cultura norteamericana el aborto es mencionado, algunas veces, de manera casual como un simple procedimiento, pero en México las cosas no eran así. Ahí, quien abortaba, era considerado como un anatema. La gente se refería abiertamente a quienes habían abortado como asesinos y te ponían una etiqueta, virtual, que decía: "¡Dios mío! ¡Esa mujer ha asesinado a su hijo!"

Mi alma deseaba la paz y la libertad de mi habitación en la casa de mi papá, mi pequeño refugio en este mundo en el cual podía mirar mi imagen del Sagrado Corazón y pasar un tiempo a solas con Jesús. Lo extrañaba muchísimo. Viajando frecuentemente a Norteamérica, podía escapar del vacío espiritual que estaba ahuecando mi corazón.

Cada vez que regresaba a México y ponía pies en la casa de Julián me sentía como un pez que había sido sacado del vasto océano y colocado en una pecera. Hubo un momento en especial que hizo evidente ese sentimiento. En las pequeñas poblaciones de México la mayoría de gente lava su ropa a mano. Yo hacía lo mismo, parada en el techo y colgando la ropa interior de Julián y sus medias en el cordel, al compás del mugido de las vacas y el cacareo de las gallinas. De repente mis brazos se cayeron a los lados. "¿Dónde estás Patricia?" me preguntaba, al tiempo que mi vista recorría el paisaje. "¿Y qué estás haciendo?" Estaba en el medio de la nada. Recordé que Dios tenía una misión para mí y, cualquiera que ella fuese, sabía que no la estaba cumpliendo.

Como para empeorar las cosas, empecé a tener sueños, cada vez con mayor frecuencia, de estar ofendiendo a Dios, hasta el punto en que me atormentaba tener relaciones íntimas. Con Julián tuvimos relaciones íntimas sólo unas tres o cuatro veces al año, a pesar de ello cada vez que lo hacíamos yo comenzaba a llorar. Una vez me preguntó: "¿Acaso soy una bestia?" Delante mío estaba este hombre guapísimo, de buen corazón, que me amaba, y que yo no quería tocar. Es en ese momento que Julián empezó a temer que yo me estuviera convirtiendo en una monja encubierta. Cuando me sentaba a mirar EWTN me gritaba: "¡Cambia de canal, cambia ese canal!"

Un mes después, durante una de mis excursiones a California, asistí a una Misa de Sanación en San Francisco con Sara y Jordan, su nuevo amigo. Cuando todo el mundo se levantó para recibir la Comunión yo fui la única que se quedó en la banca, incapaz de recibir el Cuerpo del Señor y su Preciosa Sangre. Mis labios estaban secos y mi alma se sentía muerta de hambre mientras rezaba: "Señor, perdóname por haberte traicionado y no ser digna de recibirte. Pero por favor quiero que sepas que te amo y que lo siento".

Segundos después Jordan se arrodilló junto a mí -en el pasillo- después de haber comulgado. Sin saber sobre mi relación con Julián me dijo en voz baja: "Jesús me habló y tiene un mensaje para ti. Te agradece por no haber recibido la Eucaristía pues hubiera sido un sacrilegio. Estás en lo correcto al no recibirla pues eso sería otro pecado mortal; pero lo que le complacería más y que le mostraría cuánto lo amas es que si no vivieses en pecado sexual y entonces pudieses recibirlo en Su Cuerpo y en Su Sangre". Ninguna persona le había dicho a Jordan que yo estaba viviendo en pecado mortal. Una cosa era que yo lo supiera y otra el darme cuenta que Jesús, el juez de mi alma, también lo supiera. Comencé a llorar. El miedo hacia Dios me cubrió y la conciencia me ardió horriblemente. Pensaba que amaba a Jesús con todo mi corazón y ahora me decían que si realmente lo amaba, debería estar luchando por mi alma.

Después de ello, más que nunca, sentí una urgencia que me atormentaba de casarme en la Iglesia Católica. Cuando regresé a Valle Juárez empujé a Julián a que entremos en una relación sacramental. Él accedió pasivamente sin el más mínimo entendimiento de por qué era importante. Él había comprometido su corazón y su vida para conmigo y para él eso era suficiente. Mientras tanto había comenzado a ser más hablador e irresponsable, quedándose hasta tarde con sus amigos y pasando su tiempo jugando póker, tomando tequila y fumando cigarros, mientras yo estaba sentada en mi cuarto, sola, acompañada por Cantos Gregorianos e incienso.

Buscando consuelo e iluminación cogí el *Diario de Santa Faustina Kowalska* y comencé a leerlo. Intrigada, aprendí que Jesús se había comenzado a aparecer y a hablar a esta pobre monja polaca en 1931, llamándole a ser Su apóstol de uno de Sus más grandes atributos: la misericordia.

Acurrucada entre las páginas del Diario de Faustina, me hice ajena al mundo que me rodeaba, incluyendo a Julián. Incluso comencé a soñar con viajar a Polonia, donde podría seguir los pasos de la santa. Quería ver las ciudades en las que había vivido, estar en todos los lugares en los que ella había estado. Mi corazón sintió un deseo tan fuerte sobre ello que corrí hacia la computadora para investigar sobre Cracovia, Polonia, y ver qué tan lejos estaba de donde me encontraba. "No tengo idea cómo, pero algún día voy a ir ahí" me dije. Me sentía convencida e inspirada por las palabras de Jesús a la santa:

> Jesús me dijo que el alma más santa y perfecta es aquella que hace la Voluntad del Padre... "Oh, si las almas quisieran escuchar Mi voz cuando les hablo en el fondo de sus corazones, en poco tiempo llegarían a la cumbre de la santidad". (Diario 584)

Deseaba la santidad y quería que Julián viniese conmigo. Cuando supe que Jesús había pedido que se instituyera el Domingo de la Divina Misericordia una semana después de la Pascua encontré mi esperanza. Estática, leí lo que Jesús le había dicho a Faustina:

> "Deseo que la Fiesta de la Misericordia sea refugio y amparo para todas las almas y, especialmente, para los pobres pecadores. Ese día están abiertas las entrañas de Mi misericordia. Derramo todo un mar de gracias sobre las almas que se acercan al manantial de Mi misericordia. El alma que se confiese y reciba la Santa Comunión obtendrá el perdón total de las culpas y de las penas. En ese día están abiertas todas las compuertas divinas a través de las cuales fluyen las gracias. Que ningún alma tema acercarse a Mí, aunque sus pecados sean como

escarlata. Mi misericordia es tan grande que en toda la eternidad no la penetrará ningún intelecto humano ni angélico".

(Diario 699)

Cuando llegó el Domingo de la Divina Misericordia le rogué a Julián que fuese a la Iglesia conmigo. Quería muchísimo que las gracias extraordinarias de ese día tocaran su alma. Soñaba en que ambos nos confesábamos y recibíamos juntos la Comunión. ¡Si hacíamos eso los pecados que hubiéramos cometido a lo largo de nuestra vida serían perdonados y todo castigo -inclusive el tiempo en el purgatorio- sería borrado en un sólo instante! ¿Qué regalo más grande que ése podríamos recibir? Pero cuando Julián se apareció dos minutos antes que la Misa terminara comencé a llorar. "No le importa... simplemente no le importa", me lamenté. Algunos días después se desquitó arrastrándome hasta el sacerdote de la parroquia para decirle: "¡Ayúdeme! ¡Mi mujer piensa que es Santa Faustina! ¿Podría decirle que no sea tan radical?"

A lo largo de todo México las campanas de la iglesia repican en los pueblos anunciando el minuto treinta, los minutos quince y luego un minuto antes del inicio de la Misa. Una mañana, algunos días después, cuando sonaron las primeras campanas -a las cinco de la mañana- una tormenta muy violenta azotó el Valle de Juárez. Mientras estaba acostada en la cama, los sonidos de los truenos y las campanas entraron en mí como un último sueño de advertencia:

Vendrán tres días de oscuridad sobre el Valle de Juárez, y la Segunda Venida de Jesús es inminente. Mientras los truenos sonaban más y más fuertes y las campanas repicaban con mayor insistencia, vi una cruz de luz con la silueta de Jesús detrás de ella, viniendo desde el Cielo, mientras que la voz de Dios me decía con gran poder: "Habrán tres días de oscuridad; luego Mi Hijo Jesús vendrá nuevamente. Y cuando llegué sobre este pueblo mi Ira caerá sobre los pecadores que no estén arrepentidos, y las campanas de la iglesia sonarán en sus oídos, recordándoles todas las veces que los llamé para ir a Misa, pero escogieron ignorarla y, en vez de eso, pasaron el día como si no tuviera importancia".

Me desperté. "Yo soy uno de ellos. No estoy recibiendo a Jesús en la Eucaristía". Y me estremecí con gran temor de Dios.

"¿Ignoran que los injustos no heredarán el Reino de Dios? No se hagan ilusiones: ni los inmorales, ni los idólatras, ni los adúlteros, ni los afeminados, ni los pervertidos, ni los ladrones, ni los avaros, ni los bebedores, ni

los difamadores, ni los usurpadores heredarán el Reino de
Dios".

1 Corintios 6, 9-10

———◄·❮❉❯·►———

En los días siguientes me quedé pensando en "¿cómo voy a salir de
esto? Necesitaba cortar los lazos antes que me hundiesen más". Pero
carecía de la fortaleza para dejarlo. La valentía que necesitaba me llegaría,
finalmente, de una manera inesperada y de una fuente imprevista... mi
abuela Consuelo.

Cuando me mudé a México para vivir con Julián me hice el
compromiso de visitar a mi abuela una vez a la semana en Guadalajara,
más como una obligación pues para ese momento ella ya tenía ochenta y
tres años. Esta era la misma abuela que había enviado, huyendo, a mi mamá
a través de la frontera México-Americana. Creciendo como una niña muy
sensible, encontré que era bastante ruda, tenía un corazón muy duro, su
manera de ser era bastante despiadada, y sus palabras demasiado
chocantes. Ella no era la Tía Jemina y nunca habíamos sido cercanas; pero
mi sentido del deber muy pronto se convirtió en cariño y fascinación por
la abuela Consuelo y las historias que me contaba sobre los *Cristeros*.

Acurrucada en un sillón al frente suyo, mientras ella tejía a crochet en
su sillón reclinable favorito de la sala, escuchaba atentamente mientras
describía los detalles más intrincados de su experiencia durante la guerra
de los Cristeros. La abuela sólo tenía dos años cuando comenzó la guerra,
el 1ro de enero de 1927 en que el Gobierno Mexicano dirigió un ataque
directo contra la Iglesia Católica, forzando el cierre de todas las iglesias a
lo largo de todo México. Miles de fieles salieron a defender su libertad
religiosa a costa de sus propias vidas. El recuento de las historias de la
Abuela era extraordinario y ella no quería que se quedasen en el olvido.

En el pueblo de la abuela, Tahul, en el estado de Zacatecas, había un
hombre llamado Pedro Sandoval quien comenzó una facción Cristera, y
quien pronto vendría a ser su mano derecha fue su padre -mi bisabuelo-

Medardo Lamas Correa. Un día montó en su caballo y dijo: "Soy un Cristero" y se fue cabalgando.

Al comienzo el papá de Consuelo venía frecuentemente a la casa para ver a su esposa y a sus ocho hijos. Todos los Cristeros del pueblo se reunían para beber en el patio posterior de la casa de mi bisabuela, María del Refugio. Con dos años de edad, a Consuelo no le estaba permitido estar ahí, pero la curiosidad ganó lo mejor de ella y, durante varias noches, miraba beber a los hombres y mujeres a través de una pequeña ventana. El espectáculo que siempre la llevaba a espiar a través de la pequeña ventana era la amante de Pedro Sandoval, Laura, a quién le encantaba lucirse delante de los hombres. Una y otra vez, Laura agarraba una botella vacía de tequila, se montaba en el caballo de Pedro, sacaba su pistola y lanzaba la botella dando vueltas en el aire mientras le disparaba haciéndola trizas y gritaba al mejor estilo mexicano: *"¡Ayayayayay!"* Consuelo la admiraba muchísimo por eso.

La pequeña Consuelo estaba encerrada en la casa y no se le permitía jugar en Tahul, donde la sangre, roja oscura, manchaba las calles y había cadáveres en el suelo. El lugar donde Consuelo jugaba era el campo, donde pasaba la mayor parte de su tiempo saltando sobre las piedras, protegida del caos y de la carnicería que se producía muy cerca.

Con el tiempo, Consuelo vio a su padre con menor frecuencia porque él tenía miedo de regresar a casa, ya que los oficiales del Gobierno -que peleaban contra los Cristeros- podían seguirlo y matar a toda su familia. Un día en que Consuelo, que en ese momento ya tenía tres años, estaba parada sobre un banco de madera que le permitía alcanzar su plato de sopa y agarrar un poco de comida con sus manos, vio que su padre se escabulló dentro de la casa para visitarlos. Los oficiales del Gobierno lo habían seguido y empezaron a disparar hacia la casa. Todos en la familia corrieron hacia las colinas, pero se olvidaron de Consuelo -parada en su pequeña banca y con plato de sopa. Mi bisabuela María, salió disparada hacia la casa en medio de las balas, agarró a su pequeña niña y corrió hacia las colinas, cargando a Consuelo sobre su cadera. La abuela recordaba escuchar lo que sería un incontable número de balas que pasaban cerca de ellas y ver a su padre subirse a su caballo y salir a todo galope.

A pesar de todo ese reguero de sangre, mi bisabuelo Medardo era un hombre pacífico, conocido por su rectitud y misericordia. La canción de su corazón era el grito de los Cristeros: *"¡Viva Cristo Rey!"*, la cual salía de sus labios, especialmente cuando eran torturados y justo antes de ser ejecutados. Cristo era el Señor de Medardo y él lo defendería con su vida y lo seguiría hasta su muerte. Mi tía, la Hermana Olga, conoció una vez a un hombre de Tahul quién le dijo: "Conocí a Medardo Lamas Correa. Para mí, ese hombre fue un santo. Nunca olvidaré el día en que los Cristeros habían capturado a un oficial del Gobierno y le apuntaron con sus armas para dispararle. Pero Medardo estaba ahí, y siendo el segundo en comando, les dijo a los Cristeros que bajaran sus armas y no asesinaran a ese hombre. Desde ese momento los Cristeros lo tuvieron en gran estima. Medardo habló acerca de la justicia. Todo lo que él quería era justicia para la Iglesia. Incluso los oficiales de Gobierno lo respetaban porque en su corazón no existía el odio".

Un día, cuando la abuela tenía cuatro años, Medardo intentó escabullirse nuevamente en la casa para visitar a su esposa y a sus hijos. Mientras su esposa estaba cocinando escuchó un ruido en la entrada. Caminó hacia el frente de la casa y al abrir la puerta vio decapitado a su esposo en la entrada.

Furiosa y triste porque el caballo de su esposo también había desaparecido, María cogió una pistola y caminó hacia el oficial del gobierno que había robado al animal y apuntándole le dijo: "No sólo has asesinado a mi esposo, sino que también robas nuestro caballo. *"¡Esto es una burla!"*. El hombre no dijo una sola palabra, desató la cuerda del árbol que sostenía al caballo, lo montó y se fue a su casa.

Todos sus hijos habían sido valientes, a su manera, tal como su padre. Ahora ellos eran los objetivos primordiales para el Gobierno. Trataron de salvar sus vidas ocultándose en la casa de uno de sus tíos, que era alcohólico, y dado que era el doctor del pueblo, los oficiales del gobierno nunca matarían al doctor o buscarían en su casa. Eventualmente, uno tras otro -seis de los siete hijos de María- fueron capturados y asesinados. El último en morir fue mi tío abuelo Rubén, quien fue a buscar al doctor y lo encontró borracho en el bar. Mientras Rubén trataba de llevarlo a rastras hacia su casa un oficial lo vio y le dijo: "¡Hey, tú eres hijo de Medardo Lamas!" Lo acribilló a balas ahí mismo, en el bar. Tenía dieciocho años y estaba a punto de casarse.

Había otra área de la casa familiar a la que mi abuela Consuelo no le estaba permitido entrar. Era una habitación pequeña en la que María entraba sola. Pero un día, buscando algo, la pequeña Consuelo entró y vio colgadas en toda la habitación las ropas de su papá, cubiertas de sangre, junto con los trajes -también manchados- de sus familiares. Ahora sabía por qué su madre entraba ahí sola y lloraba durante horas. Cuando María enterró a su último hijo asesinado estaba como adormecida. Se había quedado sin lágrimas para derramar.

Mientras la abuela Consuelo estaba sentada al otro lado de la habitación -durante la última visita que le hice- me di cuenta que algo se revolvía en su memoria. Respiró hondo e hizo una pausa. Luego miró hacia arriba, miró a través de la ventana de la cocina y dijo: "No entiendo por qué mi hermano y yo sobrevivimos". Luego su expresión cambió y un sentimiento de poder y orgullo comenzó a brillar en sus ojos. Volteando su cabeza me miró directamente y dijo con una gran convicción: "Patricia, el martirio está en tu linaje".

En el momento en que escuché esas palabras sentí como si un tsunami interno revolviera mi sangre. La valentía corrió por mis venas, como impulsos eléctricos que disparaban fuegos artificiales en mi cabeza, y mi corazón latió con más vigor. Mi sentido de mi misma se transformó de ser una niña con los hombros caídos hacia adelante como signo de vergüenza, para convertirse en el de una mujer de gran dignidad, parada erguida con la cabeza bien en alto y sus hombros orgullosos. Ser descendiente de alguien que había dado su vida por Cristo era un regalo que significaba todo para mí. Con un linaje de tal compromiso en lo que se creía, se dio un despertar poderoso en mí haciéndome más fuerte en mi fe y me imaginé a mi bisabuelo y a todos mis tíos abuelos rezando por mí desde el Cielo.

A lo que estaba llamada no era nada pequeño. ¡Venía de la semilla de un mártir! Y todos esos parientes estaban conmigo... todos ellos. Mi corazón se agrandó. Por primera en mucho tiempo me sentí como alguien muy especial.

"No hay amor más grande que dar la vida por los amigos".
Juan 15, 13

Datos: La persecución religiosa que catapultó la Guerra Cristera en México comenzó el 14 de junio de 1926, cuando el presidente Plutarco Calles, un ferviente anti-católico, ateo y masón practicante (1) promulgó una legislación anticlerical. Para el momento en que terminó la guerra -en 1929- habían muerto cerca de noventa mil personas, contando entre los dos bandos.

En el año 2012 se estrenó una película sobre la Guerra de los cristeros titulada "La Cristiada" ("For Greater Glory" por su nombre en inglés). Hasta entonces muchos mexicanos no sabían nada de esta guerra del pasado en México pues había sido borrada de los libros de historia. (2)

Regresando a Casa

Llegué a entender que el Señor recuerda la sangre de los mártires en el linaje familiar. No era coincidencia que la nieta de Medardo Lamas, mi mamá, hubiese regresado a la Iglesia Católica y otra de sus nietas, mi tía Olga, hubiese llegado ser Superiora de la Congregación de las Hermanas del Sagrado Corazón de Jesús. La Hermana Olga había sido llamada a Roma para representar a los 25 Mártires Cristeros que fueron declarados santos por el Papa Juan Pablo II el 21 de mayo del año 2000. En la Misa de Canonización, ella llevó el pan y el vino que luego sería consagrado por las manos del Papa.

La Gracia también había tocado mi vida desde el comienzo. El Señor me había visitado en mi habitación cuando era una bebé. Me habló cuando era una niña a través de las estrellas fugaces. Se aseguró que no me faltara ropa y comida cuando mi madre me botó de la casa y mi papá lo permitió; Él estaba conmigo cuando yo misma me abandoné y consumí drogas en las calles. El Señor evitó que las balas entraran en mi cuerpo y que fuese a prisión. Él me rescató a través de una mujer cristiana llamada Bonnie. Él me visitó como el Niño Jesús de Atocha. Él salvó a mi madre, y al mismo tiempo la ayudó a que me salvara. Me dio visiones y revelaciones para guiarme en mis pasos. Me protegió del miedo cada vez que el demonio me atacó. Me llevó hacia su Madre y derramó un bálsamo sanador sobre mis pecados más oscuros y secretos. Eliminó mi adicción a las drogas y me protegió de los efectos devastadores de las anfetaminas sin haber tenido que ir a un psicólogo o psiquiatra, o haber tomado medicamentos -Él sabía que no hubiera tenido cómo pagarlos. En vez de eso me dio las mejores y más baratas terapias que podría haber encontrado: La Eucaristía y la Confesión. Debido a mis propias acciones hacía bastante tiempo que debía haberme ido de este mundo, pero por Su gracia había sido preservada para una misión.

Sin embargo, a pesar de todo lo que Dios había hecho por mí, yo seguía caminando por la senda egoísta que había decidido tomar, poniendo mis deseos por encima de los Suyos. En vez de honrar el legado de virtud heroica de mis ancestros, estaba dejando mi propio legado, torcido por las malas decisiones que había tomado. La herida en mi corazón proveniente de una familia rota, me había impulsado a -prácticamente- forzar la mano de Dios para que me diese una familia propia. Pero todo lo que había conseguido era una vida solitaria en un rancho rodeada por una gran cantidad de gallinas mexicanas. Profundamente confundida pensé: "Si mi bisabuelo tuvo la valentía de arriesgar todo -su matrimonio, sus hijos y su vida- defendiendo su fe hasta la muerte, ¿qué estoy haciendo yo? No estoy defendiendo nada; ni siquiera estoy defendiendo la Presencia Real en la Eucaristía, pues ni siquiera soy digna de recibirlo".

Escapé a los Estados Unidos para postergar la tormenta que se vendría por el cambio, mientras mi deseo impetuoso de servir al Señor se enfrentaba a un reto. Dios estaba tan ansioso que Su llamado estaba a punto de explotar dentro de mí, cuando recibí una llamada de Valerie, la organizadora de mi retiro en el "Viñedo de Raquel": "¿Estarías dispuesta a dirigir un retiro del "Viñedo de Raquel" en español?" Antes de que yo pudiera responder, agregó: "Para ayudar a promoverlo ¿podrías dar tu testimonio de sanación post-aborto en la Catedral de la Luz de Cristo en Oakland a un grupo de ministros laicos, sacerdotes y el obispo?"

"¡Oh no!" pensé. Predicar en un retiro privado era una cosa, pero compartir de manera pública detalles de mi pecado y en español -nada menos que a sacerdotes y un obispo- sería como si una pesadilla se volviese realidad. "Siento que mi llamado es a evangelizar a jóvenes que están en drogas", le dije a Valerie, quien entonces me sugirió que nos veamos. Colgando el teléfono me pregunté cómo había perdido la oportunidad de decir que no en ese momento.

Durante el almuerzo Valerie me explicó que no sería capaz de conseguir lanzar el retiro en español sin un testimonio público y cómo yo era la persona indicada para hacerlo. La miré como uno de esos venados que son sorprendidos por las luces de los autos -y uno que ha perdido el apetito completamente. "No quiero hacerlo" le dije con toda honestidad. Me acordé de haber escuchado a un predicador pro-vida, hacía algunos años, hablar sobre el aborto y la importancia de defender la vida. "Gracias a Dios hay gente dispuesta a hablar sobre esto", pensé, "porque yo no. Ese no es mi llamado".

"No solamente yo rezaré por ti", afirmó Valerie, "sino que todos en el ministerio rezarán por ti".

"No me está dejando una salida". Sintiéndome desmoralizada y acorralada, pensé en los hombres y mujeres de la comunidad hispana que estaban atrapados en ese secreto vergonzoso. "Okey, Okey" cedí, "pero ésta es la primera y la última vez que lo haré".

Para prepararme, llamé a Julián y le mentí. Le dije que iba a dar una conferencia en California sobre la adicción a las drogas. Pero incluso esto lo enfadó mucho. Dar mi testimonio, dijo, también lo envolvía a él, avergonzándolo.

En los días posteriores a nuestro encuentro, Valerie y yo nos reunimos varias veces a cenar, mientras trabajábamos escribiendo mi testimonio. Una tarde, mientras revisábamos mi historia, le dije de manera repentina: "Trabajé para Planned Parenthood. ¿Eso ayudaría en mi testimonio?"

Me miró estupefacta. "¡Sí! ¡Por supuesto!" Tan pronto como dijo eso, cada recuerdo, cada detalle de mi estadía ahí, empezó a inundarme. Incluso cuando estuve en el retiro del "Viñedo de Raquel" los bebés muertos que pasaron a través de mis manos nunca se me habían cruzado por la cabeza. Por cerca de diez años ninguno de esos recuerdos había aflorado. Ahora, me preguntaba, cómo es que los había olvidado.

Regresé a casa y escribí toda mi historia. Haber vivido mi vida instante a instante resultaba ser muy diferente de lo que se veía como "un todo" en el papel. "¡Dios mío!" jadeé. "Esta pobre chica fue al infierno y regresó". Mi vida mostraba una imagen horrible y no podía imaginarme compartiendo toda esta carga de pecado en una sola entrega. No solo había asesinado a mis propios hijos, sino también a otros niños. Un ladrillo muy pesado de mortificación me sobrevino aplastándome.

Caminando hacia el salón en la Catedral de la Luz de Cristo y viendo a un grupo de gente esperando escuchar mi testimonio, fue una experiencia aterradora, como salirme de mi propio cuerpo. No sabía si tenía la suficiente fortaleza mental para hablar sin desmayarme. El Obispo de Oakland se levantó para presentar el evento y luego se fue. "Te agradezco Señor por tus pequeños detalles", murmuré. Cuando me levanté para hablar, el poder de las oraciones de intercesión de la gente cayó sobre mí como un manto de protección. En mi corazón sentí que el Espíritu Santo me estaba dando la fortaleza y su gracia para que no fuera yo quien pronunciara mis propias palabras... y las siguientes. "No te quiebres", me dije: Una palabra a la vez. Estás haciendo esto por Tú Señor en reparación por todas tus faltas".

Mirando a la multitud, vi que todos, especialmente los sacerdotes, estaban llorando. Cuando terminó el evento, cada una de las personas que estaban en el salón querían que hablara en su parroquia o su grupo de oración. Me fue muy difícil negarme. Muy pronto mi historia apareció en un boletín y se esparció a través del Internet.

Un momento. ¿No se suponía que todo terminaría ahí?

"Después de comer, Jesús dijo a Simón Pedro: «Simón, hijo de Juan, ¿me amas más que estos?». Él le respondió: «Sí, Señor, tú sabes que te quiero». Jesús le dijo: «Apacienta mis corderos»".

Juan 21, 15

——◆◆◆◆◆◆——

Extendí mi estadía en California para poder dar mi testimonio algunas veces más antes de regresar a México. Cuando regresé -finalmente- le dije a Julián: "Regreso a casa".

Intuyendo algo más en mis palabras, Julián me preguntó: "¿Regresarás acá?"

Dudé en decirle la verdad, por lo que fingí un -nada convincente- "no lo sé".

Sabía que estaba profundamente herido. Aunque siempre había sido cariñoso y dulce conmigo, sabía que me había fallado y se sentía avergonzado por ello. Sin embargo, emergió su orgullo, enterrando las tiernas emociones que amenazaban con envolverlo. Abruptamente, estoico y machista, dijo con una confianza bastante fingida: "Está bien, no hay problema".

Mi corazón se hundió mientras me daba cuenta la manera en que le estaba infligiendo dolor. Él me había amado y con mi respuesta lo estaba hiriendo profundamente -y avergonzando- no sólo delante de su familia y sus amigos, sino delante de todo el pueblo y más allá. Las mujeres en México muy raramente dejan a sus hombres y en los pueblos pequeños los chismes corren a la velocidad de la luz.

Sin embargo, al comenzar a empacar me invadió un sentimiento de alivio que animó mi corazón. ¡Tendría la oportunidad de comenzar de nuevo y estaría en casa con mi papá, en mi antigua habitación, con mi Jesús! ¡Pero lo que era más importante para mí era que podría volver a confesarme e ir a Misa todos los días, con la libertad de ser yo misma!

Julián era un buen hombre y lo extrañaría; pero, en realidad, lo que había estado extrañando era a mí misma.

La noche antes de dejar México sonó el teléfono. Era mi hermana llamándome desde los Estados Unidos para advertirme amigablemente. "Patricia", dijo, "si yo fuera tú no iría donde papá".

"¿Qué? exclamé. "¿Por qué no?"

Resulta que la esposa de mi papá, Elvira, le había dicho a mi hermana: "No quiero que regrese aquí y si regresa su padre y yo vamos a tener problemas".

Mi corazón se inundó de dolor y se me hizo muy difícil la respiración. "¿Por qué está sucediendo esto?" me pregunté a mi misma y también a Dios. "Siempre he sido buena con ella". Sin embargo, de alguna manera la entendía. Elvira me había animado repetidamente en mi relación con Julián y había asumido que me había ido por completo. Sabiendo que yo seguía siendo la pequeña princesa de mi papá, jamás le hubiera sugerido directamente que no fuese a casa a estar con ellos. Sin duda había compartido su queja con mi hermana con la esperanza que ella me la hiciera saber. Sus deseos se habían vuelto realidad y eso me dolía. Yo me había sentido segura con mi papá en el santuario de mi habitación, y aunque Elvira nunca escondió su disgusto para conmigo -excepto delante de mi papá- por lo menos tenía un lugar donde vivir. Pero ahora mi casa había desaparecido. Mi mamá estaba viviendo muy lejos, en Guadalajara; mi hermano con su enamorada y mi hermana con su familia; y ninguno tenía espacio para mí. No tenía dinero, ni trabajo, ni seguridad, y tampoco un camino claro de hacia donde se dirigía mi futuro.

En estado de pánico llamé a una amiga, quién me dijo podía estar con ella por un mes. Después de eso, providencialmente, uno de mis primos se mudó de la casa que Marcelo y yo habíamos comprado y pude irme a vivir ahí. Ni bien me había mudado ahí cuando recibí una llamada de Julián, quien se aventuró a preguntarme nuevamente: "¿Vas a regresar?" esta vez le dije la verdad dolorosa.

No volví a escuchar de Julián sino hasta después de dos años. A pesar de haber sido yo quien había terminado la relación, en una visión distorsionada de mí misma, me sentí como alguien desechable y quería que me llamara. Así, los temas del abandono y el rechazo permanecieron conmigo, como unos compañeros permanentes y no deseados. En los dos años siguientes, aunque mi papá vivía muy cerca de mi casa, tampoco escuché nada de él. Ni bien aterrizó mi avión él sabía que había regresado de México, pero nunca hizo el intento de saber por qué no había ido a vivir con él; y temiendo su rechazo, nunca tuve el valor de decírselo.

En mis treinta años de vida nunca había confrontado a mi padre en nada. La evasión, la negación y el silencio pasivo-agresivo que sospechaba vendría a continuación, eran más de lo que mi espíritu podía soportar. No me atreví a quejarme cuando supe que Elvira había puesto todas mis cosas en bolsas de basura y las había arrojado. Me mantuve en silencio cuando supe de los rumores y los chismes que Elvira propagaba por el pueblo manchando mi nombre. Después de muchos días de preguntarme por qué mi papá no hacía nada sobre su comportamiento -finalmente- me quebré.

Atrapada en un sentimiento creciente de resentimiento e ira, cogí el teléfono y le dije a Elvira lo que pensaba. Ella me colgó el teléfono. Furiosa y enojada llamé inmediatamente a mi papá y le dije que debería decirle a su esposa que se callara la boca con respecto a mí. Mi papá defendió a su esposa diciendo que quienquiera que hubiese compartido las supuestas palabras de Elvira no debería prestarles atención y que yo debería de dejar de propagar mentiras. *Clic.* Él también me cortó.

Durante las semanas siguientes me enfurruñé en un baño de vapor caliente de autocompasión. No podía entender que este hombre que me estaba apartando fuera mi propio padre. "¿Cómo me puede hacer esto -de nuevo- especialmente después de que hemos sido los mejores amigos?" Este mayor alejamiento de mi papá me envió a un estado de depresión y mi dolor se transformó en un estado de disgusto hacia mí mientras proyectaba su rechazo hacia mí misma. Cada mañana papá pasaba manejando delante de mi casa cuando se dirigía a su trabajo... y lo mismo todas las tardes cuando regresaba a su casa. Con el transcurrir de los meses mi cólera se fue transformando en un resentimiento amargo, donde no había una salida posible.

Ya habían pasado dos Días del Padre y dos cumpleaños seguidos en los que lo había llamado para desearle un feliz día, preguntándole si mi hermano y yo podríamos invitarlo a cenar. Su respuesta fue negativa pues dijo que no tenía tiempo. Mi hermano, que estaba trabajando en el negocio de construcción de mi papá, no podía entender por qué rechazaba nuestras invitaciones. Yo no podía aceptar que mi papá me hubiera apartado completamente de su vida. En un último intento de reconciliación, mi hermano y yo planeamos un encuentro familiar en un restaurante lujoso en Tiburón, desde el cual se veía las luces brillantes de la Bahía de San Francisco. Iba a ser un momento de remembranza de las épocas en que mi papá y yo éramos inseparables, en el que uno de nuestros pasatiempos favoritos era probar la comida de diferentes restaurantes y otras culturas. Yo tenía un poco de dinero que había ganado haciendo trabajos de maquillaje por mi cuenta, y no podía imaginarme una mejor manera de gastarlo. Planeándolo durante varias semanas, mi hermano y yo invitamos a sus padrinos y a sus hijos y nos dispusimos a celebrar con gran estilo. Una hora antes de la reservación hecha en el restaurante mi papá llamó para decir: "ya cené". Esa noche celebramos el Día del Padre sin nuestro papá.

Algunos meses después vería a mi papá por primera vez después de dos años. Mientras caminaba hacia el banco y estaba a punto de cruzar la calle por el medio, pensé: "No, lo voy a hacer de la manera adecuada. Usaré el cruce peatonal". Esperé en la esquina a que la luz se pusiera verde y, justo cuando cambió, el auto de mi papá se detuvo delante mío. Mientras cruzaba la calle lo único que hicimos los dos fue levantar una mano. Sentí como si estuviera saludando a un conocido del que estaba muy alejada, cuando en realidad le estaba dando un adiós muy doloroso a mi querido papá.

> "Si se enojan, no se dejen arrastrar al pecado ni permitan que la noche los sorprenda enojados, dando así ocasión al demonio".
> Efesios 4, 26-27

━━◆◇✕◇✕◇◆━━

Intentando vanamente llenar el vacío en mi corazón, dejé de cuidar cuánto comía o cuánto vino estaba bebiendo. Por negligencia subí mucho de peso, lo cual solo sirvió para alimentar mi mórbida auto percepción. Mis peores miedos se hicieron realidad: Estaba gorda, había sido rechazada y estaba quebrada - bien quebrada.

Necesitaba ganar dinero para vivir y, con la visión distorsionada de mi imagen física, permití que fuera mi obsesión la que escogiera mi siguiente trabajo: asistente médico en un consultorio de cirugía plástica. Había la posibilidad de obtener una liposucción gratis en uno de mis muslos. El espejo se convirtió en mi peor enemigo y me aferré a la idea de que si arreglaba mi físico, sería feliz en mi interior.

Un mes después de haber comenzado a trabajar llegó a la consulta una mujer casada con tres hijos con el fin de que le hiciesen unos implantes de seno, liposucción y un ajuste de estómago. Luego de reunirse con el doctor, se dirigió hacia la recepcionista, programó la cirugía y pagó siete mil dólares en efectivo por los procedimientos que habría de recibir. Su entusiasmo era palpable. Sin embargo, una semana antes de la fecha de su operación llamó a la recepcionista para decirle que estaba emocionada pues había descubierto que estaba embarazada y le preguntaba si podía posponer la cirugía.

Después de decirle a la paciente que la llamaría luego, la recepcionista proclamó la noticia a toda voz por la oficina. Sonreí de alegría por la mujer, pero la recepcionista hizo un comentario sarcástico acerca de su embarazo y el resto del personal se rió. El doctor se puso furioso y gritó: "¡No hay nada divertido en esto; la había programado para todo el día y es un montón de dinero el que estoy perdiendo!"

La recepcionista le devolvió la llamada para decirle que el doctor no sólo iba a perder tiempo y dinero, sino que además estaba muy molesto. La mujer entró en estado de pánico. "Dígale al doctor que todo va a estar bien. Dígale que estoy realmente emocionada por mis implantes de seno y no quiero que nada interfiera con eso. Realmente quiero respetar su tiempo, por lo que terminaré mi embarazo antes de la fecha programada para la cirugía".

La recepcionista colgó el teléfono y gritó: "¡Doctor, no hay nada de que preocuparse! Va a abortar". El personal comenzó a cuchichear y el doctor se tranquilizó. Mi estado de ánimo empezó a moverse entre el horror y la impotencia. Mi trabajo consistía en preparar los paquetes de los quince a veinticinco instrumentos quirúrgicos que se usaban en los procedimientos. En ese momento supe que ya no podía seguir haciéndolo. Entonces renuncié.

No tenía idea del alto precio que pagaría por mi resolución de proteger la vida. Normalmente, conseguía los trabajos relativamente rápido, pero luego de haber enviado mi currículum repetidamente sin haber recibido respuesta alguna, entré en un espiral de desesperanza. Fue en ese entonces cuando llegaron las llamas abrazadoras de la purificación divina.

No tener trabajo significaba no tener dinero para comprar joyas, accesorios, maquillaje o ropa de moda que pudiera ocultar mi gordura. No me atrevía a permitir que nadie me viera. No podía soportar que algún miembro de mi familia preguntase: "¿Qué estás haciendo?" En la clausura de mi casa, el espejo me devolvía un reflejo de una pintura sórdida de lepra social. Las pocas veces que salí para ir a Misa, recé para pasar desapercibida. Antes, cuando tenía medios económicos, mi dinero desaparecía en las tiendas de departamentos. Antes, cuando podía pagar ropa de diseñadores, aspiraba a lucir como las bellas modelos y actrices.

Antes, cuando estaba esbelta y estilizada, las miradas de los hombres se dirigían hacia mí. Pero ahora, con treintaiún años nadie parecía notar mi existencia. Todos los cumplidos se acallaron.

No tenía idea de cuán enferma estaba. Hay un nombre para ello: trastorno dismórfico corporal. Quienes lo padecen tienen una visión distorsionada de cómo se ven y pasan mucho tiempo preocupados por su apariencia. Por décadas, el bombardeo de imágenes a través de Internet, la televisión y las revistas de moda, habían alimentado mi mórbida preocupación por mi apariencia. Cuando me llegó la pobreza de manera repentina y se llevó todo, me vi forzada a parar ese juego de compararme. Me tenía que ver de una manera diferente... pero mis ojos necesitaron un tiempo muy largo para reajustarse. Había días en los que difícilmente podía soportarme a mí misma. Para recoger el correo, corría rápidamente hacia afuera y regresaba aún más rápido para evitar que algún vecino me pudiera ver.

Mi fachada se caía a pedazos. No quedaba nada capaz de soportar la pared superficial que había levantada a lo largo de los años con el fin de mantener mi autoestima, una pared tan gruesa que ni siquiera Dios podía traspasar para llegar a mi herida más profunda: sentirme indigna. Una vez que desapareció todo lo artificial tuve que enfrentarme cara a cara con mi propio yo. Pensaba que no tenía nada que mostrar de mí misma que no fuera fealdad y fracaso. Sin embargo, de todos mis sufrimientos, el más doloroso era el hecho de que mi papá viviera a dos cuadras de mi casa y que nunca me hubiera llamado o visitado. Con frecuencia se aparecía en mis sueños -durante la noche- alimentando mi sentimiento de abandono. Aunque nunca tuve pensamientos suicidas, había momentos en que simplemente quería morirme.

Estoy acostada en la cama de mis papás mirando la televisión. Papá me está llamando desde el pasillo. Por el tono de su voz puedo adivinar que me está invitando a ir a algún lugar divertido con él. Comienzo a saltar emocionada sobre su cama, lo cual estaba prohibido. En la mitad de uno de esos saltos miro hacia el cuadro de Jesús en la pared, en la imagen del Sagrado Corazón. Me está mirando. Repentinamente la imagen comienza a crecer y hacerse cada vez más grande...

Con el tiempo me sentí tan cansada de estar sola y rechazada que quise que algún ser humano me cuidara, me amara. "Estoy lista a rendirme", le dije una noche a Jesús antes de irme a dormir. Voy a buscar a Julián y regresar con él. Si Tú no quieres que haga eso, necesito que me respondas".

A la mañana siguiente, muy temprano, tuve un sueño a todo color:

Una de mis tías está sentada, mirando la televisión. Ella tenía la tendencia a criticarme, haciéndome la vida difícil debido a su rudeza. Estoy parada detrás de su hombro derecho, y estamos mirando hacia la pantalla donde hay una toma mía vistiendo un vestido de novia, caminando por el pasillo central, lejos de la cámara, mientras que quién va a ser mi esposo, alguien muy conocido, está esperando que me acerque. Mi tía se queda boquiabierta y la primera cosa que piensa es: "¿Por qué mi sobrina se está casando con él? ¿Y cómo es que él se está casando con ella?" Él es bello, un verdadero hombre de Dios, y ella no puede creer lo que está viendo. Entonces se escucha la voz de Dios: "Verás cómo preparo un banquete para ti delante de tus enemigos".

Luego desaparece la televisión mientras explota sobre mi tía una bola inmensa de luces. Mira hacia el techo y ve una gran esfera luminosa rodeando dos siluetas transparentes. De un blanco reluciente, mi novio y yo estamos de frente mutuamente, sosteniéndonos las manos y mirándonos a los ojos mientras el Espíritu Santo vuela en círculos desde mi corazón hacia el suyo, haciendo que nuestros espíritus se hagan uno. A través de la luz de la Gloria de Dios, puedo ver que es alto y muy bien parecido.

Me dio la respuesta. El Señor estaba recordándome que me había prometido un marido en un traje azul, y no tenía que regresar donde Julián. Mientras mis ojos se ajustaban a la luz de la madrugada, mi mente consideraba la imagen que había visto, de un amor exquisito y de un fuego santo, por lo que mi estado de ánimo se llenó de júbilo. Pero cuando vi mi habitación pequeña y la realidad de mi situación presente, pareció como si una alfombra sucia y mojada cubriese mi sueño. La emoción que quedaba en mi corazón se escapó como el aire de un globo pinchado. Mi apariencia, mi pobreza y mi pasado, no eran dignos de un hombre tan bello, y comencé a dudar que Dios se hubiese comunicado conmigo. Pero ya se había plantado una semilla y me dio la esperanza que evitó que corriese hacia los brazos del siguiente hombre que viniera y no fuera el apropiado.

Después de cuatro meses de vivir en una miseria retirada, mis pobres ahorros se habían gastado en la casa, comida y gasolina; no tenía dinero. Tenía treinta y dos años y ya no podía pagar la hipoteca. Llegó la primera notificación de que mi hipoteca había entrado a juicio, y luego otra y otra. Cuando me avisaron que me cortarían la electricidad empecé a desesperarme, preguntándome si es que no me había vuelto loca.

"Jesús, te necesito", lo invoqué. "¡Te necesito muy cerca! ¿Por qué me está sucediendo esto? ¿Esta es la manera en que me agradeces por hacer Tú Voluntad?" Una mañana, en la que estaba cubierta en llanto, incapaz de enfrentar otro de esos días vacíos, comencé a languidecer por la imagen del Sagrado Corazón, la cual aún estaba colgada en la pared de mi antigua habitación en la casa de mi papá. No sólo era una imagen sagrada en los ojos del Señor -Él mismo me lo había dicho- sino que era la única cosa que poseía de los tiempos en que había sido feliz.

TRANSFIGURADA

Me senté derecha en la cama, con vértigo de una emoción culpable: "Ya sé lo que voy a hacer. ¡Me la voy a robar!" Esperé escondida por el momento exacto en que los autos de Elvira y de mi papá hubieran salido. Luego me estacioné en la entrada, salí de un salto, puse el código de la puerta del garaje (que lo sabía de memoria), subí las escaleras hacia mi antiguo cuarto, agarré mi tesoro precioso, y corrí hacia mi auto. Le di un beso al Señor, lo puse en el asiento posterior, y manejé a toda velocidad mientras el corazón se me salía a causa de la adrenalina.

"¡Acabo de secuestrar a Jesús!" Abriendo la puerta principal, sonreí por primera vez en varios meses. Luego de hacerle un pequeño altar, tomé el cuadro, le di un fuerte abrazo y comencé a bailar con Él alrededor del cuarto. "Jesús, hoy te necesito más que nunca", le dije mientras lloraba de alivio. "Eres mi todo. No tengo a nadie más que a Ti".

Luego de eso, de alguna manera nunca cortaron la electricidad y no mucho después de haber abierto la última notificación judicial por la hipoteca sin pagar, me llegó una noticia de extensión del plazo. Esta danza de papeles amenazantes duró un año entero. Milagrosamente me quedé en la casa gratis, mientras algunos amigos y familiares me mantenían con vida. Una amiga muy querida, Norma, se apareció en mi puerta con una bolsa llena de comida cuando mi estómago estaba rugiendo de hambre. Nunca había tenido una amiga como ella; siempre estaba por mí en cada instante y me amaba aún en mis peores circunstancias. Mi prima Graciela me hablaba de la Palabra de Dios directamente a mi corazón y me ayudaba a levantarme para salir del abismo en el que me encontraba. Abriendo las páginas de las Escrituras, prácticamente me gritaba versículos de aliento a través del teléfono. Y mis amados padrinos -mi tía y mi tío- continuaban tratándome como si fuera su hija. Su mera presencia era capaz de calmar mis nervios inquietos, mientras los aromas mexicanos de las tortillas y el queso hecho en casa de mi tía, mezclado con frutos de su jardín, calmaban mis sentidos. "Esta es tu casa", decía mi tío cada vez que los visitaba. "Puedes venir a comer todas las veces que quieras". Besaba mis mejillas y me decía que me amaba. Todo lo que anhelaba que hiciera y me dijera mi papá lo hizo mi tío. Pero mi auto conmiseración y el terror de encontrarme con mi papá, quien vivía a la vuelta de la esquina y que lo visitaba frecuentemente, me impedía responder a muchas de sus invitaciones y muestras de afecto.

Durante el año y medio que estuve sin trabajo recibí invitaciones para dar mi testimonio en varias Iglesias y Encuentros. Solo por la Gracia de Dios fui capaz de decir que sí cada vez; y de alguna manera milagrosa, fui capaz de hablar a pesar de mi estado de incapacidad. No importaba cuán aplastado se sintiera mi espíritu, no iba a fallarles a Jesús ni a mis tres hijos. Una promesa era una promesa. Después de cada una mis charlas, que eran muy dolorosas pronunciarlas, hombres y mujeres, niños y niñas me mostraban su agradecimiento -no sobre mi apariencia, sino sobre mí misma. "¡Eres tan valiente!" "Muchas gracias por compartir tu vida". "Tú conferencia es la mejor que he escuchado". "Has tocado mi corazón profundamente". "Nunca te voy a olvidar". "Qué bella persona eres". "¿Te puedo dar un abrazo?"

Una nueva vida comenzó a brotar a través de las grietas de mi alma rota. Era el amor y el aprecio de esos extraños, de mi prima, de mi amiga Norma, y de mi querida tía y mi tío que me mostraban que Patricia Sandoval, despojada de todo aquello que ella pensaba que le daba valía, era digna de algo.

> "Por eso les digo: No se inquieten por su vida, pensando qué van a comer, ni por su cuerpo, pensando con qué se van a vestir. ¿No vale acaso más la vida que la comida y el cuerpo más que el vestido? Miren los pájaros del cielo: ellos no siembran ni cosechan, ni acumulan en graneros, y sin embargo, el Padre que está en el cielo los alimenta. ¿No valen ustedes acaso más que ellos? ¿Quién de ustedes, por mucho que se inquiete, puede añadir un solo instante al tiempo de su vida? ¿Y por qué se inquietan por el vestido? Miren los lirios del campo, cómo van creciendo sin fatigarse ni tejer. Yo les aseguro que ni Salomón, en el esplendor de su gloria, se vistió como uno de ellos. Si Dios viste así la hierba de los campos, que hoy existe y mañana será echada al fuego, ¡cuánto más hará por ustedes, hombres de poca fe! No se inquieten entonces, diciendo: «¿Qué comeremos, qué beberemos, o con qué nos vestiremos?» Son los paganos los que van detrás de estas cosas. El Padre que está en el cielo sabe bien que ustedes las necesitan. Busquen primero el Reino y su justicia, y todo lo demás se les dará por añadidura. No se inquieten por el día de mañana; el mañana se inquietará por sí mismo. A cada día le basta su aflicción".
>
> Mateo 6, 25-34

Datos: Históricamente, el cuerpo ideal de la mujer -en los Estados Unidos- era fuerte y redondeado. Desde los 1900s el público americano se vio obsesionado por la delgadez al punto que, en los tiempos modernos, el movimiento de "delgados a toda costa" ("slender at all costs" por su nombre en inglés) definió la cultura Occidental. (1) En la actualidad, el 80 por ciento de mujeres en los Estados Unidos no están satisfechas con su apariencia, y más de diez millones sufren de desórdenes alimenticios. Desde una edad muy joven, las mujeres anhelan tener las medidas de la muñeca "Barbie", las mismas que son imposibles sin cirugía o morirse de hambre. Mientras las mujeres están más expuestas a los medios de comunicación social, adoptan más modelos de conducta desconectados de la realidad. Sus metas son físicamente imposibles por lo que están condenadas al fracaso. (2)

Ceguera Total

M I AUTOESTIMA CONTINUÓ mejorando mientras más pasaba el tiempo y en los días en que me sentía con confianza, creía en las promesas de Dios del esposo que había visto en mi sueño. En los días en que me sentía miserable, desconfiaba de Él. Sin embargo, en mis temporadas de duda y miedo, aún creía lo suficiente para ofrecer cada Eucaristía, desde ese momento en adelante, en favor de ese esposo católico, hispano conocido, atractivo y de traje azul. Cuando supe que la Madre Teresa de Calcuta invitaba a los jóvenes solteros a rezar tres Ave Marías por su propia castidad y la de su futuro esposo, hice más que eso: dado que la oración del Ángelus contiene tres Ave Marías me hice el compromiso de rezar cada día por la castidad de ese hombre y la mía propia.

Finalmente, luego de todos mis esfuerzos en la búsqueda de trabajo, mi aflicción de estar desempleada terminó cuando fui contratada como asistente médico en una clínica dermatológica muy refinada. Me sentí muy bien de haberme levantado y comenzar a agarrar tracción, así como tener un propósito para mi día, haciendo algo más que buscar empleo y la manera de sobrevivir.

A los tres meses de haber iniciado mi trabajo, mi empleador, dermatólogo y antiguo católico, convocó a una reunión obligatoria a todo el personal. Nos reunimos haciendo círculo en el lobby. Nunca había visto a mi jefe tan entusiasmado, lo cual no era muy característico en él. En esta reunión especial, al mediodía, nos iban a mostrar una línea de cremas de cuidado de la piel que prevenían el envejecimiento, de manera tan fascinante que una de mis compañeros de trabajo -que tenía ese día libre- vino a la oficina ese día con el fin de escuchar sobre ese nuevo producto. Incluso yo misma me entusiasmé con la idea de esa reunión.

Escuchamos muy atentamente al representante de la compañía NeoCutis, que nos dio una rápida presentación de una nueva línea de productos para la piel hecha con tecnología de punta y que era lo mejor de lo mejor. Para comenzar, usó muestras de cremas para los ojos; de cremas para el día; cremas para la noche; crema SPF 10 -una variación de todas las cremas y que hacía todo lo que las demás- y frotó un poco de cada producto en nuestras manos para que podamos sentir su suavidad y elegante textura.

El representante explicó que los productos estaban hechos de PSP, factores humanos, una sustancia natural que todos tenemos en nuestro cuerpo. Luego mostró un diagrama con una guía visual de las etapas de desarrollo del producto y comenzó a explicar cuáles eran esos factores humanos. En la parte superior de la cartilla había un ser humano en los estados iniciales de la gestación. "Estos fetos", dijo el representante, "han estado dentro del vientre de mujeres cuyos doctores les han dicho que tienen el Síndrome de Down o alguna otra complicación en la salud; por eso el doctor recomendó el aborto. Las mujeres optaron por ello y donaron sus fetos".

El representante continuó: "Ellos hierven los fetos en agua produciendo un caldo, ¡como una sopa de pollo! Es como cuando hierves un pollo y las proteínas se quedan en el agua". Palidecí de incredulidad. Una flecha señalaba la figura del feto hacia el caldo hirviendo. "Ellos usan esas proteínas y células del tejido hervido para crear un banco de células, el cual congelan con nitrógeno líquido; eso es lo que utilizan para hacer las cremas anti envejecimiento. Estas cremas contienen células jóvenes con propiedades reparadoras para la piel". Mis ojos siguieron las flechas desde el feto muerto hacia el caldo hirviente y a un recipiente pequeño de crema cuyo costa era de US$ 120 dólares americanos.

El grupo de empleados estaba deslumbrado. El representante, el doctor, y mis compañeros de trabajo no podían dejar de hacerse eco de que este producto era el más limpio y puro, así como el más natural y orgánico que había en el mercado. Dos de mis compañeras de trabajo ya habían llevado algunas muestras de las cremas a sus casas y las habían frotado en los rostros de sus esposos. Esto alentó a una conversación sobre cómo también sería un gran lanzamiento para los hombres debido a que la crema era muy suave y no aceitosa. Sus esposos no sólo querían el producto en sus rostros sino también en sus manos. El representante asintió muy complacido de que su entusiasmo hiciese su trabajo tan fácil: "Cuando presenten este producto, no solo deben ponerlo en el rostro de sus pacientes, sino también en sus cuellos, manos e inclusive en sus pechos".

Miré horrorizada a mi alrededor preguntándome cómo es que mis compañeros tomaban notas sin mostrar una pizca de disgusto. Mi empleador, el dermatólogo, compartió que había estado haciendo una investigación del mercado durante varios meses y pensaba que ésta iba a ser la "crema", valga la redundancia, de todos los productos que había vendido anteriormente. En coro, el doctor y el representante, declararon: "Si la prueban les va a encantar y van a creer en ella con todo su corazón, tal como lo creemos su jefe y yo, por lo que luego les será más fácil venderla".

No podía hablar. Sentía que la sangre de los mártires se había frotado en mis manos. Uno de mis compañeros preguntó: "¿Cómo debemos responder cuando los pacientes nos pregunten qué significa factores humanos y de qué está hecho este producto?"

El doctor respondió: "No podemos usar el término de 'tejido fetal' pues la gente en este país dirá que 'estamos asesinando humanos para una crema anti envejecimiento'". Luego de ello la conversación se convirtió en una lluvia de ideas con la ayuda del representante, sobre la manera de esconder la palabra "fetal".

Recordé mi entrenamiento en Planned Parenthood, donde nos enseñaban a mentir y a engañar a los pacientes. Luego pensé en todas las personas que ya usaban ese producto y que habían sido engañadas y usado -sin saberlo- tejido de niños abortados sobre sus rostros. Más chocante aun que la presentación, me resultaba el hecho de que nunca había visto a mis compañeros de trabajo tan entusiasmados. Felices por las muestras gratis, saltaban de alegría ante la oportunidad de venderla y mentir.

Temblando, luego de la presentación, me dirigí hacia el doctor y le dije: "Renuncio hoy mismo; soy católica y defiendo la dignidad de la persona humana. Muchas gracias por la oportunidad que me dio en su clínica". Miró hacia el suelo con la vergüenza recorriéndole el rostro: "Lo sé Patricia y lo siento".

Mi promesa de que haría todo lo que estuviese a mi alcance para defender la vida me costaría mucho -nuevamente. Pasaron otros siete meses de búsqueda diaria de trabajo sin ningún resultado. Me quedé nuevamente sin dinero y tuve que confiar en la Providencia para mi alimentación diaria. Un día, mientras estaba sentada en la computadora buscando en el Internet por algún trabajo, Dios me habló con una voz muy fuerte: *"Deja de buscar trabajo hoy día. Tengo un trabajo para ti. Hoy descansarás en casa en oración".*

"Okey", pensé, "aunque esto es una locura". Obedientemente apagué mi computadora y permanecí en oración todo ese día. Esa tarde recibí una llamada. La mujer en la línea había recibido mi currículum algunos meses antes. Era la gerente de una clínica dermatológica y quería que fuese ese día para entrevistarme. A la mañana siguiente ya estaba contratada.

No podía entender por qué Dios quería que trabajase en este tipo de empleo. No tenía ningún sentido y yo sentía que ese no era mi lugar. A las dos semanas de haber comenzado a trabajar, mientras estaba almorzando con unas compañeras de trabajo, una de ellas, una estudiante de enfermería que estaba a mi derecha, dijo animadamente: "La clase de ayer fue súper interesante. Tuvimos la oportunidad de abrir y diseccionar un feto de cuatro semanas". Luego nos mostró la forma y tamaño con sus manos.

"Señor, no de nuevo", me quejé silenciosamente. "Por favor permíteme no involucrarme en esto y mantener mi trabajo".

Otra chica, también a mi derecha, dijo: "Yo también he tenido la oportunidad de diseccionar un feto. Pude rasparle la piel y las células. ¡Fue increíble!" Su voz estaba llena de fascinación y orgullo.

Una tercera chica dijo: "En mi clase tuvimos la oportunidad de diseccionar a un gato".

Un sentido de alarma y agonía se apoderó de la mesa. "Eso es crueldad animal. ¿Cómo es posible? ¡Eso es muy malvado!"

Bajé mi tenedor y no pude seguir comiendo. "¿Qué es lo que está mal en esta situación?", pensé. "¿Con nuestra cultura?" Nadie se inmuta ante la mención de un feto asesinado que está siendo raspado. Esas chicas no entienden que era un ser humano; sin embargo, para ellas diseccionar un gato es algo "inhumano".

"Ya lo entendí Dios, lo entiendo", le dije en el silencio de mi corazón. "No sé por qué me tienes aquí, pero sé que me estás permitiendo ver cuán frío y distorsionados se han vuelto los corazones humanos. Esta forma de pensar está generalizada; está en todos lados. Tenemos gran compasión por los animales, pero no por la vida humana". Una intensa necesidad de estar en silencio y rezar me llevó a sentarme afuera, en una banca, donde me senté a rezar.

Tan pronto como cerré mis ojos el Señor me habló interiormente. Su tono era empático: *"Tú hablarás. Otros no lo harán. Por eso te estoy llamando, hija mía, porque tú tienes el valor de decir la verdad. Tú serás mi Voz"*.

Esa noche, mientras miraba a Jesús en los ojos, en la pared de mi habitación, acumulé la valentía suficiente para decirle: "No me importan las humillaciones que vengan, te prometo que hablaré por Ti. Te ayudaré a mostrar la oscuridad que nos ha cegado de lo sagrado que es la vida humana. Pero Señor, yo me siento muy pequeña, asustada y débil; por favor no permitas que te falle".

Luego me acomodé en la cama, preguntándome qué era lo que, exactamente, había aceptado hacer. Esa noche Satán me hizo saber de su gran descontento por haber dicho "sí". Acostada sobre mi espalda, vi sombras de diferentes formas y tamaños que se aparecieron en mi habitación. Algunas avanzaban lentamente por mi izquierda, otras por mi derecha y algunas directamente hacia mí, como pumas inspeccionando su presa. A pesar de la oscuridad de la noche podía ver a través de "los ojos del alma". Mientras esperaba su ataque, me comencé a sentir enferma, y los vellos de mis brazos se pusieron de punta. Entonces llegó -el sonido de pasos en la alfombra de varios demonios corriendo hacia mí y saltando con furia sobre mi cama y sobre mí. Grité, pero nadie vino en mi ayuda. Se lanzaron sobre mí, me jalaron el cabello, trataron de rasguñarme y cortarme la respiración. Podía sentir el dolor que producían sus uñas afiladas, pero cuando miraba hacia ese lugar en mi cuerpo no había señales de los raspones. Uno de los demonios me jaló de la lengua, lo que me hizo babear e impedir que tragara. No me quería soltar. En vano traté de pronunciar el nombre de "¡Jesús!" Finalmente, luego de lo que pareció ser una media hora de lucha y de una oración extenuante, desaparecieron en la noche.

La semana siguiente, poco después de haber dado mi testimonio en una parroquia, una mujer se detuvo delante mío, me agarró suavemente por los costados de mis brazos y me dijo: "No temas cuando vaya a tu habitación en la noche, porque él no puede tocarte. Él no puede tocarte".

"¿Qué?, la detuve. "¿De quién estás hablando?"

"Tú sabes de quién estoy hablando", respondió, "de Satanás"

"Entonces, no estoy loca. El Señor te ha dado esas palabras para mí".

"Estás en lo correcto".

Me tranquilizó saber que Dios le había revelado mis noches dolorosas a esa mujer, porque desde mi reciente promesa a Dios para ser su voz por la vida, Satanás me había hecho saber de su enojo de una manera constante y "creativa". Cuando él mismo no me visitaba o enviaba a sus 'amigos' para que me acosasen, trataba de detenerme arrojando flechas a través de las debilidades de las personas.

Él incitó mi primer ataque en público cuando recibí una invitación a dar mi testimonio ante un grupo de oración de hispanohablantes compuesto por cerca de cien personas mayores. Le pedí a mi amiga Sara que fuese conmigo para apoyarme. Mirando a la multitud me di cuenta que tenían la misma apariencia que mis abuelos -recién salidos de las pequeñas villas y ranchos en México- donde el pudor todavía es una virtud.

Cuando llegué, el grupo estaba muy animado por la música de alabanza en español, exaltando el amor de Dios y su misericordia. Estaban de lo más contentos, danzando y alzando sus brazos en alto. Su canción favorita parecía ser una llamada: *"Písale la cabeza al diablo"*. Moviendo sus caderas y golpeando el suelo con sus pies, se movían al estilo de la música rock, poniéndole ritmo y sabor. Incluso yo empecé a seguir el ritmo aplastando al demonio con mis tacos.

Cuando terminó la música llegó el momento de dar mi testimonio. "Tenemos la fortuna de tener con nosotros a Patricia Sandoval", dijo el presentador, "una joven que nos compartirá su historia sobre el aborto". Mientras caminaba hacia el micrófono, mi alma sintió la pesadez de estar siendo juzgada, expresada en la rigidez de las posturas de quienes estaban en la sala, y mi corazón comenzó a sentirse agitado. Observando a mi audiencia vi en sus ojos lo cerrada que estaba su mente.

Mirándolos, como un animal enjaulado, comencé a hablar. Cuando llegué a la parte de mi primer aborto, un vaquero mexicano, muy alto, de casi ochenta años -uno de mi gente-, con una botas de piel de avestruz y una hebilla en su cinturón con la forma de gallo, arrojó su sombrero al aire y exclamó: *"¡Hija de su madre!"*, cuyo equivalente vendría a ser "hija de p..."

Ese fue el primer tomatazo espiritual que me arrojaron. Seguí, aunque aturdida. Cuando llegué a mi segundo aborto el dedo del hombre se levantó en el aire muy enojado. Golpeando fuertemente el piso con sus botas de vaquero y agitándose violentamente, casi gritando, volvió a exclamar: *"¡Hija de su madre!"*

Podía sentir a la multitud devorándome con sus ojos. Estaba aterrada de continuar. "¿Qué es lo que estoy haciendo aquí? ¿Por qué me hago esto a mí misma?" Mi voz comenzó a quebrarse, pero pude arreglármelas para decir: "Y luego tuve mi tercer aborto..." Gesticulando salvajemente, el vaquero viejo miró a su vecino, lo zarandeó fuertemente, y gritó: *"¡Hija de su madre!"*

Después de eso mi mente se puso en blanco y perdí el hilo de mi pensamiento. Mi discurso se convirtió en un tartamudeo y no recuerdo lo que dije o cómo terminé. Sintiéndome barata y degradada, me retiré del escenario y me hundí en mi asiento. No hubo aplauso. Uno podía escuchar el canto de los grillos.

Mirando hacia Sara, busqué una mirada o un comentario que me calmara. Me hubiera quedado tranquila con un "lo siento, hiciste un buen trabajo". Sin embargo, sus ojos azules me miraron compasivos y me tocó el hombro izquierdo mientras susurraba: "Está bien Patricia; está bien. Este es un público muy difícil", lo cual me hizo sentir aún peor.

Luego del silencio más atronador que había escuchado, escuché a una mujer caminado hacia adelante desde la parte de atrás de la Iglesia. "Clic, clic, clic", sonaban sus tacones. Pasando a través de olas invisibles de tensión, se acercó al estrado y tomó el micrófono. "El Señor me ha dado una palabra para todos los que están aquí: Mateo, capítulo siete, versículos uno y dos: 'No juzguen, para no ser juzgados. Porque con el criterio con que ustedes juzguen se los juzgará, y la medida con que midan se usará para ustedes'". Una pequeña gota de consuelo llegó hasta mi ego destrozado, pero ese día me sentí muy tentada a renunciar y no volver a aceptar -nunca más- una invitación para hablar.

Cuando se acercaba el Domingo de la Misericordia, los ayudantes de Satanás regresaron a visitarme más de una vez. Durante mis presentaciones y mis conversaciones con la gente, no podía hacer otra cosa sino alentar a los hombres y mujeres que habían sido parte de un aborto para recibir las gracias del Domingo de Misericordia. Con la fuerza del amor y una persuasión convincente, llevé a mucha gente hacia el Sacramento de la Reconciliación y a Misa en ese día tan especial, incluyendo familias que no se habían confesado durante varios años, y amigos que no sabían lo que era confesarse verdaderamente.

El ataque más feroz de Satanás ocurrió el lunes siguiente. Esa noche se enfrió repentinamente mi habitación. Estando ya acostada y a punto de dormirme sentí que una presencia, espeluznante y familiar al mismo tiempo, entró en mi habitación. Pero el miedo no me poseyó. En una esquina apareció una figura ominosa de un ser de unos dos metros de altura. Mi espíritu sabía quién era esa sombra. Satanás había venido en persona, frustrado de que sus pequeños demonios que había enviado antes no me hubiesen molestado tanto como le hubiera gustado.

En una fracción de segundo Satanás saltó sobre mí y hundió sus dedos en mi garganta. Sentí mi cuerpo presionado contra el colchón y en ese momento se me reveló cuán furioso estaba por haber enseñado a tanta gente sobre las promesas de la Divina Misericordia. A demasiadas personas se les habían perdonado todos sus pecados. Completamente opuesto al Espíritu Santo -que siempre está en control-, el demonio se movía impulsado por explosiones de rabia incontrolables.

No podía respirar y, sinceramente, pensé que esta vez no sobreviviría. En mi mente llamé: "¡Dios, por qué permites que suceda esto!" Pero me reafirmé en que por lo menos iría al cielo, incluso si tenía que pasar por el Purgatorio, pues sabía que estaba en estado de gracia y que había hecho algo muy bueno. Sin miedo a perder mi vida, agarré mi crucifijo para tener a Jesús cerca mío mientras me disponía a morir.

En ese momento el Arcángel San Miguel se apareció junto a Satanás, con la fuerza y la potencia de un viento poderoso. Era alto y majestuoso, sus alas tocaban el techo. Podía ver su armadura, su faldón, sus sandalias y la espada en su funda. Sobrepasando al demonio en estatura y en la integridad de su presencia, agarró las manos de Satanás con gran fuerza y las sacó de mi cuello mientras le decía con una voz de trueno: "No la volverás a tocar ".

Me levanté y respiré hondamente, tratando de calmar la inyección de adrenalina que recorría mi cuerpo. Aún jadeando, agarré el teléfono y llamé a Jordan, el amigo de Sara, con quien también nos habíamos vuelto amigos. "¡Jordan, por favor reza por mí! Estoy siendo atacada fuertemente en la noche por el demonio -uno tras otro- y no entiendo por qué me está sucediendo esto".

"¡Aleluya! Bendito sea el Señor", dijo. "Estaría más preocupado si no te estuvieran atacando".

No esperé una respuesta de ese tipo. "¿Pero, por qué?"

"Porque significa que estás hablando y que tus acciones están haciendo algo muy efectivo para el Reino de Dios. Estás en la compañía de los santos, muchos de los cuales fueron atacados de la misma manera (como Santa Faustina)". (7)

Me di cuenta que tenía razón. Hasta entonces nunca había pensado en los ataques espirituales como algo bueno, y sus palabras cambiaron completamente mi manera de manejarlas. En vez de rezar para que desapareciesen, las acepté como parte del inescrutable Plan de Dios, aunque resultaran ser una especie de cumplido al revés.

"La palabra del Señor llegó a mí en estos términos:
«Antes de formarte en el vientre materno, yo te conocía;
antes de que salieras del seno, yo te había consagrado,
te había constituido profeta para las naciones».
Yo respondí:
«¡Ah, Señor! Mira que no sé hablar,
porque soy demasiado joven».
El Señor me dijo:
«No digas: 'Soy demasiado joven',
porque tú irás adonde yo te envíe
y dirás todo lo que yo te ordene.
No temas delante de ellos,
porque yo estoy contigo para librarte»
–oráculo del Señor–.
El Señor extendió su mano,
tocó mi boca y me dijo:
«Yo pongo mis palabras en tu boca.

Yo te establezco en este día
sobre las naciones y sobre los reinos,
para arrancar y derribar,
para perder y demoler,
para edificar y plantar»".
Jeremías 1, 4-10

Datos: Una compañía biomédica ficticia, llamada "El Centro por el Progreso Médico" (The Center for Medical Progress -CMP, por su nombre y siglas en Inglés), fue creada por David Daleiden y otros activistas antiabortistas con la finalidad de mostrar a la gente el horror que algunos ya sabían que existía: Planned Parenthood había estado guardando, de manera ilegal, partes de los cuerpos de los bebés para venderlos y obtener ganancias -yendo algunas veces tan lejos como cuando sacaban el cerebro a través del rostro del bebé, mientras aún latía su corazón. (1) El 14 de julio del 2015 CMP hizo público el primero de muchos videos, realizados a escondidas, en los cuales trabajadores de Planned Parenthood y de organizaciones que compraban partes humanas fueron registrados en los videos, incriminándose ellos mismos. Los videos pueden verse en la siguiente página web:

http://www.centerformedicalprogress.org/cmp/investigative-footage/

Uno de los mercados de mayor crecimiento para la venta de tejido fetal, partes y órganos, es el de los cosméticos -el matrimonio poco santo entre los farmacéuticos y la cosmetología. Buscando obtener ganancias, algunas compañías biotecnológicas, principalmente en los Estados Unidos, han alcanzado un gran desarrollo y se han atribuido milagros por sus productos de belleza, ninguno de los cuáles ha sido evaluado por la FDA o ha probado su eficacia. (2)

El canibalismo también está en conexión con el aborto. En mayo del 2012 se reportó en los periódicos y en estaciones de televisión alrededor del mundo, que oficiales en Corea del Sur habían interceptado miles de cápsulas llenas de polvo de carne de bebé, finamente molida. En algunas partes de Asia ese polvo es utilizado como un potenciador de la resistencia, así como una medicina que cura todos los males. Este comercio sombrío es dirigido desde China, en donde cada año se realizan unos 13 millones de abortos. El personal médico vende cuerpos humanos de bebés, los que son molidos y mezclados en esas cápsulas, junto con hierbas, con el fin de ocultar sus ingredientes verdaderos a los investigadores de salud y oficiales de aduana. En pruebas realizadas a esas pastillas -interceptadas por los oficiales de Corea del Sur- confirmaron que estaban compuestas -en más del 99.7 por ciento- de restos humanos. Las pruebas también establecieron el género de los bebés utilizados. (3)

A Través de los Aires

N O PASÓ MUCHO TIEMPO para que volara al otro extremo del país -gracias a una invitación de Valerie- para una conferencia de líderes del "Viñedo de Raquel" en Pennsylvania. Fui para aprender cómo ayudar a dirigir un retiro del "Viñedo de Raquel" en español. Al menos, eso es lo que pensé que iba a hacer ahí.

Durante uno de los recesos entre las charlas, volteé y reconocí al Padre Víctor Salomón, un sacerdote hispano, alegre y gordo, con una sonrisa capaz de abrazar miles de corazones. "¡Wow! ¡Es el sacerdote de EWTN en México!" Varias veces había visto su programa "*Defendiendo La Vida*". "*Es verdaderamente una bolita de amor*", afirmé para mis adentros. Sin dudarlo corrí hacia él y le dije: "¡Usted es el Padre Víctor!"

Sonrió aún más, si es que eso es posible.

"Sí", dijo. "*Tú hablas español*".

"*Sí*" y le di un gran abrazo. Comenzamos a hablar y nos hicimos amigos inmediatamente. Durante el transcurso de los cuatro días que duró la Conferencia, me enteré que además de tener su programa de radio y televisión, era el director espiritual de la parte internacional, latina, del "Viñedo de Raquel". Inspirada, le pregunté si podría ser mi mentor espiritual. A pesar de su horario muy ocupado me dijo que sí. Esto también impulsó una gran cercanía con el Padre Frank Pavone, Director Nacional de "Sacerdotes por la Vida" ("Priests for Life") y Director Pastoral del "Viñedo de Raquel". Yo había estado medio perdida mientras buscaba el salón de una de las conferencias cuando se acercó a ayudarme. Durante el resto de la conferencia terminé hablando durante todas las comidas con estos dos sacerdotes formidables, quienes con su amigable manera de ser me producían una gran tranquilidad.

Durante un receso del segundo día de la conferencia, mientras estaba sentada junto al Padre Víctor, terminé compartiendo mi historia con él. Cuando terminé, me miró como si estuviera aturdido. "Vas a estar en mi programa", afirmó enfáticamente. "Después de cenar vas a estar en la televisión".

"¿Qué, después de la cena de esta noche?", me atraganté.

"Sí".

"Oh no, no estoy lista", protesté. Y no lo estaba. Mi dismorfia corporal se disparó inmediatamente y me puse extremadamente nerviosa. Quería echarme para atrás -pero la voluntad de Dios tenía prevista otra cosa. No solamente terminé contando mi historia de manera extemporánea en español en "Defendiendo la Vida", sino que la noticia de lo impactante de mi testimonio se hizo conocida y Janet Morana, asistente del Padre Pavone, se enteró. Como parte de mi maratón de morir a mí misma terminé compartiendo mi historia -de nuevo- pero esta vez en inglés para el programa "Silent No More" (No más Silencio).

La grabación salió bastante bien, sin embargo yo todavía estaba conmocionada por poder contar mi historia sin ambages ni escondiendo -aunque sea inconscientemente- los detalles más vergonzosos. Sabía en mí corazón que el Señor quería que predicase mi testimonio, que no solo lo contara. Quería que tuviera confianza, fuese clara, y que me mostrase a mí misma sin ningún temor.

Para ser capaz de hacer esto, Dios sabía que tenía que morir a un pecado -el cual yo ni siquiera lo consideraba como tal-: el de buscar complacer a la gente. *"¿Acaso yo busco la aprobación de los hombres o la de Dios? ¿Piensan que quiero congraciarme con los hombres? Si quisiera quedar bien con los hombres, no sería servidor de Cristo"* (Gálatas 1, 10). Estar pendiente de lo que otros piensen de mí y buscar su aprobación era un pecado muy serio que Dios no iba a tolerar que yo siguiera cayendo, y Él había planeado utilizar el trabajo que me había asignado para borrarlo de un plumazo.

La herramienta que utilizó fue la asistente de la supervisora en mi trabajo, quien me eligió como su juguete de tortura favorito. Cada día hacía evidente el disgusto que le producía mi presencia. Si le pedía que me alcanzara algo lo arrojaba hacia mí. Cuando le hacía una pregunta me desdeñaba torciendo su labio superior. Cada vez que cometía un error, esperaba que las demás personas se acercaran para regañarme delante de todos.

Quería llorar todos los días. Todos los días quería renunciar. Deshaciéndome en disculpas por mis errores me escondía en el ropero más cercano, a un lado de la habitación, para esconder mis lágrimas. Había ocasiones en las que llegaba a casa del trabajo, me paraba frente a la imagen del Sagrado Corazón y le reclamaba: "¿Por qué me conseguiste este trabajo tan tonto? ¿No te das cuenta de cuán deprimida estoy? Mírame". Tenía la esperanza que Jesús se sintiera culpable y me entendiera. Sin embargo, luché contra la tentación de irme, pues sabía que Dios tenía alguna razón -que yo desconocía- por la cual me había puesto ahí.

En el pasado, cuando la gente me trataba mal, me limpiaba el polvo de los zapatos mientras decía: "No necesito esto y no lo voy a tolerar. ¡Me voy de aquí!" Pero mi corazón estaba comenzando a entender el pecado oculto detrás de esa aproximación de cortar las cosas y salir disparada; así como la necesidad-de-gustarle-a-la-gente-y-ser-alabada-dondequiera-que-fuese. No había humildad en ello. Esperando que Dios me proveyese discernimiento le dije: "Señor, voy a quedarme aquí por unos seis meses y luego me voy a ir...". "Bueno Señor, un mes más y me voy...". Pero nunca escuché su respuesta.

Pasó el tiempo y sobreviví. Recibí ayuda de mis amigos, los santos. Me sentí inspirada por Santa Teresita de Lisieux, una monja Carmelita y Doctora de la Iglesia, cuando leí en su "Diario de un alma" cómo ofreció su dolor a Dios cuando era maltratada por sus Hermanas de comunidad. San Josemaría Escrivá de Balaguer, fundador del Opus Dei, me enseñó a través de su libro "Camino" cómo la santificación puede estar alimentada por los problemas diarios y las tareas que debemos realizar. También estudié la vida y las palabras de Santa Madre Teresa de Calcuta, quién dijo: "Si eres humilde, nada te va a afectar, ni la alabanza o la desgracia, porque tú sabes lo que eres".

Con esta nueva toma de conciencia, dejé de asumir instantáneamente que el abuso de mi supervisora no significaba que yo tenía algo malo. También hice un buen uso de mi sufrimiento y comencé a ofrecer cada error, cada vez que era avergonzada, cada humillación -especialmente sus alaridos melodramáticos- por las almas en el purgatorio y por el fin del aborto; así como por la salvación de su alma. Su crueldad y los deberes propios de mi trabajo fueron el cincel en las manos de Dios que me fortalecieron y me ayudaron a santificarme.

Con el tiempo mi timidez se convirtió en audacia, incluso me quejé ante el jefe de los gerentes sobre la rudeza con la que me trataba su asistente. Pero sabía que la solución real residía en mi propia actitud. Yo no podía cambiar a esa mujer y no había nada que pudiera hacer que la complaciera. "¡Déjala ser miserable!", pensé. "¡Déjala que se enoje!" Sus emociones están fuera de mi control. "¡Y a quién le interesa lo que ella pueda pensar o sentir acerca de mí!" Finalmente estaba libre de las cadenas de estar complaciendo a la gente, lo que me había maniatado durante toda mi vida. Una esclavitud pecaminosa hacia la opinión de los demás, como un candado de hierro, que se rompió dentro de mí, y sentí que las cadenas se caían.

Literalmente sentí que algo dentro de mí se rompía, seguido por la liberación de mi alma. Se me vino a la memoria el recuerdo de esa muchacha afro americana manejando un auto desastroso mientras cantaba con toda la fuerza de sus pulmones una canción de amor a Jesús. ¡Me di cuenta que ahora estaba experimentado lo que ella sentía en ese momento! Por primera vez estaba montada sobre una ola de libertad verdadera en Cristo, en quién las opiniones de los demás no significan nada, porque la opinión de Cristo significa todo.

> "Al contrario, Dios nos encontró dignos de confiarnos
> la Buena Noticia, y nosotros la predicamos, procurando
> agradar   no   a   los   hombres,   sino   a   Dios,
> que examina nuestros corazones".
> 1 Tesalonicenses 2, 4

Al final de mi cumpleaños treinta y dos, me invitaron a hablar en el programa "Cara a Cara", un programa muy popular que se transmite a muchas naciones a través de EWTN. Para ese entonces mis dudas de hablar en público se habían convertido en una pasión por predicar. Dios había orquestado mi prueba de fuego en el crisol del trabajo. Dado que había aprendido a que no me importase mucho lo que los otros pudieran saber o pensar de mí, se me hizo más fácil ignorar las opiniones de los desconocidos. Ahora, a la edad de treinta y tres años, era más audaz, concisa y sin miedo de compartir mi testimonio, incluso los detalles más horribles.

EWTN me hizo volar a sus estudios principales en Irondale, Alabama, donde la Madre Angélica había comenzado la estación de televisión en 1981, en el garaje de su Monasterio. En la actualidad EWTN se encuentra disponible en más de 150 millones de hogares y más de 140 países. Una de las cosas buenas es que a mi llegada no sabía de esos números. Mi espíritu se sintió en paz cuando comencé a caminar en los predios del canal. Recordé lo que mi alma sabía desde hacía mucho tiempo, que no sólo estaría en EWTN sino que además grabaría en los estudios principales del canal. El sueño de Dios, no el mío, se estaba convirtiendo en realidad. Sin embargo, mi sueño era rezar en la Capilla desde donde se transmitía la Misa todos los días. Ello se hizo realidad el día de mi entrevista, cuando me encontré participando en la Misa, al otro lado de las cámaras. La realidad de estar sentada físicamente en la banca de madera en esa bella Capilla, decorada con ángeles y luces brillantes, acariciaron mi espíritu. Todas mis preguntas tontas fueron respondidas: ¿Era la Capilla tan pequeña cómo se veía? Sí. ¿Dónde estaban las cámaras? Ubicadas en las paredes de los costados (eran cámaras robóticas operadas desde uno de los cuartos de control). ¿Quiénes eran las personas que asistían? Personal de EWTN, visitantes y vecinos de los barrios circundantes.

Entonces llegó el momento de la grabación. Alejandro Bermúdez, el conductor del programa, quien me iba a entrevistar, era un hombre brillante: un periodista reconocido; Director de ACI Prensa (Agencia Católica de Informaciones), la agencia de noticias católicas más importante en español; Director Ejecutivo de CNA (Catholic News Agency) en Inglés; conductor de varios programas en español en EWTN; comentador invitado sobre asuntos religiosos para el New York Times; traductor al español del libro del Cardenal Bergoglio (Papa Francisco), "En el Cielo como en la Tierra", entre otras cosas. Su programa "Cara a Cara" es reconocido por su excelencia intelectual y sus invitados de gran sabiduría teológica -obispos, cardenales y gente por el estilo. Yo era la primera "don nadie" - una simple chica de Petaluma.

Antes de comenzar a grabar, Alejandro Bermúdez y el productor del programa me dijeron: "Esta es la primera vez que no vamos a hacer un corte durante el programa. No vamos a hacer pausas. Tu historia es tan poderosa que no queremos parar las cámaras una vez que comencemos a grabar".

Mis nervios se dispararon. "¿Ninguna pausa durante una hora? Dios mío, ayúdame". Aunque yo había ganado mucha más confianza como conferencista, hacer este programa significaba otro nivel de exposición y la preocupación de cómo me vería y se me escucharía comenzaron a darme vueltas por la cabeza: "Muchísima gente hispano hablante mira este programa y mi español no está al 100%... La televisión te hace ver 5 kilos más gorda... y lo peor de todo es que mi papá va a ver algún día este programa". Pero otra parte mía decía: "No, tú estás haciendo esto por los no nacidos. Estás haciendo esto para salvar vidas. Estás haciendo esto por aquellos que no tienen voz, por tus hijos que están en el cielo, por aquellos hombres y mujeres que han sufrido a causa del aborto". Esa voz estaba ganando. Con la finalidad de seguir hacia adelante, literalmente puse de lado mis emociones, mis miedos, hasta el punto de la insensibilidad, repitiendo: "Lo único que necesito es hacer y terminar esta entrevista. Sólo necesito hacer y terminar esta entrevista..."

Antes que la cámara comenzara a grabar, comencé a bromear para calmar mis nervios: "Sería bueno si no me hicieras preguntas difíciles".

Alejandro Bermúdez sonrió. Descubrí que es uno de los hombres más dulces que he conocido. "Oh, no te preocupes", respondió amablemente. "Si te confundes yo te ayudo a retomar las ideas. Vas a estar bien". Me hizo sentir tan cómoda que, una vez comenzado el programa, actué como si la conversación fuera solamente entre nosotros dos. Al principio tartamudeé un par de veces, pero la entrevista se hizo cada vez mejor cuando Alejandro me animaba a seguir compartiendo mi testimonio. Hablé desde mi corazón. Hablé con pasión. Hablé de los horribles detalles de mi testimonio: la drogadicción, los abortos, las partes destrozadas en Planned Parenthood... todo.

Cuando escuché que decían "¡Corten!", el productor vino corriendo desde el cuarto de control y me abrazó diciendo: "¡Ha sido maravilloso!" Alejandro también se acercó a darme un abrazo.

"¡Será mejor que editen este programa!", medio bromeé.

"¡No! Este es el primer programa que no vamos a editar nada. Es real. Es original. Has estado fantástica".

"¿No te das cuenta?", dijo el productor. "Usualmente entrevistamos gente que habla sobre estadísticas y ofrece opiniones. Pero lo que tú has dicho es algo verdadero. Nadie puede cambiar lo que ha sucedido. Tu pasado no es una simple opinión. Es algo real y nadie lo puede cambiar. Nadie puede cambiar lo que te ha sucedido. ¿No te das cuenta que tienes una piedra preciosa? ¿Entiendes cuán valioso es ello? Es un arma muy poderosa la que tienes en tus manos". Sintiéndome consolada y fortalecida, suspiré profundamente aliviada.

Posteriormente, ese mismo día, mientras cenaba en el comedor de EWTN, vi entrar a Johnnette Benkovic; su programa "Women of Grace" ("Mujeres en Gracia") era, según mi parecer, uno de los mejores programas de EWTN -mi programa favorito- y lo solía mirar con mi mamá. "Oh, tú eres Patricia", me dijo Johnnette Benkovic. "Mañana vas a estar en mi programa".

Reconocida y honrada como alguien famosa me las arreglé para responder educadamente mientras pensaba: "Señor, realmente estás trabajando horas extras conmigo". Iba a ser entrevistada junto al Padre Ben Cameron, quien había fundado la "Confraternidad de Nuestra Señora de la Misericordia" ("Confraternity of Our Lady of Mercy", por su nombre en inglés) (1), un ministerio de oración por la santificación de hombres y mujeres que han experimentado el aborto.

Antes de comenzar a grabar, Johnnette se inclinó hacia mí para decirme: "Ten cuidado con tus palabras y trata de no confundirte. Es un programa en vivo y hay cerca de cien millones de personas viéndolo". Escuchar eso no me ayudó a calmar mis nervios; pero el programa era menos intenso que "Cara a Cara" y había mucho menos tiempo para hablar. El programa salió bastante bien... aunque en varias ocasiones los ojos de Johnnette se llenaron de las lágrimas.

Un par de meses después de haber grabado en EWTN, mientras caminaba con una amiga hacia un restaurante, me detuve repentinamente mientras le decía: "Creo que la entrevista en 'Cara a Cara' se presenta uno de estos días de la semana". Tan pronto como terminé de decir estas palabras sonó mi teléfono y contesté. Era Julián.

"¿Aló?"

"¡Mentirosa! ¡Te vi en 'Cara a Cara' la otra noche!"

El hombre nunca había visto EWTN y la primera vez que lo hizo vio ese programa. Se enojó y explotó. "No puedo creerlo. ¡Eres una mentirosa! ¡Eres una m...! No puedo creer que nunca me hayas contado nada de eso. Gracias a Dios que me abandonaste".

Le respondí: "Sabes que no tienes que hablarme de esa manera. Nunca me hubieras aceptado tal y como soy. Esa es la razón por la cuál nunca te lo dije. Hubieras reaccionado exactamente de esta manera. Te perdono por insultarme. Dios te bendiga". Y colgué el teléfono bañada en lágrimas.

Lo más probable era que todos en Valle Juárez habían visto la entrevista en "Cara a Cara" -pueblos y ciudades alrededor del mundo la habían visto-. "Ahora todo el mundo lo sabe", pensé. "Siempre seré etiquetada como la mujer que asesinó a sus tres hijos". Siempre había querido ser reconocida como alguien especial, y ahora era la chica modelo de los abortos.

Posteriormente, ese mismo día, recordé que mi bisabuelo había derramado su sangre. Había entregado todo, incluso su propia vida, por causa de la libertad religiosa, a causa de la verdad. La parte mía de querer agradar a todos, la chica que siempre buscaba ser amada, admirada, deseada y aceptada, estaba jadeando en busca de un último respiro. Ella tenía que morir de una vez por todas. "Bueno, es posible que ningún hombre quiera estar con alguien como yo", me lamenté, mientras me acurrucaba entre lágrimas en el sillón. "Estoy muriendo por la causa de los no nacidos. Incluso estoy renunciando a no ser ni siquiera aceptable ante los ojos de los hombres. Este es mi martirio".

Esa noche mi amigo Daniel, un conferencista hispano y cantante, quién ha recibido los dones de sanación y evangelización, me llamó desde su casa en Guatemala. "Patricia" -me dijo- "nunca miro EWTN; sabes que siempre predico durante las noches; pero resulta que esta noche prendí la televisión y te vi ahí".

"Fantástico" -respondí pensando para mis adentros- "aquí viene la segunda vuelta".

"¿Por qué nunca me contaste sobre esto acerca de ti?"

"Porque es muy difícil para mí. Es muy difícil contarlo a las personas que me importan y además es muy vergonzoso".

"Quiero decirte" -dijo- "que ahora, ante mis ojos, te estimo aún más. Creo que eres una de las mujeres más valientes que he conocido en mi vida. Te apoyo en todo lo que haces. Eres amada por Dios y ahora te admiro más que antes".

Daniel es un hombre santo. Cuando canta, la gente es tocada por el Espíritu al sonido de su voz. Esas palabras procedentes de sus labios, de un muy bien respetado siervo del Señor, de alguna manera fueron sanadoras. Puse el teléfono en modalidad de silencio mientras lloraba profusamente. Sus felicitaciones no se detuvieron y tampoco mis lágrimas. Finalmente fui capaz de decirle: "Muchas gracias. Lo que dices significa muchísimo para mí".

Un par de meses después me llamó Julián para decirme que lo sentía mucho. Agradecí su disculpa, pero ahí me di cuenta de la diferencia entre la mirada de los ojos de un hombre del mundo y los de un hombre de Dios.

> "Les aseguro que si el grano de trigo que cae en la tierra no muere, queda solo; pero si muere, da mucho fruto".
>
> Juan 12, 24

Datos: Destapar el pasado de Planned Parenthood muestra una historia poco agradable. Margaret Sanger, la fundadora de esta proveedora de abortos, era conocida como racista y eugenista. En 1921 afirmó: "No queremos que se sepa hacia afuera que lo que queremos es exterminar la población negra, si es que se le ocurriese decir esto a alguno de nuestros miembros más rebeldes" (*Woman's Body, Woman's Right: A Social History of*

Birth Control in America, by Linda Gordon -El Cuerpo de la Mujer, El derecho de la Mujer: Una Historia Social del Control Natal en América- por Linda Gordon). Refiriéndose a los afro americanos, inmigrantes y pobres, se refirió a ellos en su libro "Pivot of Civilization" ("Cambio en la Civilización") como "hierba mala humana", "reproductores irresponsables", "deshechos... humanos que nunca debieron haber nacido". "La cosa más misericordiosa que una de esas familias podría hacer por uno de sus hijos sería asesinarlos". (1)

Hoy en día, Planned Parenthood lleva adelante el legado sórdido de la Señora Stranger, ubicando la mayoría de sus locales de abortos -estratégicamente- en barrios de población negra e hispana cuyo objetivo principal es alcanzar a los negros y a los hispanos. (2) Antes de Roe vs. Wade, que legalizó el aborto y permitió la proliferación de clínicas de abortos en barrios con poblaciones minoritarias, los blancos tenían cinco veces más probabilidades, que los afroamericanos, de realizarse un aborto. (3) En estos tiempos, según el instituto Allan Guttmacher, los afroamericanos tienen cinco veces más probabilidades de realizarse abortos, comparados con la población blanca.

El Corazón de Misericordia

S E EMPEZÓ A CORRER LA VOZ EN MI PARROQUIA que se estaba organizando un peregrinaje al Santuario de la Divina Misericordia en Polonia, donde Santa Faustina Kowalska había recibido sus visiones sobre Jesús. Mi interés se despertó. Cuando me enteré que los peregrinos estarían ahí el Domingo de la Divina Misericordia, el día en que los pecados de toda la vida y el castigo que se debería recibir por ellos pueden ser lavados por la misericordia de Dios, supe que tenía que ir. Durante todo un año no me compré ninguna cosa que fuera superflua, sacrifiqué mis comodidades hasta el punto de saltarme algunas comidas. La recompensa y mi alegría llegaron al momento de abordar el avión hacia Cracovia, con mi amiga Norma. Dios había mostrado tal abundancia de misericordia en mi vida y ahora me llevaba hacia al lugar donde comenzó Su mensaje de misericordia para el siglo veinte. Me sentí muy emocionada.

El hombre que dirigía nuestro grupo era un adorable sacerdote polaco, casi treintañero, que hablaba el inglés perfectamente; era profundamente espiritual; y yo no podía menos que reírme ante las bromas que hacía. Nuestro destino era una ciudad-granja cerca del hogar del Padre Kotas. Durante una reunión de orientación, un par de días antes de partir, les dijo a todos los peregrinos que conocía bastante bien el área: "Lleven suéteres y casacas livianas. Vamos a tener un buen clima. La temperatura estará alrededor de los 15 grados centígrados". Cuando aterrizamos en Cracovia, estaba nevando. El Padre Kotas encontró esta situación muy divertida.

Me era muy difícil creer que estaba en un lugar tan lejano -al otro lado del mundo- que tanto había deseado ver, viajando imaginariamente a través de un paisaje ventoso en mi mapa de Google. Cada mañana sentía que me estaba despertando a un sueño bellísimo. Nuestro tercer día en Cracovia era el domingo de la Divina Misericordia, uno de los mejores días de mi vida. Visitamos el Santuario de la Divina Misericordia, una pequeña Capilla de ladrillos donde Jesús se había aparecido y hablado a santa Faustina, iniciando su mensaje de misericordia para todo el mundo.

También era lugar donde reposaban los restos de la santa, en una tumba, y donde estaba colgada la imagen milagrosa de Jesús Misericordioso - realizada por pedido del mismo Jesús: "Deseo que esta imagen sea venerada, primero en esta Capilla y (luego) a través del mundo entero" (Diario #47). "A través de esta imagen quiero ofrecerles muchas gracias a las almas" (Diario #742). (1)

Ese día, solo seis mil personas querían hacer la misma visita. Había una fila desde aquí a la eternidad para poder entrar al santuario. Muy contenta, tomé mi lugar con Norma y el Padre Kotas, sintiendo como que me hubiese ganado la lotería. A través de los copos de nieve me di cuenta de una monja muy pequeña, parada fuera de las puertas del santuario; sostenía un micrófono y en la otra mano el "Diario de Santa Faustina", que hablaba en polaco y con una voz muy suave. "Padre", lo sacudí, "¿está leyendo el "Diario? ¿Qué es lo que está diciendo?"

"No, no lo está leyendo. Está hablando sobre lo que su Congregación, Las hermanas de Nuestra Señora de la Misericordia, solían hacer, y siguen haciendo. Ellas salen por las noches para buscar a mujeres en problemas y a chicas que viven en las calles -prostitutas, drogadictas, borrachas, sin hogar, abusadas- y las llevan al convento para ayudarlas. Santa Faustina tenía ese llamado y fue asignada específicamente a hacer este tipo de trabajo". El hecho de que esas monjas arriesguen su seguridad caminando en la noche, en lo profundo de los tugurios, me impresionó profundamente.

Finalmente llegamos a la entrada de la capilla. Debido a la gran cantidad de peregrinos sólo teníamos unos cuantos segundos para arrodillarnos ante la pintura de la imagen inspirada. Cuando llegó mi turno, tan pronto como me arrodillé y miré hacia arriba sentí como si estuviera arrodillada ante el Señor mismo. No podía creer que estaba delante de la "imagen". Observar la misma imagen que vieron los ojos de Santa Faustina; rezar en la misma Capilla donde Jesús le habló; saber que estaba transitando en un lugar de una santidad profunda que remeció los cimientos de este mundo; era algo que no podía asimilar completamente.

Retrocedí un poco más atrás de la imagen, sin querer apartar mis ojos de ella. Luego una de las monjas me acercó una reliquia de Santa Faustina, la cual besé en señal de veneración. Llena de las gracias que el Señor había prometido a quienes veneraran Su imagen, me alejé de la multitud y me apoyé en una de las paredes de la Capilla. Repentinamente escuché la voz de una mujer hablar dentro de mí. Sin saber cómo, supe exactamente quién era. La voz dijo en inglés: "Cuando estuviste en problemas en la calle, cuando Bonnie se acercó y te abrazó, yo estaba ahí. Yo fui a buscarte".

¡Santa Faustina! ¡Ella había ido a las calles, tal como lo hizo cuando vivía, y me rescató, una chica con problemas! Ella me había conocido muchos años antes de que yo la hubiera conocido y le había rezado a Dios por el momento en que la divina misericordia se hiciese verdadera para mí. Me era muy difícil creer que una santa en el cielo me hubiese hablado. No me era difícil imaginarme por qué me había sentido tan atraída hacia ella, hacia la Divina Misericordia, y a este lugar. Dios nos había juntado desde hacía mucho tiempo.

> "El Señor es bondadoso y compasivo,
> lento para enojarse y de gran misericordia;
> no acusa de manera inapelable
> ni guarda rencor eternamente;
> no nos trata según nuestros pecados
> ni nos paga conforme a nuestras culpas.
> Cuanto se alza el cielo sobre la tierra,
> así de inmenso es su amor por los que lo temen;
> cuanto dista el oriente del occidente,
> así aparta de nosotros nuestros pecados.
> Como un padre cariñoso con sus hijos,
> así es cariñoso el Señor con sus fieles..."
> Salmo 103, 8-13

Al día siguiente nuestro grupo subió al bus -compuesto por malos cantantes y gritones, con un sacerdote como líder que no podía soltar el micrófono para poder contarnos bromas.

"Toc, toc".

"¿Quién es?", respondimos.

"Un ladrón polaco". El Padre Kotas se rió de su propia broma mientras nosotras sonreímos casi como rugiendo. Sin inmutarse, prosiguió: "Un polaco va al oculista. En la última línea de la cartilla se encuentran las letras 'C Z Y N Q S T A S Z'. El oculista le pregunta: "¿Puede leer esa línea?"

"¿Leerla?, responde el hombre, 'yo conozco a esa persona'".

Esa broma nos tuvo revolcándonos de risa en los pasillos del bus. Entre broma y broma, el Padre Kotas compartía historias de fe y la historia de su país amado. Cuando estábamos por llegar a la ciudad de Czestochowa, *en el centro de Polonia*, su comportamiento juguetón se volvió de un tono de reverencia gozosa y de orgullo polaco. "Mañana", dijo, "vamos a visitar el Monasterio de Jasna Góra, que contiene una de las más preciadas posesiones de Polonia, una imagen de Nuestra Señora sosteniendo al Niño Jesús. Una leyenda cuenta que es el mismo evangelista San Lucas quien pintó este retrato de la Virgen en una mesa de madera de cedro, donde comía la Sagrada Familia. El ícono de Nuestra Señora de Czestochowa está asociado a muchos milagros, usualmente grandes milagros". Se veía claramente que el padre Kotas amaba a Nuestra Señora y su imagen mientras compartía la siguiente historia con nosotros:

"Nuestra Señora de Czestochowa es una de las pocas Madonnas Negras en el mundo. Es casi negra debido al humo de las velas que se han encendido cerca de ella durante varios siglos. Santa Elena, cuando estaba buscando la Cruz Verdadera en Jerusalén, descubrió -supuestamente- este ícono el año 326 y se la dio a su hijo, el Emperador Constantino, quien construyó en Constantinopla un santuario para ella, donde permaneció unos 500 años. La imagen fue mostrada durante una batalla y se le atribuye haber salvado la ciudad del ataque de los sarracenos.

"Luego de ello, se dice que la pintura terminó en Rusia donde estuvo durante casi 600 años, en un área que llegó a ser parte de Polonia. En 1382, cuando estaba colgada en el castillo del San Ladislao, un príncipe polaco, una flecha de los tártaros invasores, se clavó en la imagen de Nuestra Señora dejándole una cicatriz en el cuello. Luego de eso, durante los siguientes 600 años, descansó pacíficamente en el monasterio de los Padres Paulinos Polacos en Jasna Góra, cerca de Czestochowa, hacia donde nos dirigimos con el autobús".

"Pero nuestra Virgen Negra también se encontró en medio de un gran problema ahí. En 1430 los Husitas saquearon el monasterio de Jasna Góra. Cuando uno de los invasores atacó la imagen con su espada, tratando de sacar el oro y las gemas de Nuestra Señora, le hizo dos marcas en la mejilla derecha. Mientras se disponía a atacar a la imagen por tercera vez, el invasor se derrumbó en el suelo retorciéndose en una agonía terrible hasta que murió. Luego de eso huyeron los otros invasores, pensando que Dios también los mataría. Ahora, tengan en cuenta lo siguiente; esas dos marcas en la mejilla de Nuestra Señora, así como la cicatriz en su cuello, siempre han reaparecido a pesar de los diferentes intentos por restaurarla. Con el tiempo la gente ha llegado a entender que ese es un acontecimiento sobrenatural. En Polonia creemos que es la voluntad de Dios que sus cicatrices se queden donde están.

Intrigada por la historia de esa imagen sagrada no podía esperar para "verla" y comencé a imaginarme en cómo luciría "en persona".

Esa tarde llegamos a nuestro destino y cargamos nuestras maletas al convento ubicado en la vereda de enfrente de la Basílica del Santuario Nacional de Nuestra Señora de Czestochowa, donde nos íbamos a quedar. Luego de acomodarnos en nuestras habitaciones, las hermanas de la Sagrada Familia, seis simpáticas monjas que vivían ahí y servían a los peregrinos, ya habían preparado la cena para nosotras. Me senté junto al Padre Kotas, cuya compañera se sentó al otro lado -una monja viejita muy risueña, pero al mismo tiempo profunda, sabia y medio tontuela. Se notaba que los dos se conocían desde antes. Mientras que yo no dejaba de maravillarme por su alegría constante y su rostro extremadamente simpático, ella me miró, abrió grandemente los ojos, y me señaló. Retrocediendo un par de pasos, empezó a hablar con una autoridad tan seria que cambió su tono de voz. El comedor se quedó en silencio, aunque ninguno de los peregrinos la pudimos entender.

Cuando terminó de hablar, el Padre Kotas se dirigió hacia mí diciéndome: "La Hermana María dice que siente la Presencia de Dios sobre ti de manera muy poderosa -que eres una persona muy especial para Dios. Dios te tiene muy cerca suyo y vas a llegar muy lejos, todo dentro de los tiempos de Dios. Pero también requiere de sacrificios de tu parte. Si aceptas esos sacrificios por Dios, llegarás muy lejos. También dijo que estará rezando por ti frente a la imagen de Nuestra Señora de Czestochowa. Te va a consagrar a Ella". Ante estas palabras, la monja puso la mano sobre su corazón como un gesto de oración. Nuestras miradas se encontraron y en ese instante pareció como si hubiéramos salido fuera del tiempo y roto las barreras culturales o del lenguaje.

Rompiendo esa tensión santa en el comedor, el Padre Kotas se levantó y dijo: "Mañana nos levantaremos temprano y participaremos del momento en que se retira 'el velo'". Luego compartió con nosotros como esta era una costumbre religiosa de los polacos, que latía con el corazón espiritual de la nación, y que ocurría a las 5 de la mañana, cuando el paño plateado, que cubría la imagen de Nuestra Señora de Czestochowa, era levantado de manera muy ceremoniosa y lenta.

Al día siguiente Norma y yo nos despertamos antes del amanecer. Entramos en el Monasterio de Jasna Góra y, llenas de emoción, caminamos bajo los altos techos, bellamente adornados, hacia la capilla gótica de la Virgen Negra. Aproximándonos a la puerta de hierro arqueada, que iba desde el suelo hasta el techo, y que separaba el interior del santuario del resto de la capilla, nos sentamos en la banca más cercana a la Virgen. Recordé que alguna vez había leído que cuando santa Faustina visitaba Czestochowa, se pasaba cerca de seis horas delante de la imagen sagrada mientras decía: "Ella es realmente mi Madre".

A las 5 en punto de la mañana, comenzó a sonar fuertemente un tambor y todos los presentes se pusieron de rodillas. Mientras seguían sonando los tambores y se escuchaba en vivo unas trompetas, en una majestuosa fanfarria, la música portaba una melodía hecha de promesa y esperanza, reservada para la coronación de una reina; mientras el manto plateado que cubría a Nuestra Señora de Czestochowa se comenzó a levantar muy lentamente. Por un instante, me sentí como una auténtica visionaria que iba a ser testigo de la Reina Madre en el Cielo, bella y radiante. Cuando la imagen de Nuestra Señora, sosteniendo al Niño Jesús, estuvo completamente expuesta, el rostro que me miraba con gran intensidad tenía la apariencia de la Virgen María, como nunca antes había visto. Su expresión era de alguien que estaba sufriendo; se veía herida y cansada, como si hubiera librado una batalla feroz. Las cicatrices en su mejilla y su cuello revelaban que algo terrible le debía de haber sucedido y, sin embargo, parecía que no estaba pensando en ella misma. La manera en que sostenía a su Hijo en su brazo izquierdo y el gesto hacia Él con su mano derecha me hizo ver que, a pesar de haber sido herida, sólo pensaba en proteger a su Hijo. Mirándola intensamente, sentí que ella estaba haciendo lo mismo por mí.

Viendo a María, tan triste y marcada por las cicatrices, sentí un dolor intenso en el centro de mi pecho, y espontáneamente le entregué mi familia, mis rupturas, mis heridas. Le entregué todo. Este dolor profundo comenzó a revolverse -una sensación similar al agua en la oscuridad, como un pozo escondido profundamente y debajo de la tierra, que se revolvía en olas producidas por las rocas que se caían. Ella me estaba llamando. Las olas de mi corazón se estaban haciendo más y más altas, llegando hasta mis ojos, los que se llenaron -muy rápidamente- de lágrimas.

Entonces las puertas de dolor que llevaba dentro mío se abrieron. Comencé a llorar incontrolablemente. Un dolor muy profundo, escondido durante años por las drogas; por mis enamorados; por mi deseo de destacar por mi belleza y de ser amada; se convirtió en un sollozo muy profundo. Aunque la agonía de haber sido librada en mi espíritu me agarró por sorpresa, sabía el significado de cada una de esas lágrimas. Cada lágrima que rebotaba en el piso de piedra era un pedazo de mi familia destrozada.

Lloré casi una hora. Nunca antes había sentido tanta pena, de esa manera, por mi familia. El proceso era desgarrador, y para ayudarme a sobrepasarlo, María vino junto a mí. Sentí que me sostenía y me protegía entre sus brazos cariñosos, de la misma manera que lo hacía por el Niño Jesús.

Durante nuestro tiempo restante en Czestochowa deseé estar con la Virgen Negra cada momento que podía. Cada vez que me aproximaba a su imagen sentía como si estuviera descubriendo a mi Madre por primera vez. Su espíritu dulce me tocaba, tranquilizando el mío, como el toque de una madre cariñosa arropando, a su bebé que llora, en una manta muy suave. Norma tenía que -literalmente- jalarme para apartarme de ella. No quería irme. Todo lo que deseaba era estar sentada junto a mi Mamá.

Mi cabeza no podía entender por qué sentía una conexión tan profunda con un ícono que se encontraba al otro lado del mundo. Solamente después descubrí el por qué. Nuestra Señora de Czestochowa es la Patrona de las mujeres que han experimentado abortos y de todos aquellos que durante su niñez han sufrido heridas y llevan cicatrices.

> "Junto a la cruz de Jesús, estaba su madre y la hermana de su madre, María, mujer de Cleofás, y María Magdalena. Al ver a la madre y cerca de ella al discípulo a quien él amaba, Jesús le dijo: «Mujer, aquí tienes a tu hijo». Luego dijo al discípulo: «Aquí tienes a tu madre». Y desde aquella hora, el discípulo la recibió en su casa".
>
> Juan 19, 25-27

Con mi corazón aún en Czestochowa, abordamos nuevamente el autobús. Nos dirigimos hacia Auschwitz, el infame campo de concentración de los Nazis. Este fue el único tramo en el bus que mantuvo al Padre Kotas en una nota de seriedad. Con el fantasma del Holocausto acechando nuestras mentes, los peregrinos hablaron muy poco entre ellos durante las tres horas que duró el viaje. En una de las guerras más brutales del Siglo XX, fueron exterminados millones de judíos, católicos y protestantes, entre otros. (2)

"Patricia", me susurró el Padre Kotas, en español para que los demás no pudieran entenderlo, "cuenta tu historia a los peregrinos".

"Padre, no voy a hacerlo. Es demasiado vergonzosa. No gracias".

Media hora después el Padre Kotas me pidió de nuevo: "Psst, Patricia. Realmente pienso que deberías dar tu testimonio. Es muy poderoso".

"Padre, realmente pienso que no debería hacerlo. De ninguna manera". Pasó una hora.

"Hola Patricia", susurró nuevamente, "adivina quién te habla. Por favor, comparte tu testimonio".

"Padre, piense en lo que me está pidiendo. Piense en cuán cursi e incómodo es esto. Usted quiere que hable por el micrófono -en un autobús de turismo- sobre mis tres abortos. ¿Acaso existe alguien que quisiera hacer eso? ¿Quién, en todo este mundo, quisiera que yo hiciera eso? ¿Quién en este mundo quisiera que alguien hiciera eso?"

Soltó una risita. Luego, cambiando de tono a un susurro más serio dijo: "Conozco a una pareja de católicos en esta peregrinación que están a favor del aborto. Ellos piensan que no es un gran problema; necesito que hables sobre eso para que puedan escuchar la verdad". Sintiéndome intranquila y con pocas ganas, lo miré escéptica, desconfiada, y le hice un gesto de desprecio muy educado. El Padre Kotas me rogó una vez más: "¿Por favor Patricia? Hay un joven en este bus que ha venido a esta peregrinación como invitado mío pues es alcohólico. Se ha metido en muchos problemas y quería librarlo de ellos por un tiempo. Creo que este joven necesita escuchar lo que tú puedes decir. Quisiera ayudarlo a que tenga un poco de esperanza".

Inmediatamente supe de quien se trataba. El Padre Kotas había descubierto mi punto débil. Por el bienestar de ese joven me dirigí hacia el asiento de adelante, junto al chofer, y tomé el micrófono. Mirando hacia el camino ventoso que se veía adelante, comencé a hablar para la audiencia "cautiva" detrás mío, contando cada detalle de mi historia, los buenos y los malos.

Cuando terminé, el bus continuó su camino en un silencio sepulcral. Ni una sola palabra. Cuando regresé a mi asiento no escuché nada... nada, solo el llanto del joven.

Cuando llegamos, los peregrinos con los cuales había rezado y reído a lo largo de todo el viaje, pasaron junto a mí, esquivándome con un silencio incómodo, todos menos el joven. Con los ojos rojos por el llanto se dirigió hacia mí y dijo: "Estaba molesto porque me sentía forzado a ir a Auschwitz en este viaje. Estoy en el proceso de desintoxicación del alcohol; estoy lejos de mi esposa y de mis hijos y, con toda seguridad, no quería escuchar tu historia, por lo que me puse los audífonos para bloquear tu voz. Sin embargo, a través de la música, todavía podía escuchar lo que decías y comencé a identificarme con cada cosa que decías. Con más curiosidad que otra cosa, me saqué los audífonos y luego, repentinamente, no podía dejar de llorar y menos ponerme nuevamente los audífonos. Quería agradecerte porque tu historia me ha dado esperanza". Nos abrazamos e hice una oración en voz alta por él. Luego, en silencio, hice una oración de acción de gracias por la oportunidad de haber sido instrumento de Dios.

Volteándome, me uní a Norma, quién estaba parada bajo un arco de hierro forjado que tenía un letrero que decía en alemán, *"Arbeit Macht Frei"* *("El Trabajo los hará Libres")*. A cada uno de los que llegaban a ese campo les habían dicho que todo lo que les habían confiscado se les iba a devolver: su libertad, sus posesiones, su familia y además una vida mucho más fácil que la que habían tenido, si es que trabajan arduamente. La entrada al lugar donde morirían comenzaba con una mentira.

Mientras caminábamos, sin palabras, dentro de las cercas eléctricas y con púas, visitamos una cámara de gas, un crematorio, barracas, las celdas utilizadas para las diferentes clases de torturas mortales, y la plataforma donde los prisioneros eran seleccionados -luego de la llegada del tren- para ser enviados directamente a trabajar o a las cámaras de gas. Entre esas visiones de horror, había tres escenarios que me hablaron intensamente. El primero consistía en una pila gigante de hilos muy finos y enredados, detrás de la cual estaba colgada una chaqueta y una frazada. Inclinándome para ver más de cerca, me di cuenta que la chaqueta y la frazada estaban tejidas con cabellos humanos. Se usaban para que los soldados alemanes no pasaran frío. Con el estómago revuelto y los ojos bañados en lágrimas, caminé por el largo pasillo cuyas paredes estaban cubiertas, desde el piso hasta el techo de vidrio, con cajas repletas de ropas de bebés. Me golpeó el hecho que alguna vez una criatura preciosa hubiese usado esas ropas y luego hubiese sido asesinada brutalmente, posiblemente por un disparo, o dejada a morir de hambre, o simplemente arrojada por algún soldado dentro de la cámara de gas. "¿Pero, cómo?" me pregunté. "¿Cómo había sido posible que los hombres de la SS del partido Nazi hubieran agarrado a una de esas criaturas y la hubieran asesinado? ¿Cómo lo pudieron haber hecho sin ningún amor o compasión en sus corazones? ¡Nada!"

Hacia el final de la visita llegamos a la celda en la cual a Maximiliano Kolbe, "el santo de Auschwitz", lo habían mantenido y dejado para que se muriese de hambre. San Maximiliano era un sacerdote Polaco Franciscano que había fundado en 1917 un movimiento de evangelización católico a nivel mundial llamado la *"Milicia de María Inmaculada"*. De manera póstuma, había sido declarado el patrón del movimiento pro-vida. Cuando Maximiliano tuvo doce años, se le apareció la Virgen María sosteniendo dos coronas, una blanca y la otra roja. Le preguntó si estaba dispuesto a aceptar alguna de ellas. La blanca significaba que perseveraría en la pureza; y la roja que llegaría a ser mártir. Él le dijo que aceptaba ambas.

Mientras observaba la pequeña celda #18 del santo, en la cual había un cirio Pascual encendido sobre un pequeño altar, nuestra guía compartió unas historias del sufrimiento y sacrificio del Padre Kolbe. En el campo, cuando otros competían por su escasa ración diaria de pan o de sopa, el Padre Kolbe se mantenía a un lado dejando que los otros comiesen primero. Frecuentemente se quedaba sin nada. Luego de haber sido golpeado y dado por muerto, se aseguró de escuchar confesiones en la enfermería, buscando maneras de ofrecer esperanza y sanación. A todos les ofreció un amor paternal. Los sobrevivientes de Auschwitz que conocieron al Padre Kolbe dijeron que parecía que nunca pensaba en sí mismo y que nunca se cansaba de hablar de la bondad infinita de Dios. Alguna vez le preguntaron si tal abnegación tenía sentido en un lugar en donde la supervivencia era casi animal, y respondió: "Cada hombre tiene un objetivo en la vida. Para la mayoría de hombres es regresar a su hogar, a su esposa y a sus familias, o donde sus madres. Por mi parte, entrego mi vida por el bien de todos los hombres".

El Padre Kolbe fue el único, en todos los campos de concentración alemanes, que se ofreció morir en lugar de otra persona. Cuando escapó uno de los prisioneros asignados en su barraca, se escogieron al azar diez personas de su sección para morir de hambre, a modo de castigo. Entre esos elegidos se encontraba un joven polaco, un sargento llamado Gajowniczek, quien lloró: "Oh mi pobre esposa, mis pobres hijos. ¡Nunca los volveré a ver!" En ese entonces el Padre Kolbe ofreció su vida por ese hombre a quién no conocía.

Transferido con los otros nueve desafortunados a una celda pequeña, el Padre Kolbe dirigió a los prisioneros en cantos y oraciones, alabando a Dios por su bondad. Unos a uno fueron colapsando y cayendo muertos sobre el piso de piedra, hasta que nadie, salvo él, quedaron vivos. Cada vez que los guardias de la SS se detenían ante la celda el Padre Kolbe les sonreía con el amor de Cristo. "No me mire", le solían decir como respuesta. Luego de más de dos semanas sin agua ni comida el Padre Kolbe todavía estaba vivo, por lo que para librarse de él, le inyectaron un veneno que le llegó directamente al corazón. El último insulto que ellos sintieron fue cuando él les ofreció -con total libertad- su brazo. (2)

Observando la llama de la vela en la celda #18 comencé a llorar. Me sentí, más que nunca en vida, orgullosa de ser católica. Al mismo tiempo mi alma se revolvió de tristeza mientras consideraba ese final brutal y sin sentido de la vida de San Maximiliano Kolbe. Para los Nazis no era nada más que el Número 16670. Pero luego me vino un pensamiento, como si viniera desde afuera, que me planteaba la siguiente pregunta: "¿Puedes entender cuán importante fue que San Maximiliano Kolbe viviera tanto como lo hizo?" Sí, podía entender. Podía entender cómo debía haber ayudado a salvar incontables almas a través de su testimonio de vida, su servicio, sus oraciones, incluso a través del ejemplo de santidad que dejó y que aún subsiste.

Luego tuve una especie de revelación. Su vida no tenía precio. ¿Qué hubiera pasado si San Maximiliano Kolbe hubiese sido asesinado en el vientre materno y no en Auschwitz? ¿Cuál de esos asesinatos hubiera sido peor?

La voz de nuestra guía interrumpió mi diálogo interior: "Como pueden ver, este campo era una fábrica de asesinatos de vidas humanas". Pensé en cómo durante el Holocausto, había gente buena que sabía que los campos de exterminación estaban mal, incluso si ellos escogían permanecer en silencio. Sin embargo, en nuestros días la gente buena no era capaz de percibir que los campos modernos de exterminación de vidas humanas estaban alrededor de ellos y que era algo malo.

En ese momento escuché dentro de mi alma el canto de millones en la actualidad: "¡Necesitamos luchar para mantener el aborto seguro y legal!" Y detrás de esa cortina de humo, un canto maléfico absurdo: "¡Debes pelear por el derecho de asesinar a tus propios hijos!" Agarrándome el estómago, incapaz de tragar la enormidad de todo eso, me arrojé hacia la misericordia infinita de Dios. "Oh, la ceguera en el mundo... la oscuridad y la ceguera absoluta ".

"Había personas que estaban conscientes de lo que sucedía", continuó la guía, "pero escogieron mantenerse en silencio".

"Yo no me quedaré atrás sin hacer nada", juré en mi corazón. "No permaneceré en silencio... no seré uno de esos que se voltea haciéndose el ciego... no seré así..."

> "Si flaqueas en el día de la adversidad,
> ¡qué poca fuerza tienes!
> Libra a los que son arrastrados a la muerte,
> salva a los que van con pasos vacilantes al suplicio.
> Si dices: «¡Este no es asunto mío!»,

¿no lo tendrá en cuenta el que pesa los corazones
Aquel que te observa lo sabrá y retribuirá a cada uno
según sus obras".
Proverbios 24, 10-12

Datos: El Doctor Martín Luther King Jr., líder reconocido del Movimiento moderno de los Derechos Civiles, predicó lo siguiente en la Navidad de 1967:

"La siguiente cosa de la cual debemos preocuparnos es si vamos a tener paz en la tierra y la buena voluntad hacia los hombres es la afirmación de la no-violencia y de la sacralidad de la vida humana. Cada persona es alguien porque es hijo de Dios... El hombre es más que... electrones conectados o una pizca de humo... El hombre es un hijo de Dios, hecho a Su imagen, y por lo tanto debe ser respetado como tal... Cuando realmente creamos en la sacralidad de la personalidad humana, no explotaremos a las personas, no pisotearemos a la gente con el pie de hierro de la opresión, no asesinaremos a nadie". (3)

La mitad de los católicos cree que el aborto debería ser legal en todos o en la mayoría de los casos (4); y el aborto es visto en muchos países -en particular en los Estados Unidos- como un derecho civil. Sin embargo, los activistas de los derechos civiles, en su mayoría, han censurado la violencia y el asesinato. Sin embargo, de alguna manera, en el caso del aborto hay una desconexión con la realidad.

Déjenme Vivir

CUANDO LLEGUE A CASA DE POLONIA me encontré con muchas sorpresas -algunas bienvenidas, otras no-. Encontré en el buzón de correo una carta informándome que tenía que desalojar la casa, señalando que no iban a haber prórrogas. Tenía dos semanas para irme de la casa. Dejé a un lado la carta, decidida a enfrentar cosas menos malas en mis correos electrónicos acumulados.

De boca en boca, una página web nueva con mi nombre, y mi entrevista en Cara a Cara colgada en YouTube, habían causado que mi historia se volviese viral. (1) Mi buzón de correo estaba lleno de pedidos para hablar en los Estados Unidos, Colombia y México. Una mujer de Tijuana escribió: "Doy charlas de preparación para el matrimonio y les muestro tu video a las parejas antes de que se casen".

"Qué cosa tan rara", pensé.

Otro correo electrónico decía: "Muchas gracias por tu video en Cara a Cara. Trabajo en un centro de embarazos en Veracruz y aquí les mostramos tu video a las mujeres que no tienen dudas en su deseo de abortar. Te escribo para contarte que hoy llegó a la clínica -por tercera vez- una muchacha de 21 años, dispuesta a realizarse un aborto a pesar de estar en el último trimestre. Dado que le costaría aproximadamente unos 28,000 pesos (cerca de $1,800 dólares americanos), puso su casa a la venta para poder pagarlo (ya tenía un comprador listo). Le dije 'entiendo que quieres tener un aborto, pero antes de hacerlo, hay un video en YouTube que me gustaría que vieses. Mientras miraba el video comenzó a llorar incontrolablemente y cuando terminó dijo: 'No puedo abortar. De ninguna manera'. Gracias Patricia por ser tan valiente. Tu video es nuestra última esperanza y nuestra gran arma cristiana". (1)

"¡Wow, Dios! Gracias por hacer todo el trabajo. ¿Esto significa que me puedo retirar?" Sintiéndome un poco abrumada porque sabía que la respuesta era No, cerré mi computadora hasta el otro día. Mirando mi reflejo en el espejo, de quien está cansada por el viaje, decidí poner a un lado las tareas inmensas de la mudanza y de predicar a lo largo del mundo, y, en vez de ello, fui a que me arreglen el cabello. Cuando llegué a mi salón de belleza favorito, las estilistas me hicieron saber que habían seguido mi consejo y que habían ido a su primer retiro, ofrecido por las Hermanas Misioneras de México. Una de ellas dijo: "En el retiro las monjas nos mostraron un video que les muestran a todas... Mientras lo mostraban no podíamos respirar y tuvimos que agarrarnos a nuestras sillas... ¡Adivina qué! ¡Eras tú!" Les sonreí de manera fingida mientras ellas agarraban sus teléfonos y comenzaron a textear rápidamente -sus dedos volaban en el aire-. Diez minutos más tarde se aparecieron las monjas en sus hábitos.

"Esto debe ser una broma", murmuré, mientras estaba sentada con mi cabello lleno de papeles plateados y una capa negra de plástico sobre mis hombros, pensando en cómo podría derretirme en el suelo y convertirme en un charco de acondicionador de cabello.

Al día siguiente ya estaba lista para abrazar la tarea de encontrar un nuevo hogar. De manera fortuita encontré un departamento muy pequeño, de un sólo cuarto, en Petaluma -y que además era lo único que yo podía pagar. El día en que me iba a mudar de mi casa, que había sido puesta a la venta en un arreglo con el banco, me levanté feliz. "Gracias Dios, me estoy mudando", pensé. "No habrá más días en que sabiendo que mi papá vive a dos cuadras y maneja frente a mi casa cada día, no hace el intento por verme. Al menos, mudándome más lejos, podré tener la excusa -en mi cabeza- de que estamos muy lejos para que me visite, y así permaneceré segura en la negación de que no le importo".

En la mañana, antes de recoger el camión que había rentado para la mudanza, decidí ir por café en una cafetería local. Cuando estaba terminando de pagar mi orden, miré sobre mi hombro y vi que mi papá estaba haciendo fila, dos personas atrás mío. Él volteó su cabeza rápidamente, aunque me pude dar cuenta -en ese breve vistazo- que estaba actuando como si no me hubiera visto. Recogí mi café y salí rápidamente del local. El temor de haber sido rechazada nuevamente era más de lo que podía soportar. Una vez en mi auto me quebré y lloré como si estuviera loca, pues me había herido profundamente. ¿Cómo es que un papá puede ver a su hija, la hija ver a su padre, y que ellos actúen como si nunca se hubieran conocido?

Luchando contra las intensas olas de tristeza, me establecí en mi departamento nuevo y, eventualmente, a manera de distraerme de mí misma, empecé a responder los pedidos que me llegaban vía correo electrónico. Muy pronto, me olvidé de mi pena mientras abordaba un avión hacia Colombia para lo que se convertiría en una misión agotadora

-como un torbellino -y que por la gracia de Dios se convirtió en un éxito abrumador. Asumiendo que iba a ser la persona designada para hablar en un evento pro-vida, me asusté cuando a mi llegada me enteré que me habían programado para un par de eventos por día, con un ministerio de música que me acompañaba, y en el que habrían multitudes, de quinientas a mil personas.

Dondequiera que iba la banda de música me seguía, y cada vez que llegaba al punto en mi historia cuando por primera vez llegaba a la clínica de aborto, un niño de cuatro años, vestido con traje de mariachi, cantaba las letras lastimeras de la canción "*Déjame Vivir*", de Vicente Uvalle Castillo. Esa canción raramente dejaba algún ojo seco. Después de todas las presentaciones, que duraban una hora o dos, la gente hacia filas para hablar conmigo, y yo escuchaba sus historias -quedándome unas tres o cuatro horas más. No me importó el tiempo que tomaba. Los abrazaba. Los besaba. Quería encarnar el cariño de Dios, especialmente por los más jóvenes. Dondequiera que iba hacía explícito el hecho de amar. Como decía San Pablo: "*Aunque yo hablara todas las lenguas de los hombres y de los ángeles, si no tengo amor, soy como una campana que resuena o un platillo que retiñe*" (*1 Corintios 13, 1*). Era el amor lo que los sanaría. El amor era más importante que cualquier palabra que yo pudiera pronunciar.

En respuesta, los jóvenes mostraban abiertamente su corazón. La mayoría de ellos lloraba. Algunos se aferraban físicamente a mí, como si estuvieran agarrándose a la seguridad de una boya en las aguas profundas. Las chicas gritaban entre sollozos: "¡Gracias, gracias!" Luego supe que muchas de ellas al llegar a casa confesaron a sus padres -de manera absolutamente libre- sus desobediencias y sus pecados diciendo que querían cambiar.

Muchos jóvenes se atrevieron a contarme sus vidas, revelándome sus dolores secretos, cosas que nunca le habían dicho a otra persona. Un grupo de diez chicas compartieron conmigo su adicción a cortarse. Si una de ellas quería detenerse las otras no se lo permitían. Conocí a chicas que habían sido violadas por sus padrastros o sus profesores y que habían sido forzadas a realizarse abortos. Hablé con niñas que se estaban prostituyendo con gente de cuarenta años -y más- con el fin de comprar drogas. Chicos y chicas de doce años me contaron de las orgías que mantenían entre ellos. Chicos de once años me compartieron su deseo de librarse de la adicción a la pornografía. Una muchacha joven, de buena posición económica, se lamentaba de haberse entregado a muchachos y a hombres mayores que ella como substitución al anhelo de atención por parte de sus padres, en vez del dinero o la libertad permisiva que le concedían. Una niña de diez años lloró en mis brazos contándome que su prima había sido engañada por su mamá y su tía, a los diez años de edad, y que ahora -un año después- estaba en una clínica mental luego de haber intentado suicidarse varias veces. Una niña de trece años me dijo, muy asustada: "Creo que estoy embarazada. Acabo de tener relaciones sexuales esta mañana con un muchacho".

De todos aquellos con los cuales conversé, no podía sacar de mi mente la imagen de una chica bellísima -de quince años de edad- quien me dijo: "Haría cualquier cosa por hacerme daño a mí misma, me odio muchísimo. Me golpearía con una sartén, me rasparía, me mordería y me acuchillaría". Miré su cuerpo y vi que su rostro y sus brazos estaban amoratados y con cortes. La chica parecía una modelo de pasarela, sin embargo, su mayor terror era verse en el espejo. Cuando le pregunté de dónde pensaba que venía ese dolor me dijo: "Del rechazo de mis padres".

Agarrándola de la mano le confesé: "Yo he luchado con problemas similares, pidámosle al Espíritu Santo que nos ayude. No estás sola. Yo también he sufrido el abandono de mis padres. Pero Dios lo puede todo. Ahora reza conmigo..."

De todos los problemas que encontré en los jóvenes, el divorcio o el abandono de sus padres era la raíz de sus dolores más profundos. A cada uno de ellos los entendía.

"Bendito sea Dios, el Padre de nuestro Señor Jesucristo, Padre de las misericordias y Dios de todo consuelo, que nos reconforta en todas nuestras tribulaciones, para que nosotros podamos dar a los que sufren el mismo consuelo que recibimos de Dios. Porque así como participamos abundantemente de los sufrimientos de Cristo, también por medio de Cristo abunda nuestro consuelo".

2 Corintios 1, 3-5

Cuando estaba de viaje, difícilmente tenía tiempo para mí misma y, al mismo tiempo, era considerada una especie de celebridad. La gente me seguía y se apoyaba en mí, pidiendo que rezara por ellos, que les diera algún consejo, que los escuchara -mientras que cuando estaba en casa, Patricia estaba en su pequeño departamento, haciendo lo mejor posible para asegurarse de tener comida en el refrigerador para el día siguiente. Este contraste lo encontré surrealista; cuando viajaba nunca me sentía sola; pero viviendo sola en casa, con muy poco o casi sin ningún contacto con mi familia, se producía un vacío en mi corazón, por lo que hice lo mejor posible para recordarme que nunca estaba realmente sola. Mi compañía permanente eran los santos. Cuando llegaba a mi apartamento vacío, luego de un día de trabajo duro, abría la puerta y exclamaba: "¡Hola a todos! ¡Estoy en casa!"

Los santos eran mis amigos, pero Jesús era mi pilar. Crecí dependiendo absolutamente de Él, incluso en los asuntos más triviales, y me engarzaba en conversaciones con Él mientras trabajaba, manejaba, comía e incluso cuando lavaba los platos. Antes de dormir le decía a Jesús lo mucho que lo amaba y cantaba himnos de consolación ante Su imagen. Cada mañana, mirando borrosamente dentro de mi armario, le preguntaba: "Señor, ¿cómo me voy a vestir?" Antes de hablar ante la gente le preguntaba: "Jesús, ¿qué es lo que quieres que diga?

En muy poco tiempo, los pedidos para dar conferencias se hicieron tan frecuentes que decir sí significaba que dijera no a mi trabajo. "Nos encanta tenerte aquí", señalaban los doctores en la clínica, "pero no podemos tenerte aquí dejando de trabajar aquí por tantos períodos de tiempo". Comprendí su situación al mismo tiempo que entendía mi posición con Dios. No tenía otra opción más que confiar mis necesidades temporales, nuevamente, en las manos de la Providencia.

Apoyándome en el Señor, como un jinete sosteniéndose sobre un caballo salvaje, comencé a viajar extensamente en los Estados Unidos y a Latinoamérica. Nunca me imaginé por un instante que me pedirían que regresara a un mismo lugar, pero en muchos lugares me pedían que regresase -una y otra vez- incluso hasta por una cuarta vez. Los jóvenes que me escuchaban en una localidad, llamaban a sus amigos para ir con ellos al siguiente lugar en el que hablaría, haciendo que me preguntase:

"¿Quiénes son los que quieren escuchar de nuevo a esta misma mujer?" Todos parecían -jóvenes y adultos- identificarse con alguna parte de mi historia. Incluso en las cosas más simples y pequeñas que decía, la gente recibía intuiciones sobre ellos mismos, sanaciones y transformaciones profundas en su corazón.

En todos mis viajes hice lo mejor posible por consultar constantemente con Jesús, pues solo Él sabía exactamente lo que la gente alrededor de mí necesitaba. Durante una misión en particular, un tour dirigido particularmente a niños en la escuela -durante mi tercera visita a Ibague, Colombia- mi hábito de conversar con el Señor hizo la diferencia entre la vida y la muerte.

Antes de hablar en mi primer tour escolar, le pregunté a Jesús qué era lo que quería que dijera y, escuché en mi espíritu la palabra "suicidio". A los pocos minutos de haber comenzado a hablar, mi pulso se aceleró, y comencé compartir pensamientos sobre el valor de la vida y cómo es que Dios tiene un plan para cada uno de nosotros. Luego de haber terminado, dos bellas niñas -de doce años de edad- se me acercaron llorando. "Somos las mejores amigas" dijo una, "y nos cortamos". Se arremangaron las mangas para mostrarme sus brazos. "Nuestros cortes no son superficiales; nos cortamos profundamente en nuestras muñecas y en nuestros antebrazos porque no nos llevamos bien con nuestras mamás. No puedo llorar delante de mi mamá porque eso la enoja, por lo que me corto con un cuchillo para aliviar mi dolor".

Las llevé a un costado y empecé a rezar por ellas, diciéndoles que Dios las amaba y que tenía un propósito para sus vidas. Una amiga de ellas, que estaba sentada muy cerca, escuchó nuestras oraciones y se acercó a nosotros, llorando histéricamente. Llamando a los miembros del grupo de oración para que rodeen y recen por las dos niñas, me salí del círculo para sentarme con la otra chica. "Tú no entiendes", sollozaba. "Si no hubieses venido a mi colegio esta mañana mis dos amigas estarían muertas. En este momento tienen pastillas y navajas en sus mochilas, pues esta mañana habían hecho un pacto para suicidarse. Intenté disuadirlas pero ellas estaban completamente decididas a hacerlo. Sus planes se detuvieron cuando los profesores nos reunieron para hacernos escuchar tu plática. Se cortan tan frecuentemente que ya no tienen miedo de hacerlo. Iban a tomar esas pastillas y cortarse aquí en el colegio para desangrarse hasta morir. Si no hubieras venido hubiera sido demasiado tarde".

Esto sucedió durante las primeras horas de mi viaje de misión. Al día siguiente, luego de escuchar mi testimonio, algunos jóvenes -hombres y mujeres- se me acercaron preguntándose si eran homosexuales debido a ciertos sentimientos y experiencias que habían tenido. En mis charlas no había hablado de la visión de Dios sobre este asunto pues no quería ofender a nadie, pero al consultar con Jesús me dijo que les dijera la verdad, cosa que hice, al tiempo que hacía lo mejor posible para hablarles con amor. Para mi sorpresa los chicos no se sintieron ofendidos en lo más mínimo y me abrazaron agradecidos por haberlos liberado de su confusión.

Transformaciones inusuales se volvieron una cosa muy común. Luego de uno de mis testimonios, un muchacho -cubierto de tatuajes y con ropas de cuero negro, así como las uñas pintadas de negro- lloró en mis brazos, sintiendo la misericordia de Dios derramada sobre él. Cuando me fui, me siguió en su motocicleta hasta el lugar en donde me estaba alojando para rezar el Rosario. En otra presentación, dos de los chicos más problemáticos del colegio -autoproclamados ateos- se dirigieron hacia la oficina del encargado de disciplina del colegio, un sacerdote Legionario. Llorando, le dijeron que mi plática les había cambiado sus vidas: "No sabíamos cuánto nos amaba Dios. Ahora queremos ser buenos".

A cada uno de mis testimonios delante de los jóvenes, le seguían preguntas que ellos habían escrito de manera anónima. Descorazonada al descubrir cuántos de esos chicos estaban envueltos en sexo, respondí a la luz de las enseñanzas de la Iglesia, sobre los condones, enfermedades y en cómo no quedar embarazados. "Sólo hay una manera de la cual Dios les está pidiendo que vivan, les dije, "y en este momento no incluye las relaciones sexuales. Les han dicho que si usan contraceptivos están teniendo sexo seguro. Pero usar cualquier tipo de contraceptivo significa añadir un pecado encima de otro. Hay ciertas formas de control natal que pueden asesinar a un nuevo ser que recién se está formando -sin contar que la 'Píldora' puede producir cáncer y estropea el medio ambiente. No existe una cosa llamada 'sexo seguro' simplemente por el hecho de usar contraceptivos. Piensen en esto: ¿Qué es lo que mantendrá tu alma segura, el camino seguro hacia la vida eterna? Sólo la abstinencia les podrá permitir eso". Que ciegos están los jóvenes imitando lo que se muestra en la televisión y en las películas, con muy poca o ninguna comprensión de las consecuencias para sus cuerpos, sus vidas, la vida de sus futuros hijos y la de sus almas.

En Ibagué, la mayoría de muchachos y muchachas de diez y once años con los que hablé eran sexualmente activos; la mayoría de chicas que tenían sexo quedaban embarazadas (nadie, a esa edad, piensa en utilizar condones); y la mayoría de chicas estaban abortando. Dado que la ley permitía el aborto en el caso de violación, los más jóvenes y pobres con los que hablé me contaron cómo les mentían a los doctores diciéndoles que habían sido violados, para que el aborto les resultara gratis, a costa del gobierno. Si tenían dinero, corrían a comprar ilegalmente la RU 486 en algunas farmacias locales. Se las vendían sin hacerles ninguna pregunta. No se les notificaba a los padres. Tristemente, Ibagué no era un caso aislado. De todos los chicos con los que hablé personalmente en Latino América - unos cuantos miles- la mayoría de los que estaban activos sexualmente habían comenzado a tener sexo a la edad de diez u once años. Ellos mismos me lo decían en nuestras conversaciones o se abrían con toda franqueza para darme esta respuesta cuando se los preguntaba. Para los trece años esos chicos ya estaban completamente iniciados en un estilo de vida sexual.

Debido al gran decaimiento moral que se mostraba ante mis ojos, me quedé sorprendida y agobiada. No sabía, mientras araba los surcos cada día, si debía llorar o volverme insensible. Los chicos se me acercaban para contarme esas verdades feas y horribles. Los niños estaban asesinando a sus propios niños y esto los iba a marcar por el resto de sus vidas. Estaban alejados de Dios, y había muchas cosas que quería hacer por ellos sin conseguirlo. "¿Qué está pasando con el mundo?" me pregunté. "¿Dónde está la gente que debería estar hablando sobre esto?" *"Estos son sus hijos"*, quería gritar.

Me daban diez minutos con cada chico con el fin de poder hacer la diferencia. Diez minutos. "Ayúdame Señor", rogaba para mis adentros. "¿Cómo puedo ayudar a estas almas infantiles a sanar del pecado sexual y el aborto cuando solo cuentan con once años? ¡Ellos ni siquiera saben lo es ser una mujer o un hombre!" Con mis brazos estirados atraía a los niños hacia mí y los abrazaba. Les permitía llorar sobre mis hombros. Les decía cuanto los amaban Jesús y María y lo mucho que querían lo mejor para ellos.

En ese viaje hablé en otra escuela, donde un muchacho de quince años tomó una de mis tarjetas de presentación. Dos días después llamó angustiado a la casa donde me estaba alojando: "Necesito hablar con Patricia. ¡Necesito hablar con ella inmediatamente!" Tomé el teléfono. "Te escuché hablar y hoy día mi hermana mayor descubrió que está embarazada. Está a punto de ir a la farmacia para comprar una píldora abortiva".

"Voy inmediatamente y te vamos a recoger a ti y a tu hermana". La familia que me alojaba saltó conmigo en el auto y los trajimos a la casa. Me encerré en la habitación con la chica por unas dos horas. Le conté mi historia. Le dije que la vida que llevaba dentro suyo era un bebé verdadero.

Le dije que Dios tenía un plan para esa criatura. Pero mis palabras parecían vanas. Era incapaz de escucharme. Su mirada estaba en blanco, como si estuviera en estado catatónico. "Mis papás me van a asesinar", repetía. "Quiero abortar. Sólo tengo diecinueve años. Tengo que abortar".

Me sentí muy desesperada. No había nada bajo mi control y estaba luchando por la vida de dos personas. Preguntándome qué podría hacer para hacerle ver cuál sería el resultado de su elección, caminé hacia la sala de la casa y la llevé a sentarse en una mecedora muy cómoda. Mirando a mi alrededor -y en pánico- recé: "¿Qué hago Jesús? ¿Qué hago?" Mi visión periférica vio una estatua de la Virgen María en la que se le mostraba "embarazada". "Sostén esto", le dije, colocando a "María" en sus manos. "Sostén su barriguita y pídele que te ayude a tener la fortaleza para ahuyentar tus miedos". Mientras la chica estaba sentada en la silla, meciéndose y llorando, con sus dedos moviéndose en la estatua, me fui a mi habitación mientras le decía: "No te des por vencida. ¡Espérame que te voy a mostrar algo!"

Buscando de manera frenética en mi maleta, encontré uno de los fetos de plástico -que siempre llevaba conmigo- y corrí a la sala para ponerlo en la palma de sus manos. "Este es del tamaño de tu bebé". Mientras lo miraba, como hipnotizada, una sonrisa comenzó a emerger desde la esquina de sus labios.

La familia que nos alojaba, el hermano de la muchacha y yo, nos pusimos en círculo alrededor de la mecedora y comenzamos a rezar en voz alta. Las lágrimas comenzaron a brotar de sus ojos y caer por sus mejillas. Ni ella ni su hermano asistían frecuentemente a la Iglesia y tampoco rezaban, pero mientras miraba al chico con sus ojos cerrados fuertemente -en un acto de oración suplicante por la vida de su sobrino o sobrina- vi algo santo en su rostro y pensé para mis adentros: "parece como si pudiera llegar a ser sacerdote".

Cuando nuestras oraciones se fueron haciendo menos sonoras, hasta el punto del silencio, la chica nos miró con un gesto de gratitud. "Aquí estamos por ti", le dijo la familia. "No estás sola. Te vamos a ayudar. No estés asustada". Asintió con su cabeza y sonrió. Luego, a través de su hermano, supimos que había decidido tener al bebé y, no solo eso; el chico comenzó a participar de un grupo de oración y empezó a ir a Misa, donde se dio cuenta que quería entrar al seminario con la finalidad de estudiar para ser sacerdote.

Dado que todas las piezas -que de manera "casual"- se habían puesto en su lugar y que habían cambiado radicalmente y para siempre tres vidas (y más); y con eventos como estos, sucediendo de manera regular, dejé de creer en las simples coincidencias.

Hacia el final de ese viaje, por primera vez, me sentía dispuesta a regresar a casa, a la soledad de mi pequeño departamento. El Señor estaba exprimiendo hasta la última gota que podía sacar de mí. En un momento no estaba segura si podría hablar más. "Señor, estoy cansadísima", murmuré varias veces "Cansadísima". Cada vez que estaba a punto de colapsar aparecía gente debajo de las piedras que quería hablar conmigo. Algunos de ellos me atrapaban en la entrada del hotel, o en el elevador, o en el estacionamiento, incluso en el banco, para contarme sobre su aborto realizado en secreto. Incluso personas extrañas empezaron a "flotar" hacia mí en el jacuzzi del hotel.

Mis expresiones faciales y los movimientos de mi cuerpo empezaron a parecerse a los de un zombi, empecé a parpadear constantemente, mis piernas estaban hinchadas debido a la gran cantidad de horas que pasaba de pie durante mis presentaciones, mi cabello estaba despeinado y me mente hacia que mi hablar sonara errático. Una señora, notando mi estado de agotamiento me dijo: "¡Necesitas un masaje! Voy contigo a tu habitación del hotel para darte uno".

Pensé: "¡Esta señora me entiende realmente! ¡Ella puede ver claramente cuán cansada estoy!" Al recostarme en la cama sentí cómo colapsaba mi cuerpo a causa de la fatiga. "¡Gracias Señor porque ahora puedo desconectarme del mundo y simplemente relajarme y descansar!"

Después de ponerme un chorrito de crema de masaje, escuché un sollozo. "Patricia", dijo en un susurro. "Esta era mi única oportunidad de estar a solas contigo. Yo tuve un aborto".

¡Nooooooooo!

"¡Escúchenme, costas lejanas, presten atención, pueblos remotos! El Señor me llamó desde el seno materno, desde el vientre de mi madre pronunció mi nombre. Él hizo de mi boca una espada afilada, me ocultó a la sombra de su mano; hizo de mí una flecha punzante, me escondió en su aljaba. Él me dijo: «Tú eres mi Servidor, Israel, por ti yo me glorificaré»".

Isaías 49, 1-3

Datos: Algunas mujeres están abortando a sus hijos sin ser conscientes de ello. Ciertos anticonceptivos, como la "Píldora", son abortivos, lo que significa que producen abortos. Se estima que cada año -solamente en los Estados Unidos- aproximadamente unos 1,894,620 de niños concebidos son asesinados en el útero debido a la píldora de control natal -sin que esas mujeres hayan sabido que estuvieron embarazadas. Los Dispositivos Intra Uterinos (DIU) también permiten que la vida sea concebida y que el bebé crezca, pero producen que el útero se vuelva inhabitable por lo que se produce una pérdida. Algunas veces, cuando el bebé no se pierde prematuramente, los Dispositivos Intra Uterinos se mezclan con las partes del cuerpo del bebé, produciendo su muerte. (2-8)

Las mujeres también están dañando su salud sin saberlo. En el año 2005, la Organización Mundial de la Salud clasificó a la píldora de control natal como parte de los carcinógenos "Grupo 1" -altamente carcinógena y equiparada al nivel de cáncer producidos por la exposición al asbesto y al tabaco. (9) Entre otro de los efectos mortales de la píldora -en adición a los cánceres de seno, hígado y cervical- están la embolia pulmonar, ataques cardíacos, hipertensión, fallas en el corazón y derrames cerebrales. (10) Las hormonas sintéticas que contienen la píldora también han contaminado las aguas, transmitidas por las aguas residuales con orina de las mujeres que toman esa sustancia. Los científicos han descubierto alrededor del mundo que las ranas machos, nutrias de ríos y peces, están mutando para tener características femeninas. El año 2002 el Reino Unido declaró al control natal hormonal como una forma de contaminación. (11) Un científico de Denver, Colorado, John Wooding, tomó una muestra de peces que se encontraban debajo de una planta de aguas residuales, en las tuberías que derivan en el Río South Plate y en Boulder Creek, y descubrió cosas similares en ambas áreas. En Boulder Creek había muchos más peces hembras: 101 hembras versus 12 machos (lo que significa que los machos estaban mutando en hembras) y además 10 peces con sexo indeterminado pues sus órganos reproductivos estaban tan mezclados que era imposible asignarles un género. Wooding afirmó sobre sus descubrimientos: "Esta es la primera de las cosas que he visto como científico que me ha asustado... Una cosa es asesinar un río, otra cosa es asesinar la naturaleza. Si están jugando con el balance hormonal en la comunidad acuática, realmente se están hundiendo. Están jugando con la misma procedencia de la vida". (12) El Dr. José María Simón Castellvi, Presidente de la Asociación Médica Internacional, informó en junio del 2009: "Tenemos suficientes datos para establecer que una de las causas de la infertilidad masculina en Occidente es la contaminación ambiental producida por los efectos de la píldora". (13, 14)

La Planificación Familiar Natural (PFN) es un método alternativo al control natal artificial en el cual la mujer aprende a conocer su ciclo de fertilidad. La PFN no daña al cuerpo de la mujer o el medio ambiente, es más efectivo en la prevención que la píldora y, al mismo tiempo, ayuda a las parejas que están teniendo problemas para concebir. (Ver: http://www.pfli.org/nfp_faq.pdf.). La Madre Teresa de Calcuta, en su discurso de aceptación del Premio Nobel en 1979, describió cómo la Planificación Familiar Natural había sido un éxito, incluso cuando había sido usada en los barrios más pobres de Calcuta, India. (15)

En el Tiempo de Dios

STOY SENTADA *en una mesa redonda junto a mis padres. Una ruma de álbumes de fotos está en el centro de la mesa. Abrimos los álbumes, uno por uno, mientras pasamos las páginas. Vemos las fotos juntos: mi hermano en su cuna... mi hermana y yo jugando con el agua en el jardín... mis padres con sus ropas de 1970. Señalamos el bigote de mi papá y nos reímos de ello. Mi papá y mamá dicen al unísono: "Esos días fueron muy bellos"*

Al despertar de ese sueño mi espíritu se hundió. Nunca más volvería a tener esos días. Dios parecía tan lejano esa mañana, mientras era reemplazado por un deseo muy intenso de tener un esposo y una familia que fuera la mía propia. Cansada y vapuleada por mi viaje, ansiaba pasar algunos días en casa, teniendo alguien que me cuidase. "Okay Dios, esto es todo", decidí. "Será mejor que me des muy pronto a ese hombre con el traje azul".

Para ese momento había recibido por lo menos unas cincuenta confirmaciones de parte de Dios - tan claras que incluso un ateo no podría ignorar- de que me casaría con un hombre de Dios, muy bien conocido e hispano. Un sacerdote, al que nunca había conocido, rezó por mí de manera espontánea y me describió hasta el último detalle a mi futuro esposo. Mujeres que no conocía, en mis pláticas, me decían que me iba a casar con un determinado caballero. Un extraño en Colombia, un hombre que no conocía, me llamó para decirme que tenía conocimiento -gracias a la oración- de cómo me iba a casar con un hombre en particular. Conocidos y amigos, que no sabían nada de la profecía del "traje azul", decían que Dios les había mostrado detalladamente con quién me casaría. Siempre y cada vez era el mismo hombre.

Las Profecías consistentes estaban bien y son una cosa buena, pero ya me estaba impacientando. Buscando hacer mi propia voluntad, empecé a acosar a Jesús pidiéndole por este esposo futuro y dediqué mucho de mi tiempo libre molestando al Señor. Luego de un par de semanas, y viendo que no funcionaba, traté de manipularlo a través de los santos, rezando una Novena tras otra.

Finalmente me di cuenta que debía terminar con todo eso, por lo que me fui a rezar ante el Santísimo Sacramento para pedirle a Jesús que me perdone por no respetar Su tiempo. Cansada de pedir por el hombre de mi vida, dejé que cayeran mis lágrimas, liberando a Jesús de alguien al que nunca tuve. Tiernamente, muy tiernamente, sentí que el Señor se soltaba de mi apretón. "Muéstrame", le pedí al Señor, "cómo confiar en Ti y en cómo esperar".

Brevemente después empecé a sentir un poco más de vida en mis huesos y decidí ir al gimnasio, un sábado por la mañana. Con el espíritu aún seco le dije a Jesús: "Necesito saber que estás conmigo. Desde hace algún que tiempo que no escucho de Ti". Inclinándome sobre una máquina nueva de ejercicios para trabajar las piernas, puse algunas pesas sobre ella, pero me resultó imposible entender cómo funcionaba la máquina, cómo maniobrar con mis brazos y piernas al mismo tiempo. Sintiéndome torpe y avergonzada al mismo tiempo, continué con mis intentos de aparentar ser una gran conocedora con mis pesas, mientras me sentía como la pieza más tonta del gimnasio. "Espíritu Santo", dije en un frustrado silencio "ayúdame. No sé cómo hacer que esta máquina funcione".

Muy cerca estaba una mujer, que aparentaba tener mi misma edad, corriendo en la cinta giratoria. Mirándola le pregunté: "¿Disculpa, por alguna casualidad has usado antes esta máquina?"

"No, pero déjame ayudarte a ver cómo funciona". Bondadosamente me ayudó a prepararla, luego volvió a la cinta giratoria a seguir corriendo mientras yo hacía mis ejercicios. Luego de eso, cada vez que miraba hacia ella, veía que ella me estaba mirando intensamente. Sentí la necesidad de ayudarla con algo, pero no sabiendo en qué, simplemente recé por ella. Cuando terminó de correr me sonrió y saludó: "Qué tengas un buen fin de semana".

"Muchas gracias", respondí. "Agradezco mucho tu ayuda". Luego se fue.

Un minuto después regresó, temblando de nerviosismo, y caminó hacia mí con paso decidido. "Lo siento", dijo. "Vas a pensar que estoy loca, pero el Señor me habló al corazón acerca de ti". Tan pronto como dijo eso mis ojos se llenaron de lágrimas, porque sus palabras me hicieron recordar a Bonnie. "Me dijo que te haga saber que, sí, probablemente fui yo quien te ayudó con esa máquina, pero en realidad era Él ayudándote, no solamente yo". Luego me miró directamente a los ojos y me preguntó: "¿Conoces al Señor?"

"Sí, conozco al Señor. Soy su servidora". Ella me dijo que era cristiana y yo le dije que yo era una conferencista católica Pro-Vida

"No te iba a decir nada, pero la razón por la que regresé fue porque muchas veces escucho al Señor y soy desobediente, y no quería desobedecerle de nuevo ignorando Su voz. He estado rezándole a Dios para escuchar de Él -desde hace un tiempo que extraño Su voz- y ahora habló muy fuerte a mi corazón -espontáneamente- mientras hacía ejercicios. También le he estado pidiendo que me conceda ser paciente porque tengo tres niños y, como mamá, algunas veces la vida es difícil y soy dura con ellos".

"¡Yo también he estado rezando para escuchar Su voz, porque no la he escuchado desde hace tiempo; y también he estado rezando pidiendo que me de paciencia!"

Nuestra conversación se hizo más intensa y más animada, mientras los hombres cargando pesas cerca de nosotras comenzaron a mirarnos con recelo, pensando que se nos habían perdido algunos tornillos de la cabeza. Comencé a llorar, conmovida por el hecho que Dios hubiera enviado a alguien a hablar conmigo para dejarme saber que yo le importaba, incluso en algo tan insignificante como una máquina de ejercicios. Él había estado cerca de mí todo el tiempo. La mujer comenzó a contarme un poco más acerca de su vida y compartí un poco de mi historia con ella, lo que la hizo llorar. Abrazándonos, decidimos hacernos amigas y hacer ejercicio juntas.

"Perdón", nos dijo un levantador de pesas -muy irritado- que estaba junto a nosotras "¿Van a usar esta máquina para las piernas?" Lo miramos sorprendidas y luego nos movimos a un lado, sin habernos dado cuenta que habíamos estado bloqueando la máquina de ejercicios.

"Tú estás confirmando algo más por mí", me dijo. "Algunas veces ando preocupada por lo que los demás piensan acerca de mí, especialmente cuando les hablo de la Biblia o de Nuestro Señor. Esa es la razón por la cual no me he dirigido a la gente para predicar. Y ahora me dices que eres una persona que da charlas internacionalmente quien comparte abiertamente sobre sus abortos. Yo pensé que te estaba dando un mensaje, pero el Señor también me está dando un mensaje a mí". Ella me contó un poco más acerca de sus luchas con la impaciencia y me preguntó acerca de las mías.

"Bueno, algunas veces me siento sola. Los años pasan. Tengo 34 años y realmente quisiera tener una familia. La familia es algo muy importante para mí".

La voz de mi nueva amiga comenzó a hacerse más alta, entre los gruñidos, resoplidos y golpes de metal alrededor nuestro, y sus ojos me dejaron de mirar por un momento. "Sé que esto es Dios porque lo siento hablando en este momento en mi corazón. Vas a conocer a un hombre cristiano, fuerte en su fe, no un cristiano mediocre, alguien que te va a ayudar a crecer espiritualmente. Va a ser un hombre que está en la misma frecuencia que tú, espiritualmente, y que va a caminar junto a ti. Juntos van a llevar adelante el Plan de Dios para Su Reino y Su Gloria".

Luego me miró directamente, como si estuviera cambiando de la voz de Dios a la suya propia. "¡Dios es bueno! ¡Vas a conocer a un buen hombre!"

"¡Acepto eso en el nombre de Jesús!" grité y nos abrazamos y comenzamos a saltar.

"¿Podrían moverse?" nos pidió uno de los chicos que estaba cargando pesas y que estaba tratando de utilizar la máquina para trabajar las piernas.

En ese momento no nos importaba lo más mínimo quién hacía ejercicios y quién no. Emocionadas con el gozo del Espíritu Santo, y con nuestras lágrimas mezcladas con nuestro sudor nos alentábamos mutuamente a tener un gran esperanza y confianza en Dios. "Recuerda", dijo ella empáticamente, "todas las cosas en el tiempo de Dios. Deja tu futuro en las manos de Dios. Vive solo en el presente. Es muy importante que cumplas lo que Dios necesita que hagas ahora y que te enfoques en eso".

"Espera en el Señor y sé fuerte; ten valor y espera en el Señor".
Salmo 27, 14

Dios sabía cuál era mi "talón de Aquiles": la necesidad de ser vista como alguien especial en los ojos de otro y el deseo de ser parte de una familia muy unida. Si no hubiera sido por el recordatorio del Señor de esperar por el hombre adecuado para mí, me hubiera conformado con otro "lo suficientemente Bueno" deslizándome fuera de la Voluntad de Dios hacia sus brazos, si es que Él no hubiera elegido por mi. Mis misiones hicieron que me diera cuenta a cabalidad que yo no estaba sola en mis tentaciones, por lo que comencé a incluir en mis conferencias el tema de la pureza y la castidad y -cada vez que lo hacía- sentía que me estaba hablando a mí misma.

Un día, mientras navegaba por internet, Dios me presentó a una nueva amiga en el Cielo, Santa Filomena. En su historia vi con más claridad que nunca cómo la Castidad era una lucha. Ella fue una Princesa Griega nacida el año 291. A la tierna edad de trece años entregó su vida para preservar su castidad. Luego de haber sido torturada brutalmente, fue decapitada por orden del Emperador Diocleciano, quien quería tenerla para sí. Filomena soportó los frustrados intentos de asesinarla ya sea por flagelación, ahogándola con un ancla alrededor de su cuello, arrastrándola por las calles y disparándole con flechas encendidas. (1,2) Es inútil decir que Diocleciano no soportó el rechazo de muy buena manera. La lealtad de Filomena a Cristo y su voluntad de experimentar un infierno con tal de preservar su castidad me convenció profundamente. Santa Filomena era todo lo que yo no era y también todo lo que quería ser.

La primera vez que incluí el tema de la castidad en mis charlas fue en una iglesia en México, delante de un pequeño grupo de 80 adolescentes, con edades entre los catorce y los diecinueve años. Invocando la intercesión de Santa Filomena, me paré delante de una estatua de Nuestra Señora de Guadalupe y comencé a hablar con una gran libertad de espíritu: "Nuestra Señora es el más grande ejemplo de pureza y ella desea ayudarlos. Ella les está pidiendo que sean castos, lo cual no es solamente una disciplina, como la abstinencia, sino que es una forma de vida. La castidad afecta la totalidad de la persona -la manera en cómo actúas, hablas, piensas y te vistes. Te impulsa a buscar a los demás y a amarlos, a nunca usarlos para tu propio placer. Quienquiera que desee ser valiente, quienquiera que le gustaría entregarle este regalo a Nuestra Señora, puede acercarse hacia ella y pedirle su ayuda".

Cada uno de los jóvenes se adelantaron. Uno por uno, se levantaron de sus asientos y se arrodillaron alrededor de María. En un ambiente de solemnidad y de oración profunda, le ofrecieron a Ella su castidad. En ese momento no sabía que una de las jóvenes que se adelantó estaba embarazada y a punto de abortar. Ese día, es muy probable que su bebé y su alma se hayan salvado.

Luego de mi charla presencié una explosión de alegría. Los jóvenes estaban efusivos de alegría. Me rodearon, me abrazaron, y sacaron sus teléfonos para tomarse fotos. Muchos regresaron al altar para tomarse retratos junto a la estatua de Nuestra Señora de Guadalupe. Una chica de quince años, procedente de El Salvador y que estaba estudiando en México, inmediatamente se puso en contacto con una de las organizaciones pro-vida de su país y en menos de tres horas ya me había reservado para dar una conferencia en su país. Después de mi plática, otra chica se dirigió a la oficina del director del colegio y dijo: "Nunca habíamos creído en las verdades morales sobre el aborto y la sexualidad explicada en los libros de texto o las clases. La charla de Patricia ha sido la única manera de entenderlo. Muchas gracias por haberla traído".

Sin embargo, quienes más conmovieron mi corazón fueron los muchachos. Ellos me rodeaban, acariciaban con sus manos mis fetos de plástico, y me preguntaban más el cómo practicar la castidad en sus vidas diarias. "Lean la historia de Santa Filomena", les urgí, porque quería que los jóvenes supieran hasta dónde había llegado parar preservar su pureza, la pureza que ellos estaban desperdiciando con un clic en sus ordenadores o en una noche. Un chico de dieciséis años sostuvo mis manos y mirándome a los ojos dijo: "Muchas gracias por cambiar mi manera de pensar". Un muchacho alto de dieciocho años, se inclinó sobre mí y me abrazó mientras lloraba sobre mis hombros. No dijimos ninguna palabra. Esta vez no pude contener mis lágrimas y lloré con él.

Con gratitud vi cómo los frutos de mis propias luchas por la pureza se multiplicaban, por Dios, en dones para quienes escogían seguirla, debido a mi ejemplo. Había una gran necesidad de ello. "Por favor, alcen las manos", invité a los grupos a lo largo de México y Colombia, "si es que conocen la definición de 'castidad'". Entre unos treinta mil, solo un total de *quince* personas alzaron sus manos y la mejor respuesta que obtuve fue la de "abstinencia".

Al mismo tiempo aprendí que el tema de la castidad es bastante impopular en el infierno, pues hizo que Satanás hiciera más intensa su horrible mirada sobre mí e intensificase sus ataques. Algunas veces expresaba su ira manteniéndome despierta durante toda la noche mientras sentía que mi cuerpo se elevaba unos ocho centímetros sobre mi cama. En un acto de furia intentó arrojarme hacia la pared o el techo; incluso una vez trató de lanzar mi cuerpo hacia la imagen del Sagrado Corazón. Cuando sucedía esto, entraba en una dimensión dónde yo no sabía si lo que estaba sucediendo era de naturaleza espiritual o física. Sentía todo en mi cuerpo físico, al mismo tiempo que se volvía sólido y pesado como una roca, evitando que Satanás me pudiera mover. Veía la silueta de sus manos y sus brazos, sus codos y sus hombros, y cómo intentaba arrojarme, con todas sus fuerzas, sin conseguirlo. En vez de ello trataba de acuchillarme y de ahogarme. Mientras tanto, yo sabía que estaba molesto y lo que estaba pensando. Estaba furioso de que hubiera ayudado a la gente a escoger ser castos. Sin escuchar el sonido horrible de su voz, podía ver su expresión lívida, rugiendo y gritando, como una bestia salvaje volviéndose loca por la ira.

Pero eso no es un problema. No tengo miedo. Cualquier cosa que sea del agrado de Dios y haga feliz y sentirse segura a Su gente, siempre enojará al enemigo de la humanidad.

"Traten de imitar a Dios, como hijos suyos muy queridos. Vivan en el amor, a ejemplo de Cristo, que nos amó y se entregó por nosotros, como ofrenda y sacrificio agradable a Dios. En cuanto al pecado carnal y cualquier clase de impureza o avaricia, ni siquiera se los mencione entre ustedes, como conviene a los santos. Lo mismo digo acerca de las obscenidades, de las malas conversaciones y de las bromas groseras: todo esto está fuera de lugar. Lo que deben hacer es dar gracias a Dios. Y sépanlo bien: ni el hombre lujurioso, ni el impuro, ni el avaro —que es un idólatra— tendrán parte en la herencia del Reino de Cristo y de Dios".

Efesios 5, 1-5

Datos: Mundialmente, el promedio de edad en el cual los jóvenes tienen sexo por primera vez es dieciséis años y cuatro meses. (3) En los Estados Unidos el promedio es de diecisiete (4), pero no se casan sino hasta casi los veinticinco años de edad. (5) La razón más común de los jóvenes que no han tenido experiencias sexuales es porque va en contra "de la religión y la moral" (38 por ciento entre las mujeres y el 31 por ciento entre los hombres). La segunda y la tercera razón de las más comunes, para las mujeres, es que "no quieren quedar embarazadas" y "que no han encontrado aún a la persona adecuada". (6) En el Apéndice verán algunos de los otros factores que influyen en los jóvenes ya sea a tener sexo o a esperar hasta que se casen.

Flores de Jesús

Mientras más me enfocaba en mi misión y dejaba que desapareciera el "señor perfecto" hacia un futuro desconocido, comencé a recibir más bellos ramos de gracias -vidas salvadas y sanadas, como flores de todos los colores, las que Dios juntaría y me las regalaría con amor. Una y otra vez, sopló su Espíritu en el mundo con los frutos de mi sacrificio, frutos que solamente Él podría haber orquestado.

Después de haber ofrecido una meditación a cerca de 500 personas durante una Misa, reunidas en la Iglesia de la ciudad de Tierra Blanca, en Veracruz-México, el Espíritu Santo se soltó. La gente empezó a buscar, de manera desordenada, hablar conmigo mientras en las filas confesaban sus faltas en voz alta. Mujeres, quienes nunca habían compartido sobre sus abortos-ni siquiera con sus esposos, amigos o familia- lloraban histéricamente: "¡He tenido tres abortos!" "¡Cuatro abortos!" Los periodistas se me acercaban a tomarme fotografías. *"Esto no es normal"*, pensé.

"Tú presentación sigue siendo la conversación del pueblo", me comentaron los organizadores en una conversación telefónica posterior. Ellos no habían tenido un retiro espiritual hacía casi ocho años. Inspirados, me llevaron nuevamente -después de seis meses- para ser la oradora principal en un gran evento sobre la Divina Misericordia. Le pedí a mi amigo Daniel, de Guatemala, que viniese conmigo y que -parado junto a las reliquias de Santa Faustina- en el gran escenario que habían construido, cantara para luego hablar yo ante unas dos mil personas entusiasmadas, quienes -colectivamente y espontáneamente- habían levantado sus manos para alabar a Dios.

Incluso cuando la Buena Nueva permaneciera escondida, Dios me enviaba un ramillete de gracias espirituales. Cuando fui invitada a hablar delante de altos oficiales del gobierno en Chile -en donde había un fuerte apoyo para hacer que el aborto se volviese legal- (el 57 por ciento de los médicos están a favor), di un par de charlas a los partidos políticos. Sentada en una mesa redonda con diez oficiales del Partido de Renovación Nacional conté la historia de mi vida, mientras la mitad de ellos estaban ocupados con sus teléfonos celulares. Dejando a un lado mis sentimientos heridos continué hablando, mientras uno por uno empezó a dejar su teléfono a un lado y me miraban atentamente con un miedo silencioso en sus miradas. Cuando les enseñé las muestras de fetos que llevo y las sostuvieron en sus manos, sus expresiones se mostraron atónitas. Casi podía escuchar lo que pensaban. Mi siguiente charla, a cuarenta políticos jóvenes, del Partido de la Unión Demócrata Independiente, transcurrió de una manera bastante diferente. Infundidos por un gran celo, los oficiales me pidieron consejo, listos a luchar por la vida. Incluso pusieron mi charla en YouTube para que más personas la pudieran ver. (1)

En Veracruz, cuando ofrecí información, científicamente verificada, de que algunos anticonceptivos producen abortos, una mujer me atacó en público, gritándome: "¿Quién te crees que eres? ¿De dónde diablos estás sacando tus estadísticas?" En los Estados Unidos una mujer se puso de pie luego que yo mencionara la maldad de la pornografía y me fustigó: "¿Cómo puedo saber que lo que estás diciendo es verdad? Todo es una mentira. es una mentira". En una parroquia de gente muy adinerada en Colombia donde dije que ciertas formas de control natal tienen efectos abortivos, una docena de mujeres se levantaron y se fueron. Todos los hombres se quedaron, al mismo tiempo me di cuenta que muchos de ellos sollozaban abiertamente. Uno de ellos caminó hacia al estrado para decir: "No puedo dejar a mi hija sola; tengo que estar con ella, amarla más. La presentación de Patricia ha transformado mi corazón completamente. Prometo que desde ahora trataré de ser un mejor padre". De las mujeres que se quedaron escuchando, una de ellas se había estado sintiendo inútil, cómo si no tuviera una misión en la vida; pero cuando escuchó mi historia y lo que estaba pasando con los jóvenes en Colombia, su espíritu se encendió y puso manos a la obra. Con otras veinte mujeres iniciaron el proyecto Pro-Vida llamado "Proyecto Esperanza", en conexión con el "Viñedo de Raquel", para sanar a las víctimas del aborto en Colombia.

Dios también me envió flores presentándome gentes que buscaban sanación en los retiros del "Viñedo de Raquel". Una mujer de ochenta y ocho años se sintió inspirada a ir a uno de los retiros luego de escuchar en persona mi testimonio. Desde que había abortado, a la edad de treinta años, se había sentido deprimida y tenido ideas suicidas. Luego del retiro me llamó para decirme: "Me siento muy feliz, muy diferente. Nunca, en mis últimos cincuenta años, pensé que me podría liberar de estas cosas de mi pasado que me atormentaban". Otra mujer viajó desde México a Texas para participar de un retiro, el cual encendió su llamado a ser una portavoz Pro-vida. Los hombres también se sentían inspirados para participar por su cuenta en retiros; otros fueron para apoyar a sus esposas, al menos al principio, pero el Señor terminó por romper sus barreras. Reconocieron sus pecados y a sus hijos; y a través de sus confesiones se sanaron sus matrimonios y sus almas.

La sanación, aprendí, es una elección. Una persona que auto justifica o no ha confesado su aborto no está preparada para pararse delante de Dios. *"No entregarás a ninguno de tus descendientes para inmolarlo a Moloc, y no profanarás el nombre de tu Dios. Yo soy el Señor".* (Levítico 18, 21) Pero para aquella persona que busca reconciliación y sanación, todo es posible con Dios, incluso en sus últimos momentos sobre la tierra. Dios me entregó la flor más bella y fragante cuando, a pedido de unos amigos, fui a visitar a una mujer moribunda a causa de cáncer de colon. Teresa también tenía un hijo de doce años de edad con Leucemia. Haciendo mis mejores esfuerzos para consolarla, sostuve su mano esquelética mientras le leía la Biblia y le enseñaba la oración de la Coronilla de la Divina Misericordia. Podía ver, a través de su cuerpo debilitado, que su alma estaba preocupada e intranquila. Se suponía que debía llevarle esperanza, amor y luz, -llevarle a Jesús- pero solamente quería llorar. Sin embargo, a pesar de cuán enferma y fatigada se sentía, sin importar cuantas visitas ya había rechazado, cuando escuchó las palabras: "Patricia está aquí", reunió sus pocas energías para decir: "Por favor, déjenla pasar. No la dejen ir".

Teresa murió durante una de mis visitas a Colombia, y yo me sentí destrozada. Pero yo no sabía que la hermana de Teresa me había escuchado contar mi historia en su parroquia y que apenas había llegado a casa se la había contado. Teresa se había sentido tan consolada por el hecho de que Dios me había perdonado y que me estaba yendo tan bien que finalmente reveló que había tenido dos abortos. Un sacerdote la escuchó en confesión y le dio el Sacramento de la Unción de los Enfermos. Luego, cuando Teresa estaba en sus últimos momentos, Dios le regaló la visión de sus dos hijos en el Cielo, lo que la dejó maravillada. Libre de toda preocupación murió con una profunda paz.

Cuando escuché que Teresa había fallecido reconciliada y -finalmente- en paz con Dios y con sus niños abortados, me sentí feliz por ella, pero también adolorida por los millones de mujeres a las que se les ha dicho en las clínicas de aborto en todo el mundo: "Esto sólo tomará unos cinco minutos. Es posible que tengas algunos calambres o sangrado, por lo que deberías tomar una aspirina". Y eso es todo. A la mujer no se le advierte del daño físico y emocional que ha de soportar. No se le dice que llevará en su alma el peso del aborto, consciente o inconscientemente, hasta su último suspiro antes de morir. No sabe que multitud de mujeres y hombres sufren de una condición desconocida, pero verdadera, llamada Síndrome Post-Aborto. (2) Por lo tanto no tienen idea que sus problemas psicológicos del presente, pueden ser consecuencia de un aborto tenido en el pasado, sin olvidar a los hombres que sufren la herida del aborto en su alma y no saben cómo sobreponerse a ella.

Luego de haber dado una charla en la Iglesia de San Cornelio en Richmond, California, caminé hacia mi auto donde encontré una nota en el parabrisas: "Mi nombre es Juan Carlos; por favor ayúdame. Hace cerca de un año fui parte de un aborto, y no he sido capaz de perdonarme por no haber defendido la vida de mi hijo". Cuando lo conocí en persona, me dijo que su enamorada había tomado una foto de su niño abortado y que se la había enviado vía mensaje de texto. Decidió ir a un retiro y se sanó de su largo sufrimiento producto del Síndrome Post-Aborto. Comprometido para dirigir retiros del "Viñedo de Raquel" y cursos de Biblia de sanación post-aborto en California, dio su testimonio -junto con otros hombres, incluida yo- en un vídeo muy corto, pero impactante, llamado "Dark Secrets" / "Secretos Oscuros" (3), el que va a acompañado de un poderoso video con la historia de mi vida (4). (Esos videos, incluyendo la versión completa de mi historia, se encuentran en el DVD "Transfigurada" en www.QueenofPeaceMedia.com/shop) (5).

Muchas de esas flores coloridas que he recibido del Señor han llegado a través de los hombres. Durante un programa de radio en vivo, en Chile; el conductor comenzó a llorar cuando le conté cómo el Señor había inspirado a Bonnie a venir hacia mí cuando yo estaba en la calle. Cuando dije las palabras de Bonnie: "Jesús te ama", repentinamente se quedó sin palabras, por lo que me indicó que esperara mientras le pedía a su asistente que pusiera una canción al aire. Cuando terminó la entrevista me dijo: "En mis treinta y dos años conduciendo en la radio, nunca jamás me he sentido tan tocado por un invitado al punto de ponerme a llorar".

A través de otro hombre en Colombia, Dios me regaló con un ramo de rosas particularmente resplandeciente y perfumado. Delante de cientos de personas en un estadio techado con vidrios, en Ibague, había dado una conferencia sobre el tema de la familia. Invitada seis meses después para hablar con los estudiantes, di una segunda charla y, cuando era llevada rápidamente fuera del estadio para llegar a tiempo a otra actividad, un hombre con traje de conserje me vio entre la multitud y gritó: "¡No puedo creer que estés de regreso, de modo que puedo decirte gracias!"

"¿Gracias de qué? le pregunté, mientras les pedía a los organizadores que me permitieran un momento para hablar con él. Nos sentamos uno junto a otro en los asientos del estadio y con una gran emoción me dijo que, seis meses antes, cuando estaba trabajando fuera del estadio, escuchó los "ecos de mi voz" sobre los altoparlantes, mientras arreglaba los jardines. Cautivado, se detuvo, apoyado sobre su pala, ante cada una de mis palabras.

"Algunas semanas después de eso", continuó rápidamente, "mi hija, quien está en la universidad, me dijo que estaba embarazada y planeando abortar debido a que 'no era el momento adecuado'. Le dije 'No, no, no' y manejé tres horas hasta Bogotá para contarle tu historia. Yo recordaba cada detalle de ella. Lloramos juntos y le dije que si tenía la bebé la apoyaría completamente. Quería agradecerte porque mi nieto nacerá en tres meses". Se miraba en éxtasis. "No puedo creer que tengo esta oportunidad de contártelo".

Ver la sonrisa de un padre tan llena de gozo y un corazón tan dispuesto a apoyar, en vez de estar enojado, por el embarazo de su hija, me dejó maravillada de ambos, de él y de Dios. "Oh mi Señor", le dije maravillada. "Tú no pierdes oportunidad de salvar una vida y un alma, incluso tocando a un conserje fuera del estadio, escuchando los ecos de mi historia..."

El haber tenido el privilegio de ver la mano de Dios me ha inspirado a seguir adelante. Algunas veces, cuando me siento bombardeada teniendo que dar dieciséis pláticas en diez días, seguidas por entrevistas en radio y televisión, o ver anuncios inmensos en mercados y tiendas con las palabras *"Patricia Sandoval: Yo aborté. Un testimonio real"*, me he sentido tentada de retirarme a las sombras. Pero en ese momento recibo un texto, un correo electrónico, una llamada telefónica, hablándome de otro bebé salvado. Ese tipo de mensajes han sido los brotes más bellos que Jesús me ha regalado. Desde que comencé mi misión, docenas de docenas de vidas de niños han sido salvadas, tantas que ya he perdido la cuenta... Pero nada se compara con el regalo de Dios de permitirme sostener entre mis brazos los bebés que no hubieran vivido si yo no hubiese hablado. Cuando he acariciado esas criaturas preciosas de Dios, contemplando el gozo que les traen a sus familias y las generaciones que les seguirán, la maravilla de la vida me sobrepasa y no me queda ninguna duda de que todo ese esfuerzo vale la pena.

"Tú creaste mis entrañas,
me plasmaste en el seno de mi madre:

te doy gracias porque fui formado
de manera tan admirable.
¡Qué maravillosas son tus obras!
Tú conocías hasta el fondo de mi alma
y nada de mi ser se te ocultaba,
cuando yo era formado en lo secreto,
cuando era tejido en lo profundo de la tierra.
Tus ojos ya veían mis acciones,
todas ellas estaban en tu Libro;
mis días estaban escritos y señalados,
antes que uno solo de ellos existiera".
Salmo 139, 13-16

Mi hermana, mi hermano y yo, estamos jugando muy cerca de los arbustos de rosas de nuestro jardín posterior. Nos estamos riendo porque mi hermano se acaba de tropezar y caer hacia atrás. Él también piensa que ha sido gracioso. Decidimos caer uno encima del otro en la hierba. Riendo y retorciéndonos, me dejé caer de espaldas sobre mis hermanos. El sol alumbra mi rostro y mi alegría se hace muy grande.

Mis ojos comenzaron a parpadear y me desperté con los brillantes rayos de la mañana que entraban a mi habitación a través de la ventana. El sueño había venido no mucho después de que recibiera una invitación inesperada de mi hermana mayor para reunirme con ella, mi sobrina de dieciséis años y mi hermano en el Campo Universitario de la prestigiosa Universidad de Stanford, donde mi hermana estaba estudiando gracias a una beca integral. Sabía que si incluía en su invitación la Misa de Adviento yo no iba a perder la oportunidad de ir.

Cuando llegué me recibió con una sonrisa de oreja a oreja y una risa alegre. Me abrazó de manera acogedora, como si nada negativo -ni siquiera remotamente- hubiera sucedido entre nosotras. A mi hermano también se le veía contento, sin duda alguna aliviado de ser parte de la reunión. Nos sentíamos genuinamente orgullosos de nuestra hermana, quién había logrado lo que parecía imposible. Luego de mostrarnos el Campo Universitario entramos en la joya de la corona de Stanford: la Capilla, donde mis sentidos se sintieron elevados, como si estuviera en comunión con los ángeles. La Capilla, del tamaño de una catedral, era tan bella que te dejaba sin aliento. Estaba adornada con vitrales y arte sagrado, inundada por el olor de los pinos y los sonidos de las canciones navideñas.

Habían pasado veinte años desde la última vez que habíamos ido juntos a Misa con mis hermanos. Yo ya tenía treinta y tres años, mi hermana treinta y cinco y mi hermano veintinueve. Mientras nos sentábamos juntos en la banca, mi corazón se hinchó de agradecimiento. Mirando hacia mi hermano le agradecí a Dios por la dulzura de su espíritu, agradecida por cómo siempre había sido capaz de contarle todo acerca de mi fe y cómo, ahora él, la valoraba y la atesoraba. Una vez me había dicho: "La fe que tengo te la debo a ti pues tú me la has enseñado. Sin ella estaría perdido". Me agarró por sorpresa y sonreí cuando mi hermana me señaló sus citas favoritas de la Escritura, grabadas en las paredes de piedra, las cuales -me contó- leía cuando hacia una pausa para descansar entre sus clases. Juntos escuchamos atentamente las lecturas de la Misa, las que hablaban de la venida del Hijo del Hombre.

Durante la homilía, un sacerdote apasionado en su prédica preguntó: "¿Qué estamos haciendo por Cristo? ¿Qué estamos haciendo para cambiar el mundo? ¿Somos sus manos, sus ojos, sus labios? ¿Estamos viviendo cada día para Él?" Me sentí feliz, pero me dio una punzada de tristeza cuando mis hermanos y mi sobrina, ninguno de los cuáles asistía regularmente a Misa, no recibieron la Comunión. Se quedaron sentados, como si estuvieran acostumbrados a ello, mientras yo caminé para recibir la Eucaristía y ofrecerla por ellos, de manera que algún día el Cuerpo y la Sangre del Señor pudiera fluir por nuestras venas y espíritus como si fuéramos uno.

Durante muchos años las fiestas habían sido muy difíciles para nosotros, especialmente para mi hermano y para mí, quienes no teníamos nuestras familias propias. Algunas veces nos habíamos reunido para la Misa de Navidad e intercambiado regalos o habíamos salido a comer a un restaurante. Pero nuestros tiempos de estar juntos nunca estaban completos. Cada año anhelábamos la unidad de la familia y no sabíamos qué hacer. Mi mamá hacía tiempo que se había distanciado de mi hermana; hablaba muy poco con mi hermano y luego de la última pelea que habíamos tenido, se había distanciado completamente de mí. Sin embargo hoy, por primera vez en mucho tiempo, sentí que tenía una familia. Luego de haber recibido la Comunión, me senté junto a mis hermanos, sintiéndome inundada por las oraciones respondidas; también las de mi madre. Ese día no era Navidad, pero fue la mejor Navidad que tuve en mucho tiempo.

Unos tres meses después, cuando estaba manejando hacia mi casa, me di cuenta que había recibido un mensaje de voz en el teléfono. Era de mi hermana, lo que me dio una punzada de alegría. Mientras escuchaba su voz, me di cuenta que sonaba un poco diferente a lo usual, más suave y llena de compasión. En algunos momentos su voz se quebraba como si hubiera estado llorando: "Te acabo de ver en el video de 'Cara a Cara', durante clases en la universidad de Stanford".

Tragué saliva temerosa de lo que pudiera decir a continuación: "Iba a hacer una investigación sobre Planned Parenthood y mi profesor me dijo que había un conflicto de intereses debido a un familiar mío. Habían rastreado la historia de las direcciones donde había vivido y descubrieron que en algún momento de mi vida, había tenido la misma dirección de un familiar que había firmado una carta dirigida a un congresista para apoyar una investigación sobre negligencia por parte de Planned Parenthood. (6) Les dije que eso era un error, que nadie en mi familia habría hecho una cosa así. Luego hice una búsqueda en internet de 'Sandoval y Planned Parenthood' en la cual apareció tu video en 'Cara a Cara'. Me quedé sorprendida. Ahora entiendo muchas cosas y el por qué haces lo que haces con los jóvenes. Quiero que sepas que muchas veces no estamos de acuerdo en ciertas cosas, ni que tampoco tenemos las mismas creencias, pero estoy muy orgullosa de ti por pelear por lo que crees. Ver el video fue una cosa muy emotiva para mí. Quiero que sepas que te apoyo y que te amo".

El secreto más oscuro de mi corazón había sido expuesto, y no esperaba que se encontrara con benevolencia. Cuando las palabras de mi hermana terminaron de filtrarse en medio de mi pánico, mis temores comenzaron a desaparecer mientras -en ese lugar- comenzó a crecer un capullo delicado de libertad. Había escondido mucho de mi familia, atrapándome a mí misma en una vergüenza constante, y si no hubiera sido por el Señor moviendo Su mano para ayudarme a través de "coincidencias" ingeniosas y misteriosas, nunca hubiera dejado entrar a mi hermana dentro de mi mundo.

No había pasado ni un mes después de eso, cuando me llamó nuevamente: "Hola Patricia, fui a la casa de papá y le mostré tu video".

Exploté. "¡¿Qué?! ¿Cómo has podido hacer algo así? ¿Por qué has hecho eso?" La desaprobación de mi padre era la de la única persona en el mundo que no podría soportar. Siempre me había enseñado a tener una buena reputación y a caminar de manera íntegra, y a nunca ser mal vista ante los ojos del mundo. Todo mi ser se retorció de dolor al escuchar que él sabía todo.

"No, no, no. Papá se mostró realmente interesado, No dijo nada negativo ni se molestó. En vez de eso dijo, 'Patricia hizo un buen trabajo. Debe ser muy difícil para cualquiera decir lo que ella tuvo que decir'. Te aseguro que lo dijo con compasión. Luego me preguntó cómo podía buscar el video para poder verlo de nuevo el solo".

No quería saber nada más. Desarmada y abrumada, comencé a llorar. A lo largo de mi vida, mi papá nunca había expresado abiertamente que yo hubiera hecho un buen trabajo o que estuviera orgulloso de mí. Él no compartía sus sentimientos. Y, finalmente ahora, luego de escuchar lo desastrosa que había sido mi vida -las cosas más decepcionantes y degradantes que él pudiera saber sobre mí- es cuando dijo, a pesar de su propio dolor y pena, "Patricia hizo un buen trabajo"

De nuevo sentí la mano de Dios liberándome de la celda en la que me había encerrado yo misma y, muy pronto, dejé de estar molesta con mi hermana. Aunque sentí que debía haber sido yo quien le hubiera tenido que decir a mi papá la terrible verdad de mis tres abortos y que ya se sabía de eso por haber sido transmitido por todo el mundo, la verdad es que nunca lo hubiera hecho.

Esa noche, cuando finalmente me calmé lo suficiente como para caer dormida, tuve un sueño:

Estoy en la sala de estar, sentada en la alfombra peinando a mi muñeca. Tengo unos siete años. Puedo oler lo que mi mamá está cocinando mientras miro a través de la ventana y veo cómo el cielo se vuelve más oscuro. Sé lo que significa eso. Papá vendrá pronto a la casa. Mi corazón se acelera y comienzo a fastidiar a mi mamá a cada instante con la pregunta de: ¿Ya viene? Luego escucho el sonido familiar de la puerta del garaje abriéndose, "¡Papá!" exclamo, agarrando mi muñeca y corriendo hacia la puerta por donde entrará...

Cuando me desperté me dije: "No me voy a esconder de mi papá y dejar que el miedo a su desaprobación inunde mi corazón. Por varios años había vivido repitiéndome: 'mi papá me rechaza'. No voy a poner ese disco nuevamente".

Agarrando el teléfono decidí poner punto final a todas esas cosas que, en mi mente, representaban un conflicto -"si tú no me llamas yo no te voy a llamar". ¿Qué importaba -me dije- si nunca me buscaba o qué pensara de mí? Con una mano temblorosa, marqué los números que conocía, pero que casi había olvidado, de mi antigua casa.

"Hola papá, soy Patricia. ¿Cómo estás?"

"Ah... bien. ¿Cómo estás tú?'

"Bien, ¿cómo está el bebé?" (mi hermanito ya tenía cuatro años y no lo había visto desde que era muy pequeño).

"Está muy bien", respondió papá. Cinco minutos de intercambio de sutilezas derivaron en una conversación que hacía recordar a unos diez años antes. Sin haberlo premeditado y, posiblemente por un antiguo hábito enterrado, terminé con las palabras, "te amo papá. Cuídate", y colgué el teléfono, exhalando años de veneno mental acumulado.

No mucho después de eso visité a mis padrinos, buscando consuelo de un amor familiar, y en particular de aquellos que se parecían más a mi papá. Mientras mi tío y yo estábamos conversando, parados en la cocina, sonó el timbre de la casa. En la puerta estaba mi papá; y algunos pasos detrás suyo estaba su esposa y mi hermanito precioso. Los ojos de mi papá se abrieron de sorpresa al saber que yo iba ahí frecuentemente. Sin lugar a dudas, podía ver el gran afecto que me profesaba mi padrino.

Volviendo mi atención sobre mi hermano, que parecía más como si fuera mi hijo, le pregunté: "¿Sabes quién soy yo?"

"Sí, por supuesto", dijo. "¡Eres mi hermana!" Por su respuesta podía afirmar que papá nunca me había puesto como una extraña para él. Tuvimos una conversación amigable, como si nos conociéramos por muchos más años de lo que su edad mostraba.

Encogiendo los hombros y agarrándose la cabeza en señal de confusión me preguntó muchas veces "¿por qué no vienes a mi casa? No lo entiendo". Pero yo nunca respondí.

Mi papá terminó quedándose y ambos nos conformamos con una visita semi-cómoda. Sentados juntos en la mesa del comedor, hablamos sobre la familia y otras cosas triviales, y le compartí lo que estaba haciendo en mi trabajo misionero, ahora que "el gato no solo estaba fuera de la bolsa, sino que también estaba volando por distintos países". "Mira, papá. Aquí hay un anuncio de un gran evento este sábado, donde daré una plática. Es aquí, en el suroeste de Modesto".

"¿Todo este evento gira sobre ti?"

"Sí, y recién acabo de regresar de Colombia, donde se salvaron tres bebés. Tengo unos video cortos en mi teléfono que te puedo enseñar..."

Mi papá y yo no habíamos hablado durante años y, diez minutos después de estar juntos, Elvira -su esposa- comenzó a codearlo diciendo: "Vámonos. ¡Vámonos!" Pero a diferencia de las veces anteriores mi papá decidió ignorarla y hablamos por otra media hora más.

Después de una semana mi papá me llamó por primera vez después de cinco años. Sabía que buscar a otros siempre había sido una cosa muy difícil para él. Era algo que estaba engravado en su personalidad y le había costado un gran esfuerzo. Felices de escucharnos mutuamente intercambiamos saludos cordiales: "¿Cómo estás? ¿Cómo te fue en la semana? ¿Has hablado con tu hermana, con tu hermano?"

Luego, sin nada premeditado de por medio, comencé a hablarle espontáneamente desde la verdad. No iba a hermosear mi vida y hacerla ver mejor de lo que era -como siempre había hecho- simplemente porque estaba bien para el mundo y para que mi papá se sintiera orgulloso cuando hacía un buen trabajo. "He pasado por unos años muy difíciles", le dije, "y había momentos en los cuales lloré tanto por sentirme sola que no sabía qué hacer. Por meses no tuve trabajo y, algunas veces, me preguntaba cómo iba a sobrevivir. Pero nunca me quedé sin comida o sin un techo sobre mi cabeza, porque Dios siempre ha estado por mí: Él ha sido mi proveedor, mi refugio y mi protección".

Papá se quedó en silencio y yo continué cuidando de no decir demasiado. Él siempre me había dicho: "Nunca dejes tú trabajo. Asegúrate de estar trabajando". Le dije: "Una vez que tuve un trabajo estable tuve que dejarlo pues sentí un llamado profundo a realizar el trabajo de Dios. No sabía cómo iba a pagar mis cuentas y tuve que confiar completamente en Él. Fue difícil, pero Dios es bueno. Terminó haciendo algo que yo nunca hubiera imaginado. Los doctores en mi trabajo, que me dijeron que me iban a dejar ir debido a que estaba tomando demasiado tiempo libre para ir a mis viajes de misiones, en mi ausencia se dieron cuenta que no podían reemplazarme. Yo me había vuelto muy buena e indispensable en mi trabajo por lo que acomodaron sus horarios alrededor del mío y me dieron la libertad de ir y venir a mi voluntad. No puedo imaginar que ello hubiese sucedido sin Dios. Muchas veces he tenido que confiar en el Señor más allá de lo que pensé que podía soportar. Pero Él siempre ha estado ahí y he aprendido a depender de Él en todo. Él es realmente mi Padre".

Papá permaneció en silencio. Nunca pronunciaba una palabra cuando le era transmitido algo emotivo. Segundos después, el silencio se hizo incómodo. Luego, como una mano cruzando a través de un abismo, le dije que lo amaba y nos despedimos.

La siguiente semana llamó mi papá nuevamente para ver cómo estaba. Pensé que estaba en camino a decir que lo sentía. Los castigos de mamá siempre habían sido a través de las palabras, pero los de papá siempre habían sido no hablar, sin embargo ahora él estaba hablando. "¿Por qué no vienes a la casa?" me preguntó. Pero mi espíritu se retorció ante ese pensamiento.

"Voy a ir un día de estos", le dije insegura de que realmente lo haría. "Es que es muy doloroso para mí". La simple mención, incluso sugerencia, de pararme al frente de su puerta, me producía una tristeza angustiosa y un miedo ansioso que se revolvía en mi interior. Ya no me sentía segura o bienvenida en una casa que hacía tiempo no era mía, donde todas mis cosas habían desaparecido o habían sido arrojadas. Sin embargo, sabía que a Dios no le gustaba que el miedo controlase mi corazón. Algo dentro de mí necesitaba romperse. Está vez era mi papá quien me buscaba, a través del tiempo y la tragedia, para construir un puente entre nosotros. Pero todavía no podía cruzarlo.

No mucho después de la segunda llamada telefónica de mi papá tuve otro sueño:

Estoy manejando mi auto y por el espejo retrovisor veo a mi papá sonriendo ampliamente, en el asiento posterior del auto. Se le ve más feliz que nunca, estático, lleno de alegría de que el hombre que está sentado a su lado sea mi esposo. Bromean juntos y se ríen, causando que las patas de gallo en los ojos de mi padre se arruguen de gozo. Mientras tanto mi esposo le muestra un gran respeto. "Es un buen hombre", piensa mi papá, "un hombre maravilloso que pude cuidar a mi hija". El hombre sentado en el asiento posterior lleva puesto un traje azul.

"El que ama a su padre o a su madre más que a mí, no es digno de mí; y el que ama a su hijo o a su hija más que a mí, no es digno de mí. El que no toma su cruz y me sigue, no es digno de mí. El que encuentre su vida, la perderá; y el que pierda su vida por mí, la encontrará".

Mateo 10, 37-39

Datos: El Papa Francisco dio la siguiente Catequesis durante la Audiencia General en la Plaza de San Pedro el 8 de abril del 2015:

"Queridos hermanos y hermanas, ¡buenos días!

En las catequesis sobre la familia completamos hoy la reflexión sobre los niños, que son el fruto más bonito de la bendición que el Creador ha dado al hombre y a la mujer. Ya hemos hablado del gran don que son los niños, hoy tenemos que hablar lamentablemente de las «historias de pasión» que viven muchos de ellos.

Numerosos niños desde el inicio son rechazados, abandonados, les roban su infancia y su futuro. Alguno se atreve a decir, casi para justificarse, que fue un error hacer que vinieran al mundo. ¡Esto es vergonzoso! No descarguemos sobre los niños nuestras culpas, ¡por favor! Los niños nunca son «un error»" (...)

"También en esta época nuestra, como en el pasado, la Iglesia pone su maternidad al servicio de los niños y de sus familias. A los padres y a los hijos de este mundo nuestro les da la bendición de Dios, la ternura maternal, la represión firme y la condena determinada. Con los niños no se juega.

Pensad lo que sería una sociedad que decidiese, una vez por todas, establecer este principio: «Es verdad que no somos perfectos y que cometemos muchos errores. Pero cuando se trata de los niños que vienen al mundo, ningún sacrificio de los adultos será considerado demasiado costoso o demasiado grande, con tal de evitar que un niño piense que es un error, que no vale nada y que ha sido abandonado a las heridas de la vida y a la prepotencia de los hombres». ¡Qué bella sería una sociedad así! Digo que a esta sociedad mucho se le perdonaría de sus innumerables errores. Mucho, de verdad.

El Señor juzga nuestra vida escuchando lo que le refieren los ángeles de los niños, ángeles que «están viendo siempre en los cielos el rostro de mi Padre celestial» (cf. *Mt* 18, 10). Preguntémonos siempre: ¿qué le contarán a Dios de nosotros esos ángeles de los niños?" (7)

Seguir Adelante

ADA AÑO, EL ESTADO de Querétaro, México, organiza un evento pro-vida, televisado, llamado *Vida Fest Nacional*, y había sido invitada a ser una de las conferencistas. Cuando llegué muy temprano en la mañana -el evento se realizaba en un estadio de fútbol y duraba todo el día- me llevaron hacia uno de los lugares que usaban los jugadores de fútbol y que había sido reservado para los presentadores, sacerdotes y coordinadores, quienes se encontraban socializando y conociéndose mutuamente. Los veinte o más organizadores parecían muy contentos de verme y compartieron -muy emocionados- que esperaban que llegasen unas cuarenta mil personas. El año pasado, en medio de la lluvia, habían llegado unas veinte mil personas. Cuando dieron las ocho de la mañana y vimos la cantidad de sitios vacíos, escuché murmullos nerviosos: "Está bien... todavía es temprano... las cosas recién comienzan... la gente siempre llega un poco más tarde..." A las nueve de la mañana el equipo se mostraba preocupado. Cuando dieron las 10 de la mañana vi cómo las lágrimas se formaban en sus ojos. Solo habían llegado quinientas personas llenando una pequeña sección del estadio. El equipo había pasado meses de gran trabajo y sacrificio organizando el evento, recolectando fondos y, muchas veces, dejando de dormir, y ahora sentían cómo se desmoronaban sus espíritus. Habían programado el evento el 13 de diciembre, un día después del 12 de diciembre, Fiesta de Nuestra Señora de Guadalupe, cuando la gente en México la celebraba todo el día y la noche.

Tenía mucha curiosidad de conocer al sacerdote que había sido invitado a dirigir el Rosario en el evento, el Padre Daniel Gagnon -un norteamericano que vive en la Ciudad de México- cuya reputación de santidad y sus dones de canto y sanación lo precedían. Por las fotos que había visto de él supe que ya casi alcanzaba los sesenta años de edad, que era alto, medio chueco, con el cabello gris y ojos azules. Mirando a mi alrededor no vi a nadie que se pareciese a él, por lo que me senté en mi banca y comencé a practicar -en mi mente- mi charla. Dos minutos después, el Padre Daniel se acercó y se sentó a mi izquierda. Luego de saludarme y a los que estaban alrededor, se sentó, sacó su Rosario y empezó a rezarlo en silencio y con gran devoción.

Ansiosa de hablar con él, no dejaba de mirar las cuentas del Rosario esperando que termine el quinto misterio. Cuando terminó, me presenté y, dado que uno de los miembros del equipo que estaba a mi derecha estaba llorando, mencioné: "Padre, creo que deberíamos rezar por los organizadores. Están muy entristecidos por los miles de lugares vacíos".

"Eso no es lo más importante", respondió. "Estamos haciendo esto por Nuestra Señora. Todo esto es por ella". Luego continuó rezando.

"Hmmm", pensé. "Más oración". Eventualmente, levantó la vista y consideré que era mi oportunidad de iniciar conversación, la cual terminó fluyendo de manera natural entre los dos. "¡Tú me caes súper bien!", me dijo con una bondad paternal. Me di cuenta que había una presencia santa en él: su sonrisa transmitía amor, cada una de sus palabras era bondadosa y nunca estaba apurado; se movía con una gracia constante, tal como me imaginé que Jesús lo hubiera hecho.

Cuando me preguntó por qué estaba ahí, le dije que iba a dar mi testimonio sobre mis abortos y cómo antes había trabajado para Planned Parenthood. Inmediatamente me dijo: "Sabes que al enemigo no le gusta lo que estás haciendo, por lo que voy a rezar por ti". Sentados, levantó sus manos, que colocó muy suavemente sobre mi cabeza, y con una ternura fervorosa dijo: "Primero voy a rezar para que estés protegida contra los ataques del maligno'". Sus palabras fueron unas oraciones muy delicadas hacia el Niño Jesús. Repentinamente dejó de hablar. Su cuerpo se torció hasta ponerse casi en posición fetal y comenzó a llorar.

"P-Padre", tartamudeé, "¿está bien?". Me miró, con su mano izquierda en su corazón me indicó, con la derecha, que esperara hasta que pudiera recuperar el aliento. Finalmente se volvió y me miró directamente a los ojos y dijo con gran seriedad: "¡Tus hijos están muy orgullosos de ti!"

"¿Usted los sintió? ¿Usted vio a mis hijos?"

Asintió y repitió: "Patricia, tus hijos están muy orgullosos de ti".

Luego se dobló nuevamente hacia adelante y continuó limpiando sus lágrimas con sus manos. Mi alma se llenó de alegría y admiración. No se me ocurrió hacer preguntas o tratar de indagar por más detalles. El Cielo nos había tocado a ambos con un regalo desde lo alto, uno que permanecería conmigo por siempre.

Ya era la parte final de la mañana y me había llegado el turno de hablar, por lo que caminé hacia la gigantesca plataforma alta y comencé con mi historia. Algunos momentos después de haber comenzado me sentí tan alejada de la pequeña multitud que estaba a mi izquierda que me bajé del estrado y me paré en la grama, más cerca de la gente, lo que me permitía ver sus rostros y a ellos el mío. Llevaba cuarenta y cinco minutos en mi historia, en el momento en que Bonnie vino en mi rescate, cuando algo inesperado le sucedió a mi alma. Me quedé contemplando todo el Amor inmerecido que Dios me había mostrado durante mi vida y me comencé a atorar. Por primera vez en mi vida, no solo supe lo que era ser amada por Dios, me sentí inundada por Su Amor y Misericordia, al punto que una barrera que había en mi corazón se derritió. En las bancas la gente comenzó a llorar, uniendo sus lágrimas a las mías, y sentí una conexión con los que me escuchaban, como nunca antes la había sentido, porque hasta ese entonces sólo había visto llorar a mi audiencia

Cuando terminó mi charla me senté en el lugar de los expositores, sequé mis lágrimas y saqué mi Rosario, mientras el Padre Daniel comenzaba a dirigir la Procesión con el Santísimo Sacramento. Subió a la plataforma, puso la Custodia sobre el altar, se arrodilló reverentemente ante ella, y procedió a dirigir un Rosario, profundamente lleno del Espíritu, mientras lo acompañaba la música sublime de un coro. Haciendo pausas entre las decenas, oró por la sanación en las diferentes etapas en la vida -desde el trauma en el vientre materno, la infancia, y los dolores de la vejez. En la mitad del Tercer Misterio Gozoso, el Nacimiento de Jesús, miré hacia el estadio -virtualmente vacío- y me sentí llevada hacia una oración muy profunda. Ante la visión de las bancas vacías pensé en todas las personas que habían perdido esta oportunidad tan sagrada cuando el Señor -de manera inesperada- me habló. En mi corazón escuché las siguientes palabras: "Estos sitios no están vacíos. Están llenos con los pequeños santos. Los no-nacidos están aquí, intercediendo para que las intenciones de este evento se propaguen por todo el mundo".

Cuando el Rosario estaba a punto de terminar, uno de los organizadores me tocó el hombro para decirme: "Patricia, vamos a ponerte en este momento en la radio". Salté de mi oración para encontrarme en una tienda donde me colocaron unos auriculares y me dijeron que me parara junto a dos de los conductores de radio, un hombre y una mujer. Cuando la mujer me entrevistó, mis ojos se comenzaron a humedecer, al igual que los suyos, a pesar de que ella había escuchado mi historia momentos antes. Ambos conductores parecían estar muy impresionados. Arrebatándole el micrófono de la mano, el hombre dijo de manera abrupta: "Necesito decir esto antes de que se acabe el tiempo. Quiero decirle a todos los que nos escuchan que estoy viendo a Patricia y se sorprenderían de saber cuán joven y bella es. Pero eso no es nada comparado con lo que se puede ver en sus ojos. Se puede ver a Jesús en ellos. Y quiero que ustedes sepan que los ojos son la ventana del alma". Yo estaba sorprendida. Sus palabras, que le salían del corazón, eran el mejor cumplido que hubiera recibido, pues me había visto más allá de mi misma. Había visto al Señor. Había visto el Amor de Dios y su misericordia.

Luego de la entrevista, aproveché una pausa en el horario para recoger un suéter que había dejado detrás del estrado. Mientras caminaba a lo largo del campo del estadio, escuché que gritaban mi nombre desde la multitud. Miré hacia mi izquierda y vi cientos de manos saludándome y pidiendo que me dirigiera hacia ellos. Cuando la gente me vio dirigirme hacia ellos comenzaron a aplaudir y comenzaron a cantar: "¡Patricia! ¡Patricia! ¡Patricia!"

"¿Qué está sucediendo?", tragué saliva. "¿Todo esto por mis abortos?" Aproximándome a los guardias de seguridad en la zona les pedí que me dejaran mezclarme con la gente y cientos de personas se me acercaron rápidamente para abrazarme. Muchos de ellos parecían ser muy pobres, pero todos se mostraban muy agradecidos. Los siguientes veinte minutos se convirtieron en una vorágine controlada de gente, mientras me tomaba retratos con los niños, consolaba a las mujeres que lloraban, bendecía a los jóvenes -hombres y mujeres- quienes gritaban palabras de agradecimiento, incluso firmé algunos autógrafos. Pensé, esto es muy loco. "¿Qué van a hacer con mi autógrafo? ¿Por qué lo quieren? Yo no soy famosa". Pero no tenía que entender. Me sentí feliz y amada, y creo que ellos también, porque cuando me veían, veían la Misericordia de Dios.

Saliendo de entre la multitud les dije adiós a mis "fans" y me reuní con los otros conferencistas para almorzar, una lista de personas muy bien conocidas: El Obispo Faustino Armendáriz, de Querétaro; El Obispo Rodrigo Aguilar Martínez de Tehuacán, quien había sido elegido para atender en Roma el Sínodo de Obispos sobre la Familia el año 2015; el Padre Salvador Herrera, exorcista; el Padre Daniel Gagnon (mi favorito); Brifget Hylak, cuya madre trató de abortarla cuatro veces; Marco Antonio Gracia Triñaque, miembro de Comité de Asesores de Biotecnología de la Conferencia Episcopal de México; y Alexander Acha, un cantante y escritor mexicano ganador de un premio Grammy. Y ahí, entre ellos, estaba yo, una chica de Petaluma.

Mientras me sentaba en un lugar vacío, al frente del Obispo Armendáriz, me pregunté cómo mis pensamientos podían viajar tan rápido y precipitadamente desde lo alto de una montaña, de sentirme digna a sentirme empequeñecida y fuera de lugar. Durante una pausa en la conversación con el Obispo -en la que mostré una confianza en mí misma

227

que no tenía- volteé para saludar al sacerdote sentado junto a mí. Se presentó como el Padre James Hyde, de quien supe se le había encomendado la misión de llevar para la veneración por todo el mundo, un ícono muy famoso. "El Señor usa el ícono de una manera muy poderosa. Lo hemos llevado en procesión por las clínicas abortivas y muchas de ellas han dejado de funcionar".

"¿Qué ícono?" pregunté.

"Una réplica del tamaño exacto de Nuestra Señora de Czestochowa".

"¡Oh, yo la amo!" exclamé.

"Bueno, ella está aquí. Está junto al Santísimo Sacramento en el salón junto al estadio".

Casi no lo podía creer. "¿Cuáles eran las posibilidades de que mi Madre Polaca viniera a México, aquí y ahora?" Me excusé de la mesa y me dirigí raudamente fuera del estadio, hacia esa Capilla improvisada. Parecía que Dios me estaba dando mi propio retiro de sanación. Emocionada de sentarme enfrente del Santísimo Sacramento y de mi imagen favorita, respiré momentos de preciosa renovación interior.

El Señor sabía que los necesitaba pues, en el instante en que salí de la capilla, uno de los organizadores me tomó del brazo diciendo: "Oh, aquí estabas. Sígueme por favor", y me condujo a una habitación donde había una estación de radio que estaba transmitiendo en vivo el evento y entrevistando a todos los presentadores. Conté mi historia nuevamente. Luego de la entrevista los coordinadores del evento dijeron: "Ven Patricia. Es el momento de comenzar el panel. Como todas las charlas, esta también estaba siendo televisada".

"¿Qué panel?"

"Te vas a sentar en el escenario con los otros panelistas para responder preguntas. Prepárate. Sales al aire en cinco minutos".

Me sentí absolutamente fuera de lugar, intimidada, indigna y sin las cualidades necesarias. Si no hubiera sido por ese momento en la Adoración, hubiera salido disparada, huyendo; en vez de ello caminé hacia el estrado con los otros oradores. Cuando nos sentamos en una fila de sillas que habían colocado, mi mente comenzó a jugar como si fuera tenis de mesa:

"Patricia, Dios te tiene en este panel por una razón. Tú puedes hacerlo".

"No, regresa a la capilla y escóndete. No tienes las calificaciones necesarias. Vas a quedar como una tonta".

"Sólo habla desde tú corazón, y habla la verdad".

"Eso no es suficiente. Tú no sabes nada, comparada con los otros oradores. Tú no sabes de política. No miras los noticieros. Ni siquiera tienes televisión".

"No te preocupes, tienes mucha experiencia trabajando con gente que ha tenido abortos y que está sufriendo. Háblales de las cosas con las cuales te has encontrado".

"Lo único que puedes decir de ti misma es que has tenido tres abortos y eso equivale a que no estás calificada para esto".

Sentada en medio de estos oradores tan inteligentes me alcanzaron el micrófono. Un reportero famoso, llamado el Chucho, del diario "El Observador" nos presentó a todos con nuestros títulos y credenciales. Me presentaron como la méxico-americana que había tenido tres abortos y, esa era la manera en la que me veía a mí misma. Luego Chucho pasó a hacernos dos preguntas a cada uno de nosotros. La segunda pregunta que me hizo fue: "¿Qué le falta a México? ¿Qué necesita México para que termine la violencia que reina aquí?"

Cuando abrí mi boca para hablar, sentí que el Espíritu venía sobre mí, cubriéndome con un sentido interior de calma y sabiduría. "Solo puedo hablar desde mi experiencia", respondí. "Habiendo hablado con miles de jóvenes, a lo largo de México y otros países, me he dado cuenta que hay una falta de castidad. Los niños están abortando a sus niños. Es una tragedia. Los jóvenes saben de la pornografía, la masturbación y, habiendo tenido experiencias sexuales, nunca han escuchado sobre la castidad. Y estoy hablando de chicos, principalmente, de escuelas católicas. Parada delante de asambleas de cientos de estudiantes, en escuelas donde las monjas son sus profesores, les he preguntado a los jóvenes si saben lo que es la castidad; ninguna mano se levantó. Las monjas estaban avergonzadas. En los Estados Unidos el 85 por ciento de los niños son abortados por madres que no se han casado. Si educamos a nuestros niños en México sobre la castidad, muchos bebés se podrían salvar. Necesitamos llegar a la raíz del problema".

Los sacerdotes en el panel comenzaron a aplaudir, seguidos por el otro grupo de miembros del panel, entonces el estadio estalló en aplausos. "Señor", murmuré. "Realmente escoges a quienes no tienen nada y los haces llegar muy lejos. Todo esto viene de Ti".

Asumí que luego del panel tendría la oportunidad de descansar, pero los organizadores aún no habían terminado conmigo. Siguió otra entrevista para la televisión, esta vez para "Gloria TV", conducida por una bella presentadora norteamericana que vivía en la Ciudad de México. "Me envío tu consejero espiritual, el Padre Víctor Salomón", dijo. "Me sugirió que te buscara para entrevistarte en mi programa. Quiero decirte que él está muy orgulloso de ti, de la manera en la que solo un padre podría estarlo". Mis sentidos cansados se reavivaron y mi corazón latió mientras sus palabras llenaban el pozo vacío que llevaba dentro de mí". Durante toda mi vida nunca había escuchado un mensaje tan directo de mi propio padre. Siempre estaba buscando lograr la aprobación de mi papá, sin saber si alguna vez la lograría. El orgullo que le producía al Padre Víctor fue como un remedio que me calmó el alma.

A la mañana siguiente me senté para el desayuno -en una mesa gigante- con los coordinadores del evento. Se veían completamente descorazonados y su conversación se movía alrededor de un sentimiento de fracaso colectivo, como si el mal hubiera vencido. Querían saber mi opinión sobre el evento, pero se sentían avergonzados de preguntar. Con toda sinceridad les dije que había sido uno de los eventos más maravillosos e inspiradores en los que había estado y les compartí que de muchas maneras yo misma había recibido sanación gracias al encuentro. Mientras hablaba, sentí que el Señor me invitaba a animarlos, por lo que les dije: "Ustedes siguen preocupados por los asientos vacíos, pero durante el Rosario escuché la voz del Señor en mi corazón: 'Esos sitios no están vacíos. Están llenos de los pequeños santos. Los no-nacidos están aquí, intercediendo por las intenciones de este evento para que se propague por todo el mundo".

La mujer responsable directa del evento, comenzó a llorar mientras un sonrisa amplia y radiante cubría su rostro. Miré alrededor donde vi transfigurarse veinte expresiones pasando de la tristeza a la satisfacción. La alegría había entrado en la habitación y más lágrimas empezaron a derramarse: "No es fácil hacer un trabajo por la vida", les recordé. "No todo es glorioso. Pero no se desanimen. Lo que ustedes han hecho es muy bello y ha sido aceptado en el cielo. Ustedes han salvado la vida de niños en el cielo y las almas de muchas personas. Sigan, sigan adelante y continúen defendiendo la vida".

"Descarguen en él todas sus inquietudes, ya que él se ocupa de ustedes. Sean sobrios y estén siempre alerta, porque su enemigo, el demonio, ronda como un león rugiente, buscando a quién devorar. Resístanlo firmes en la fe, sabiendo que sus hermanos dispersos por el mundo padecen los mismos sufrimientos que ustedes. El Dios de toda gracia, que nos ha llamado a su gloria eterna en Cristo, después que hayan padecido un poco, los restablecerá y confirmará, los hará fuertes e inconmovibles. ¡A él sea la gloria y el poder eternamente! Amén".

1 Pedro 5, 7-11

Datos: En un video que se puede encontrar en YouTube, se ve al Cardenal Francis Arinze pronunciar las siguientes palabras en una conferencia durante el encuentro de "Familyland USA", realizada en Bloomington-Ohio el año 2007. Nacido en Nigeria, el Cardenal Arinze es el Prefecto Emérito de la Congregación para el Culto Divino y la Disciplina de los Sacramentos. Fue considerado por muchos como uno de los principales "papables" en el Cónclave del año 2013, en el que fue elegido el Papa Francisco.

"A la persona que dice, 'personalmente estoy en contra del aborto, pero si la gente quiere hacerlo la dejo en total libertad', ustedes podrían decirle: 'Tú eres un miembro del Senado o del Congreso. Personalmente no estoy a favor de dispararles a todos ustedes. Pero si alguien quiere dispararles a todos ustedes en el Senado o en el Congreso, yo estoy a favor de la libre elección de esa persona. Pero, personalmente, no estoy a favor de eso'. Eso es lo que está diciendo esa persona: Está diciendo que personalmente no está a favor del asesinato de esos millones de niños en el vientre materno, pero si otros quieren hacerlo, es su libre elección". (1)

¡Jesús, en Ti Confío!

EL AÑO PASADO, DURANTE LA CUARESMA, mientras me dirigía a la Iglesia en Santa Rosa, minutos antes de dar una charla ahí, me encontré parada en una esquina junto a mi mamá. Estaba tan cerca que podía alcanzarla y tocarla. Nuestros ojos se encontraron y yo abrí la boca para decir hola. Antes de que pudiera decir una palabra, me dio la espalda y se fue. Mientras la observaba irse caminando rápidamente, mi pecho se inundó en un gran dolor. Sin embargo, la punzada dolorosa del sentirme abandonada ya no estaba más ahí.

El pasaje de la Escritura de Isaías que había inspirado -en primer lugar- a mi mamá a leer la Biblia, el mismo pasaje que ella me había leído mientras me cuidaba para que recuperara mi salud, me vino a la mente de manera inmediata, Isaías 49, 15: *"¿Se olvida una madre de su criatura, no se compadece del hijo de sus entrañas? ¡Pero aunque ella se olvide, yo no te olvidaré!"*

Sacudiendo mi cabeza y peleando contra las lágrimas, me volteé y caminé hacia la iglesia. Cinco minutos después estaba contando mi historia y hablando muy bien de mi mamá, dando gracias por todo lo que ella había hecho por mí.

No mucho después, estaba abordando un avión rumbo a Colombia donde estaría hablando en diferentes lugares durante tres semanas. En una Iglesia pequeña en Ibague, el párroco quería que yo hablara, como parte de su homilía en una Misa de Sanación. Se había corrido la voz que yo iba a estar en esa parroquia y ese viernes en la noche, la Iglesia -que tenía capacidad para seiscientas personas- no estaba en la capacidad de contener la cantidad de gente que la llenaba y se ubicaba en las escaleras de la entrada y en la playa de estacionamiento, en donde habían colocado un parlante para que pudieran escucharme.

En uno de los autos estacionados estaba sentada una chica de trece años llamada Juanita, con sus auriculares puestos mientras escuchaba música. Ella y su madre habían estado muy cerca de mí durante el curso de mis diferentes viajes a Ibague, y Juanita acababa de entrar en la etapa de la rebelión juvenil. Ese día, en particular, sus rebeliones infantiles estaban en su máxima expresión. A pesar de los pedidos de su madre se negó a entrar en la iglesia. Sin embargo, pasados algunos minutos de iniciado mi testimonio, Juanita escuchó una voz interior que le decía "Anda dentro de la Iglesia pues Patricia está por llorar". Llena de curiosidad Juanita obedeció. Se sacó los auriculares, salió del auto, cruzó el estacionamiento y entró por la puerta principal de la iglesia. En ese preciso instante yo estaba caminando por el pasillo hacia la entrada, pues había sentido la necesidad de estar más cerca de la gente.

Juanita me miró, pero se quedó cegada por una luz brillante e inmensa que estaba a unos centímetros detrás mío. Al principio asumió que ese brillo provenía de las luces de la Iglesia, pero mientras disminuía en intensidad, tomó la forma -inconfundible- de Nuestra Señora de Guadalupe. Ella estaba delineada con un blanco brillante, con estrellas luminosas brillando en su manto, como aquellas que brillan en una noche estrellada. Era exquisitamente bella. Juanita jadeó y se quedó paralizada

Mientras caminaba de adelante hacia atrás en el pasillo, Juanita miraba intensamente cómo Nuestra Señora me seguía atrás mío. Con cada uno de sus pasos se iluminaba el piso a la altura de sus pies. Cuando empecé a hablar de la ruptura de mi familia, me inundaron unas lágrimas de dolor que me sobrepasaron y tuve que hacer una pausa para recuperar el hilo de mi discurso. Juanita miró el rostro de Nuestra Señora y vio que ella también estaba comenzando a llorar, sintiendo mi dolor y sufriendo conmigo. Cuando dije las palabras: "Dios es mi Padre y María es mi Madre", las lágrimas de Nuestra Señora se convirtieron en lágrimas de alegría. A Juanita le fue mostrado, en su espíritu, que ésta era la primera vez que yo reconocía públicamente a Nuestra Señora como mi Madre, y por esta razón, María estaba llorando de una alegría absoluta.

Cuando comencé a hablar de la misericordia de Dios en mi vida, nuevamente no pude contener el llanto. Sin embargo, esta vez era de gratitud. La multitud estalló en un aplauso. Posteriormente, Juanita me dijo que Nuestra Señora nunca dejó de estar a mi lado a lo largo de toda mi plática. Cuando me detenía, ella estaba rezando de rodillas por mí. Cuando comencé a hablar de la promesa que le había hecho a mis tres hijos de defender la vida, crucé mis manos sobre mi corazón, ejemplificando mi promesa; simultáneamente, Nuestra Señora, que estaba parada detrás mío puso sus brazos sobre los míos, cubriéndome gentilmente bajo su manto. Luego puso sus manos sobre las mías y junto a mí sostuvo mi corazón. Cuando estaba a punto de terminar mi historia, Juanita vio las manos de los ángeles sobre Nuestra Señora, dirigiéndose hacia abajo, para tocar la parte superior de sus vestiduras. Lentamente, los ángeles la levantaron del suelo. Mientras ascendía me miraba y sonreía, mostrando su aprecio por lo que estaba haciendo por su Hijo.

Luego de la Misa de Sanación, y antes que Juanita tuviera la oportunidad de compartir conmigo su visión, una mujer se me aproximó llorando, contándome cuán intensamente había sentido junto a mí la presencia de la Virgen María mientras yo hablaba. "¡Ella estuvo contigo todo el tiempo!", exclamó y agregó con énfasis: "Patricia, Dios te va a sanar de todo lo que has tenido que pasar, de todo".

Cuando regresé a mi hotel me derrumbé sobre la cama, cansada, pero extremadamente agradecida. Agarrando mi teléfono vi un mensaje que había llegado en el momento en que había terminado la Misa. Era de Saúl. No había escuchado de él en unos siete años. El texto decía: "Hola Patricia, soy Saúl. Tenía muchas ganas de decirte hola".

Le respondí: "Saúl, muchas gracias por escribir. Estoy en Colombia y quiero compartir contigo lo que Dios ha hecho en mí y en tu vida. Soy una Conferencista Internacional Pro-Vida y de la Castidad. He compartido con millones de personas todo el dolor y sufrimiento que te causé debido a mis abortos y a la manera en que me comporté contigo. Dios ha tenido una misericordia tan grande conmigo, que he dado mi vida para defender la vida. Debo decirte que el Espíritu Santo me ha permitido ver a nuestros hijos, a quienes he llamado Mariana, Emmanuel y Rosie. Son bellos y preciosos. Rezo por ti todo el tiempo y sé que ellos también están rezando por ti. Ya los verás cuando llegues al Cielo. Aquí hay unos bebés que se han salvado a través de mi testimonio". Inserté cinco fotos de cinco niños y terminé escribiendo: "Espero que todo vaya bien en tu vida y te deseo muchas bendiciones".

Sostuve el teléfono y esperé aguantando mi respiración, en suspenso, esperando su respuesta. Hubiera sido justo si me respondiera así: "Todavía no puedo creer cuánto me mentiste y cuánto me heriste... Me debes una explicación..."

Sin embargo, recibí un texto que decía: "Qué mujer tan maravillosa e increíble eres. Gracias". Es todo lo que dijo. Fue tan misericordioso. Lloré de incredulidad.

"Ustedes, en cambio, son una raza elegida, un sacerdocio real, una nación santa, un pueblo adquirido para anunciar las maravillas de aquel que los llamó de las tinieblas a su admirable luz:

ustedes, que antes no eran un pueblo, ahora son
el Pueblo de Dios; ustedes, que antes no habían obtenido
misericordia, ahora la han alcanzado".

1 Pedro 2, 9-10

Después de un evento maratónico en Querétaro y la Misa de Sanación,
mi mente no podía convencerme que había sido rechazada o que no era
digna; por primera vez, había bebido mucho del pozo de la misericordia
de Dios y el amor de Nuestra Señora. Qué fácil me resultaba ahora luchar
y rechazar cualquier sentimiento o pensamiento de acidez o autocrítica. Tal
cómo me había dicho mi propia madre hacía varios años, yo era la hija de
un Rey. No importaba lo que otra voz pudiera decir, mi identidad estaba
segura en el Señor y en el amor de mi Señora.

Cuando llegó la mañana de Pascua, y los rayos de sol entraban a través
de mi ventana, me levanté cómo si estuviera bajo una fuente de gracia,
inundándome con una alegría irresistible a lo largo de tres horas, en las
cuales no pude dejar de llorar. Me sentí elevada a una dimensión del amor
que nunca antes había experimentado. En mi corazón explotó una gratitud
por todo lo que Dios había hecho por mí, como un torrente que no podía
contener. Sobrepasada por lo que sentía, como todas las posibles
emociones positivas, miré mi imagen del Sagrado Corazón y le agradecí al
Señor en voz alta, una y otra vez. Nunca imaginé que el corazón humano
hubiera podido experimentar una alegría semejante.

Reflexionando sobre mi pasado me maravillé en cuán alto, muy por
encima de mi antigua miseria y vergüenza, el Señor me había levantado, y
mis pensamientos me llevaron hacia un momento del cual me había
olvidado. Transportada en el tiempo, me vi sentada en el grupo del Rosario
con mi mamá, con la abuela ciega Yolanda, guiándome cuando yo estaba
con un pie afuera de la puerta, dispuesta a volver al mundo de las drogas.
Luego vi a la abuela Yolanda estirar sus manos para rezar sobre mí y la
escuché proclamar: "El Señor te quiere para Él. Va a usarte y viajarás por
muchos países".

"¿Cómo podía haber olvidado aquello? ¡En ese entonces ella tenía la razón!" Mi historia se había propagado ampliamente a través de entrevistas televisivas y artículos en los periódicos en varios países. (1) Me habían pedido hablar en Perú, Argentina, España, así como nuevos territorios en México y en los Estados Unidos, y las invitaciones no cesaban de llegar. Esa profecía se había cumplido.

Una semana después, el Domingo de la Divina Misericordia, mi agradecimiento todavía fluía sin disminuir. Agarrando el micrófono en la banca delantera de mi iglesia, espontáneamente comencé a dirigir la Coronilla de la Divina Misericordia y le agregué mi propia versión. Había creado una pequeña melodía y quería que todos los demás la cantaran. Como una mujer loca de amor, comencé: *"¡Jesús, yo confío en ti!"* Sonó horrible, pero yo estaba dispuesta a cautivar Su corazón. Por años le había pedido a Jesús tener una bonita voz para adorarlo, pero nunca había recibido ese talento como respuesta, por lo que le dije: "Bueno, entonces voy a cantar para Ti con esta voz horrible, un sacrificio verdadero para Ti (y posiblemente para muchos)". Pero para mi sorpresa a la gente le gustó y se unió de todo corazón. *"¡Jesús, yo confío en ti!"*

Algunos días después de ello, vi encenderse en la pantalla de mí teléfono el número de mi mamá. Mi corazón sonrió. "¡Hola mami!"

"Hola mi hija".

"Mamá, estoy tan contenta de escucharte".

"Yo estoy muy contenta de escucharte".

Sólo quiero decirte... por favor perdóname por todo lo que te he hecho y en lo que te he herido durante toda la vida".

Al sonido de esas palabras sentí cómo muchas piezas de mi alma, vacías y frías, se llenaban de calor. Muchas veces antes había escuchado la palabra "Perdóname" de los labios de mi mamá, pero nunca refiriéndose a "todo".

Deseosa de darle el mismo regalo le respondí: "Por favor, perdóname por todas y cada una de las maneras en que te he herido". Hablamos de cuánto nos amábamos mutuamente y que no queríamos revivir el pasado, sino que queríamos mirar hacia adelante. No había ni una sombra de dolor o resentimiento en nuestras voces. Me contó que estaba feliz trabajando como profesora de inglés y que se había mantenido alejada de mí para tener tiempo y espacio para sanar. Con el paso de los años había surgido dentro de ella un fuerte deseo de verme, por lo que le pidió a Dios que le hiciera saber cuál era el momento adecuado. Un día, viendo la televisión en Guadalajara, apareció un comercial anunciando mi visita a su ciudad. Esa fue su señal.

"Te he estado siguiendo a través de la televisión y los medios sociales y estoy muy orgullosa de lo que estás haciendo. He estado rezando por ti desde que te dejé y he ayunado por ti, pues sé que Dios te ha dado una misión muy difícil".

"Gracias. eso tiene un significado muy grande para mí". Más allá de nuestras palabras, se sentía un amor palpable entre nosotras. Nos despedimos asegurándonos que en realidad habían sido unos saludos muy dulces.

Colgué el teléfono y me deshice en lágrimas. Fue una disculpa corta y simple. Pero fue uno de los milagros más espectaculares de toda mi vida.

Un día, un par de semanas después, fui al baño y me miré en el espejo. Era la primera vez que podía recordar que vi más allá de mi cuerpo para ver a una servidora de Dios. La belleza ya no era para mí una cuestión de piel. Mi verdadera belleza radicaba en las preguntas: "¿He amado hoy? ¿He complacido hoy a Dios?" Sintiéndome misteriosamente feliz con quien era, incluyendo mis imperfecciones, sonreí ante mi imagen en el espejo. Luego pensé: Voy a llamar a mi papá. Tomé el teléfono y luego de los saludos iniciales le dije: "Papá, no conozco a mi hermano. ¿Me dejarías pasar por él y pasar un tiempo juntos? Por primera vez su esposa accedió y dijo que sí a la pregunta de mi papá. Posiblemente las gracias del Domingo de la Divina Misericordia eran mayores de lo que su renuencia podía soportar.

El sábado siguiente fui a la casa de mi papá, por primera vez en cinco años. En el jardín de adelante estaba parado mi hermano menor, balanceando su peso de una pierna a otra. Al verme comenzó a saltar y corrió a abrazarme a la altura de mi cintura. "¿Por qué están tan coloradas tus mejillas?", le pregunté.

"¡Comenzaron a quemarme pues no podía esperar a verte!", respondió con su voz aguda.

Tomando su mano pequeña, caminé con él hacia la puerta principal. Durante años había habido un muro de hierro en mi corazón que me había impedido cruzar el umbral de la casa de mi papá. Su puerta principal me había repelido, como un campo de fuerza de indignidad y auto-rechazo; pero hoy esa barrera se había derrumbado. Lo que sea que mi papá o Elvira pensaran de mí -y más importante que eso, lo que yo pensaba de mí- no tenían influencia sobre mí. Llegué a la puerta y caminé a través de ella. Saludé en paz a mi papá y a su esposa, mientras conversamos amigablemente, de corazón, como si nunca hubiera sido de otra manera en la vida.

A continuación, pasé un día divertido con mi hermano de cinco años. Exploramos el pueblo con mi hermano, quien era sociable, preguntón, divertido y obediente. Aunque nunca le faltaban palabras, se contuvo de pedirme cosas y esperaba humildemente que le anunciara lo que íbamos a hacer a continuación. Nos detuvimos en el parque, la pastelería, comimos pizza y helado, y tomamos un tren que terminaba en el zoológico. Durante todo el tiempo cantó conmigo mi nueva canción "¡Jesús, yo confío en ti!" asegurándose de agregarle aplausos de felicidad. Así descubrí que tenía un hermano que, sin tener yo algún mérito, siempre me había amado.

No mucho después de nuestro día de diversión, me llamó muy temprano en la mañana -mientras estaba medio dormida- para decirme: "Mi graduación es esta noche y espero que estés ahí conmigo".

Apoyándome sobre mi codo y tratando de despertarme de un sueño profundo le pregunté: "¿De verás? ¿De qué te estás graduando?"

"Pre-escolar".

"¿De qué?"

"Pre-escolar".

"¿Se hace eso?", pregunté medio mareada.

"¡Sí!"

Contenta por su audacia le dije que estaba más que feliz de aceptar su invitación; luego colgué el teléfono y colapsé contra mi almohada. Cerrando mis ojos recordé mi sueño. Estaba enmarcado durante mi niñez en casa, repasando lugares familiares. Sin embargo esta vez, las cosas fueron diferentes.

Estoy por comprar la casa en la que he crecido. Mientras camino por la sala de estar, el agente de bienes raíces está a mi costado, y me doy cuenta de algunos muebles familiares y de cuán limpio y brillante se ve todo: las puertas, la alfombra, las cerámicas en la cocina. "Oh", le dije al agente, "¡tengo que tener mi casa nuevamente!" Y derramé lágrimas de profunda alegría.

Abriendo los ojos pensé: "He tenido sueños como este por unos veinte años, y últimamente han sido más recurrentes que lo normal. Por favor Señor, ayúdame a entender... necesito cerrar este capítulo. Necesito ir dentro de esa casa".

Esa tarde fui a la "graduación" de mi hermano, donde me encontré con mi prima Xochil, cuyos hijos mi mamá había cuidado en nuestra casa cuando yo era joven. Ninguna de nosotras pudo dejar de sonreír mientras veíamos a mi hermano levantar su cabeza y recibir su "diploma" especial. "No podía verse más orgulloso", dijo mi prima.

"Sí, estará orgulloso de sus grandes logros al haber jugado con piezas de lego, aplastar plastilina y comer galletas de pescadito".

Se rió entre dientes. "Por favor, ven a cenar después con nosotros" y yo acepté su invitación.

Mientras comíamos. Xochil, quién ahora trabajaba como agente de bienes raíces, me dijo: "¿Adivina qué casa está a la venta en el mercado?"
Ú

Me quedé helada. "No me digas que es la casa de mi niñez".

"Sí. Está a la venta".

"Xochil", le dije sin poder creerlo, "he soñado con esa casa antes de levantarme esta mañana. Estaba caminando por la sala de estar con un agente de bienes raíces. La casa estaba decorada con muy pocos muebles, y todo se veía muy limpio y brillante. En el sueño mi intención era comprarla, ser dueña del lugar en el que mi familia había sido feliz y estado junta. Me sentí muy aliviada y agradecida".

Xochil estaba conmovida. La casa había sido como un segundo hogar para ella y sus hijos. Extendiendo mi mano sobre la mesa le tomé la muñeca y le rogué: "Tienes que llevarme ahí".

"Eso no será ningún problema Patricia. Puedo programar una visita y sacar las llaves de la caja de seguridad. Sólo tienes que actuar como compradora, aunque no lo seas".

"Está bien. Voy a aparentar que puedo comprar esa casa".

"¿Qué tal si nos encontramos aquí mañana? Te dejaré saber a qué hora".

A la mañana siguiente, mientras rezaba cuando me duchaba, le pedí a Dios que me guiara a lo largo del día y me mostrase lo que tenía entre manos. No podía más que suplicarle, una vez más, por la sanación de mi familia, por lo que derramé eso que deseaba tanto sobre Él. Inmediatamente sentí a Jesús, hablándome al corazón a través de la imagen del Sagrado Corazón: "Llévame contigo y hazme el Rey de tu familia y de tu hogar".

"¡Eso es!", pensé. Luego de veinte años de tener el mismo sueño, sentí que finalmente Dios iba a cerrar las heridas que las producían. No importaba lo que Él estuviera planeando, sabía que sería algo muy bello. *"¡Jesús, yo confío en ti!"*

Pensé que comenzar el día con la Misa ayudaría a Dios en sus esfuerzos por lo que coloqué a "Jesús" junto a mí en el auto, donde Él quería estar, y manejamos juntos hacia la Iglesia. Después de Misa salté en el auto, junto a "Él", y manejé hacia la casa en la cual mi familia había estado unida y feliz. Delante de la entrada estaba parada mi prima, esperándome, con una mirada nostálgica en sus ojos. Mientras cruzaba el jardín, sosteniendo firmemente la imagen del Sagrado Corazón bajo mi brazo, no pude dejar de notar que las cosas no eran tan diferentes de como las recordaba.

"Patricia", dijo con la voz temblando de emoción, "recuerdo verte jugando 'rayuela' aquí. Tenías tizas de colores y dibujabas unos cuadrados en la entrada".

"Recuerdo a mi hermana con su skate de arriba hacia abajo en la entrada mientras yo daba vueltas y vueltas aquí con mis patines", dije, recordando cuánto me gustaba el viento rozando mis mejillas y el sentimiento de libertad que me producía.

Volteando para abrazarme, Xochil se golpeó contra el cuadro con la imagen del Sagrado Corazón y exclamó: "¡Ese es el cuadro que solía colgar sobre la cama de tus padres!"

"Sí", le dije, "es el mismo. Xochil, esto es muy extraño... todo se ve exactamente tal como lo recuerdo. Ninguna de las piedras que puso mi papá han sido removidas. Cada planta es la misma. Incluso las flores son exactas a las que mi papá plantó hace veinte años".

"Lo sé. Es raro, ¿no es cierto? Se siente como si el tiempo no hubiera pasado".

"Debe ser solo el jardín", pensé, mientras mi prima metía la llave en la caja de seguridad. Solo podía imaginar cómo se vería el interior de la casa o sintiendo mi antigua casa. Pero cuando abrió la puerta entré en lo que parecía imposible. Nada había cambiado. La casa lucía impecable - brillante, reluciente y limpia, como en mi sueño- y excepto por el hecho de que tenía muy pocos muebles y habían pasado once años, podría haber parecido como si hubiera regresado a casa luego de dar una vuelta. La alfombra original estaba ahí cómo si no hubiera pasado el tiempo; los accesorios de la cocina no se habían cambiado -ni siquiera movido de lugar-; el piso de madera, las ventanas, las cortinas, los mosaicos escogidos cuidadosamente por mi mamá, todo el fruto de trabajo duro de mi papá, se adecuaban perfectamente al gusto de mi madre, ...estaba tal cuál la habíamos dejado.

Caminando con un *verdadero* agente de bienes raíces a mi lado, caminé por la sala de estar, nerviosa de alguna manera por el paralelo con mi sueño. Luego miramos la cocina, cuyas paredes resonaban con múltiples recuerdos de comidas familiares muy animadas. Sentí una gran nostalgia atrapada en mi garganta. Mis pies estaban junto a la estufa donde mamá solía abrazarme y llamarme su princesa bella, y cocinarme panqueques con chocolate para el desayuno. Respirando hondamente, dejé la cocina y caminé hacia la habitación que había compartido con mi hermana. Atravesando la puerta viajé aún más lejos en el tiempo.

Los rayos del sol de mediodía entraban en la habitación a través de la misma ventana alta en dónde Jesús me había visitado durante mi niñez. Mi menté lo vio ahí, con su túnica dorada, verde y roja, con su expresión adorable y extendiendo sus brazos hacia mí. Luego mis ojos se dirigieron, siguiendo la dirección de los rayos solares, hacia el lugar en el que me levantó en el aire para llevarme hacia el cielo. ¿Cómo es que me había sucedido una cosa tan maravillosa? "¿Sabías Señor", le pregunté silenciosamente, "que luego desperdiciaría el bello regalo de Tu visita? Por supuesto que debes de haberlo sabido".

La última habitación era la misma en la cual al entrar me agachaba y me arrastraba para evitar la mirada penetrante de Jesús desde encima de la cama de mis padres. Con mi prima al lado, sentí que mis rodillas se debilitaban y me arrodillé en el suelo de gratitud por el milagro de estar ahí. Besando la alfombra debajo de mí, finalmente dejé que mis lágrimas fluyeran. "Cómo Dios lo entiende todo", me sorprendí mientras miraba hacia el jardín a través de la ventana, una vista que siempre había gozado desde mi niñez. "Debe de haber habido alguna razón por la cual los antiguos dueños no la remodelaran en lo más mínimo", pensé. Me parecía que Jesús quería que todo se viera exactamente como antes, de manera que -después de veinte años- pudiera sanar aún más. Así es de importante y especial que me hizo sentir.

Consciente de lo que debía hacer, tomé mi imagen de Jesús y lo colgué a "Él" en la pared, sobre el lugar en el que solía estar, sobre la cabecera de la cama de mis padres, y recé. El Señor me estaba dando la oportunidad de completar lo que nunca antes había hecho. Le consagraría mi familia en el mismo lugar donde una vez habíamos estado unidos. Llorando de gratitud, primero le agradecí en voz alta por su bondad de llevarme ahí; luego le pedí que sanara a mi prima, quién estaba arrodillada junto a mí. Luego le pedí que tuviese misericordia y perdón por todas las prácticas de la Nueva Era que habíamos aceptado en esa casa y por el hecho de que a Jesucristo nunca le habíamos permitido ser el Señor de nuestro hogar y de nuestros corazones. Finalmente, todavía de rodillas, hice una oración de consagración a Su Sagrado Corazón y proclamé en voz alta que Él era el Señor y Rey de nuestra familia:

> Señor Jesús, Rey de todas las familias y de todo: En este momento, algo que ha debimos haber hecho hace muchos años, te consagro mi familia al Sagrado Corazón de Jesús. Tu Corazón siempre ha ardido muy brillantemente y con mucha ternura y compasión por todos nosotros. Tú has estado cada segundo con nosotros en esta casa. Te has sentado con nosotros en nuestras comidas, nos has

arropado en nuestras camas todas las noches y has estado de pie, junto a nosotros, mientras dormíamos, pero nosotros no sabíamos que Tú estabas ahí. Tu imagen adornaba nuestras paredes, pero no nuestros corazones. Rechazamos Tu presencia y Tus dones, rompiendo lo que Tu tan bellamente habías unido. Pero ahora Jesús, te pido que cambies todo eso. Creo que puedes hacer lo imposible, que puedes atravesar el tiempo y curar y restaurar todo. Te agradezco Señor por haber traído de regreso a mi mamá en mi vida, y te ruego que restaures completamente nuestra relación. Ponnos, una junta a la otra, en Tú Corazón.

Por favor, Señor, sana las divisiones y los vínculos rotos con mi papá. Atráenos nuevamente para tener una amistad cercana y en unidad con mi madrastra. En Ti nada se ha perdido para siempre. Me alegro en la esperanza de que la unidad de nuestra familia pueda ser restaurada gloriosamente. Sé que no importa lo que suceda aquí en la tierra, pues en el cielo tendremos nuevamente la oportunidad de abrazarnos mutuamente en un amor santo y con una alegría verdadera. Que el cielo pueda abrirnos sus puertas, donde veremos a mis tres hijos y los mártires que nos han precedido en nuestra familia, y en donde cantaremos confiados en Tú infinita misericordia por toda la eternidad: ¡Toda la gloria sea dada al Corazón de Jesús, nuestro Rey y nuestro Padre!

Cuando terminé, una paz muy calmada y cálida en el aire me produjo una gran seguridad. Con ese acto de consagración en el antiguo cuarto de mis padres, el Señor suturó la última herida sangrante que llevaba dentro de mí, por el trauma de haber perdido de manera repentina a mi familia cuando era una niña. Esta había sido la ruptura en mi alma que había provocado que me jalara el pelo y que pavimentó el camino hacia una imagen distorsionada de mí misma. Ese fue el golpe que me hizo vulnerable a tener relaciones nada saludables, así como una intimidad sexual prematura; la que me expuso al aborto y me jaló hacia las drogas y me mantuvo ansiosa por el hombre en el traje azul. Esa fue la herida que me lanzó a dilapidar los dones de Dios, una y otra vez, en busca de un reemplazo de la familia que había perdido.

Había asumido que ese día dejaría la casa de mi niñez sintiéndome triste. Pero salí de ahí con un sentimiento profundo de libertad y de alegría. Por primera vez, desde que tenía doce años, me sentí completa. Y desde ese momento en adelante, mis sueños nostálgicos del pasado no han vuelto, ahora que el Señor está sentado -como debe ser- en Su trono. Él es el Rey.

"Yo te glorifico, Señor, porque tú me libraste
y no quisiste que mis enemigos se rieran de mí.
Señor, Dios mío, clamé a ti y tú me sanaste.
Tú, Señor, me levantaste del Abismo
y me hiciste revivir,
cuando estaba entre los que bajan al sepulcro.
Canten al Señor, sus fieles;
den gracias a su santo Nombre,
porque su enojo dura un instante,
y su bondad, toda la vida:
si por la noche se derraman lágrimas,
por la mañana renace la alegría.
Yo pensaba muy confiado:
«Nada me hará vacilar».
Pero eras tú, Señor, con tu gracia,
el que me afirmaba sobre fuertes montañas,
y apenas ocultaste tu rostro,
quedé conturbado.
Entonces te invoqué, Señor,
e imploré tu bondad:
«¿Qué se ganará con mi muerte
o con que yo baje al sepulcro?
¿Acaso el polvo te alabará
o proclamará tu fidelidad?
Escucha, Señor, ten piedad de mí;
ven a ayudarme, Señor».
Tú convertiste mi lamento en júbilo,
me quitaste el luto y me vestiste de fiesta,
para que mi corazón te cante sin cesar.
¡Señor, Dios mío, te daré gracias eternamente!"
Salmo 30, 2-13

Para mayor información sobre Patricia Sandoval
y los recursos disponibles de Queen of Peace Media
para ayudarlo a crecer en su fe y compartirla con otros,
vea la parte delantera de

OTROS LIBROS DE LA AUTORA CHRISTINE WATKINS

Disponibles en formato impreso, libro electrónico y audio libro en QueenofPeaceMedia.com y Amazon.com

Libros disponibles en español
www.queenofpeacemedia.com/libreria-catolica

EL AVISO
Testimonios y Profecías sobre la
Iluminación de Conciencia

EL MANTO DE MARÍA
Una consagración Mariana para ayuda celestial

EL MANTO DE MARÍA
Diario de oración para la consagración

HOMBRES JUNTO A MARÍA
Así vencieron seis hombres la más
ardua batalla de sus vidas

EL AVISO

TESTIMONIOS Y PROFECÍAS SOBRE LA ILUMINACIÓN DE CONCIENCIA

Avalado por el Obispo-Emérito Gavin Ashenden, Mons. Ralph J. Chieffo, P. John Struzzo, Mark Mallet, P. Berdardin Mugabo y más...

Incluye la fascinante historia de Marino Restrepo, reconocido como un San Pablo para nuestro siglo. (**Consulte www.queenofpeacemedia.com/el-aviso para ver sinopsis del libro**)

EL AVISO ha sido el más vendido de Amazon en la historia desde su lanzamiento. Incluye relatos auténticos de santos y místicos de la Iglesia que, han hablado de un día en que todos veremos nuestras almas a la luz de la verdad, e historias fascinantes de los que ya lo experimentaron.

"Con su amor divino, abrirá las puertas de los corazones e iluminará toda conciencia. Cada persona se verá a sí misma en el fuego ardiente de la divina verdad. Será como un juicio en miniatura".
— **Nuestra Señora al P. Stefano Gobbi del Movimiento Sacerdotal Mariano**

#1 AMAZON BEST-SELLER

CON IMPRIMATUR POR MONS. RAMÓN C. ARGÜELLES, ARZOBISPO EMÉRITO DE LIPA ✠

EL AVISO

TESTIMONIOS Y PROFECÍAS SOBRE LA ILUMINACIÓN DE CONCIENCIA

#1 BEST SELLER

"Tremendo! ¡Ojalá todos lo lean!"
—P. Bernardin Mugabo

"Lo recomiendo encarecidamente".
—P. John Struzzo

"Lee este libro profético y cree".
—Mons. Ralph J. Chieffo

Incluye la historia de Marino Restrepo, un pequeño San Pablo de nuestro tiempo

CHRISTINE WATKINS
Prefacio del Obispo Gavin Ashenden

EL MANTO DE MARÍA
UNA CONSAGRACIÓN

MARIANA PARA OBTENER AYUDA CELESTIAL

Avalado por el Arzobispo Salvatore Cordileone y Obispo Myron J. Cotta

(Ver www.queenofpeacemedia.com/el-manto-de-maria para ver un video de testimonios asombrosos y ordenarlo)

"Estoy agradecido con Christine Watkins por hacer esto tan simple que está ahora disponible en el mundo de habla inglesa, pero creció primero en el fértil suelo de la piedad mexicana".
— **Arzobispo Salvatore Cordileone**

"Ahora más que nunca, necesitamos de un milagro. Christine Watkins nos guía a través de un retiro auto guiado de 46 días que se centra en la oración diaria del Rosario, un poco de ayuno, y meditación en las virtudes y en los siete dones del Espíritu Santo, lo que lleva a una transformación en nuestras vidas y en las personas que están en el camino con nosotros!"
— **P. Sean O. Sheridan, TOR**
Ex-Presidente de la Universidad Franciscana de Steubenville

EL MANTO DE MARÍA

DIARIO DE ORACIÓN PARA LA CONSAGRACIÓN
para acompañar el libro de consagración

PREPÁRATE PARA UN DESBORDAMIENTO DE GRACIA SOBRE TU VIDA

(Ver www.queenofpeacemedia.com/el-manto-de-maria para ver un video de testimonios asombrosos y ordenarlo)

El Papa Juan Pablo II dijo sobre su consagración a María: "fue un evento decisivo en mi vida". También puede ser lo mismo para ti.

Este *Diario de Oraciones* con pasajes bíblicos diarios, citas de santos, preguntas para reflexionar y espacio para escribir, es un libro que acompaña a la popular Consagración del Manto de María, un retiro auto guiado que ha devenido en milagros ocurridos en las vidas y corazones de aquellos que la han realizado. Este Diario te llevará aún más profundamente en tu alma y en la gracia transformadora de Dios.

HOMBRES JUNTO A MARÍA

CÓMO SEIS HOMBRES GANARON LA MAYOR BATALLA DE SUS VIDAS

"Hombres Junto a María es excelente. Los seis testimonios de vida contenidos en él son milagrosos, heroicos y verdaderamente inspiradores".
—P. Gary Thomas
Pastor, exorcista y temática del libro y la película, "The Rite"

(Visite <u>www.queenofpeacemedia.com/of-men-and-mary</u> Para ver el avance del libro y para ordenar)

"Magnífico!"
P. Gary Thomas
Exorcista y
protagonista
de la película,
"The Rite"

"Ungido!"
P. Donald
Calloway, MIC
Autor de
No Turning Back

HOMBRES JUNTO A MARÍA

así vencieron seis hombres la más ardua batalla de sus vidas

Christine Watkins

Pase estas páginas y se sorprenderá por un asesino encerrado en prisión, un jugador de fútbol que usa drogas y que soñó con ser profesional, y un atrevido y egoísta diablo que murió y se encontró con Dios. Usted encontrará a un marido y un padre cuyo matrimonio fue un campo de batalla, un hombre que busca de forma desesperada pertenecer, atraído por la lujuria y las atracciones ilícitas, y un cordero inocente que perdió, en un solo momento, a todos los que más le importaban. Y te alegrarás de que sus pecados y sus pasados no hayan sido un obstáculo para el cielo.

WINNING THE BATTLE FOR YOUR SOUL

JESUS' TEACHINGS THROUGH MARINO RESTREPO, A ST. PAUL FOR OUR CENTURY

Avalado por el Arzobispo Emérito Ramón C. Argüelles

"¡Este libro es una auténtica joya de Dios!"
— **María Vallejo-Nájera**

(Ver *El Aviso: Testimonios y Profecías del Iluminación de Conciencia* para leer el testimonio de Marino)

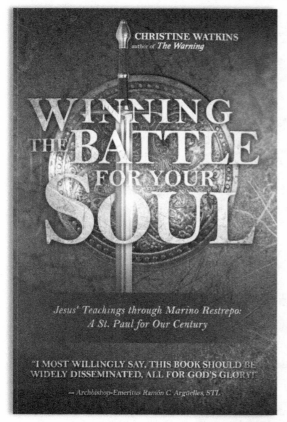

Marino Restrepo siendo un hombre pecador fue secuestrado por terroristas colombianos para pedir rescate. Fue arrastrado al corazón de la selva amazónica. Y de la nada, en el lapso de una sola noche, el Señor le permitió vivir la iluminación de su conciencia seguida de una extraordinaria infusión de conocimiento Divino. Hoy día, Marino es reconocido como uno de los mayores evangelizadores de nuestro tiempo.

Además de dar charlas en todo el mundo, Marino es el fundador de Peregrinos de Amor, apostolado aprobado por la Iglesia.

Este libro contiene algunos de las más extraordinarias enseñanzas que Jesús ha dado al mundo a través de Marino Restrepo, enseñanzas que alterarán profundamente y le harán reflexionar sobre la forma en que ve su ascendencia, su pasado, su propósito y su futuro.

FULL OF GRACE

MIRACULOUS STORIES OF HEALING AND CONVERSION THROUGH MARY'S INTERCESSION

"La hermosa y conmovedora colección de conversiones de Christine Watkins, las historias son directas, honestas, conmovedoras y milagrosas".

—Wayne Weible
Autor de *Medjugorje: El Mensaje*

(Ver **www.queenofpeacemedia.com/full-of-grace**
para sinopsis del libro y para adquirirlo)

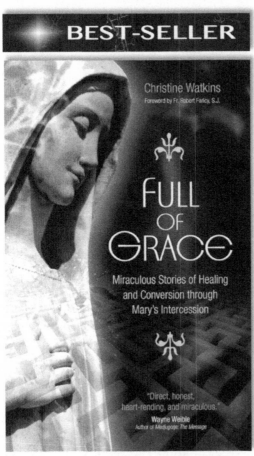

En este fascinante libro, Christine Watkins le cuenta su dramática historia de curación milagrosa y conversión al Catolicismo, junto con las historias de otros cinco personas: un vagabundo drogadicto, un monaguillo atrapado por la cocaína, una stripper, un joven solitario, y un héroe moderno.

Seguida de cada historia hay un mensaje que María ha dado al mundo. Y para aquellos ansiosos por sondear las aguas más profundas y reflexivas del discipulado, ya sea de manera personal o dentro de un grupo de oración— encontrarán un pasaje de las Escrituras, preguntas reflexivas que motivan la oración, y un ejercicio espiritual al final de cada capítulo que les ofrece la oportunidad de reavivarse en nuestra fe.

IN LOVE WITH TRUE LOVE

THE UNFORGETTABLE STORY OF SISTER NICOLINA

(Ver www.QueenofPeaceMedia.com y Amazon.com)

En este mundo nuestro aparentemente sin amor, podríamos preguntarnos si el verdadero amor es alcanzable. ¿Es real, o es quizás

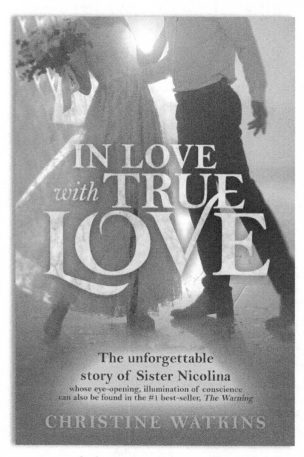

una ilusión danzante capturada en pantallas de Hollywood? Y si este amor se atreve a existir, ¿satisface como los poetas dicen, o se desvanece en nuestros oídos como susurro que pasa de largo?

Son pocas las almas que han descubierto estas respuestas, y una de ellas es Nicolina, una chica luchadora y coqueta que se enamoró del hombre más romántico de toda la posguerra Alemania.

Poco se imaginaron los lugares donde el amor los llevaría.

Esta fascinante la historia de la vida real es deja vislumbrar el grandioso secreto del amor verdadero, secretos que siguen siendo un enigma para la mayoría, pero son la vida en sí misma para unos pocos elegidos. En aposentos poco conocidos dentro del Corazón del Amor yace la esperanza de ser descubiertos, y espero que a través de este librito, usted como Nicolina, entre en su misterio y encuentre la vida también.

SHE WHO SHOWS THE WAY
HEAVEN'S MESSAGES
FOR OUR TURBULENT TIMES

"Este libro debe difundirse ampliamente, todo para la Gloria de Dios y en honor de la Madre de Dios, por todos nosotros y por la santidad de los discípulos de Cristo".
— **Ramón C. Argüelles, STL, Arzobispo-Emérito**

(Consulte www.QueenofPeaceMedia.com y Amazon.com)

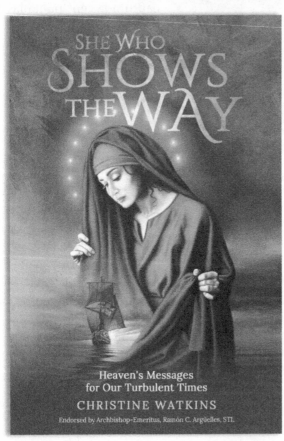

Nuestra madre sabe cuándo más la necesitamos, y la necesitamos ahora. Estamos viviendo en el fin de los tiempos, no el fin del mundo, pero el fin de una era. Aquellos que desean permanecer fieles al evangelio están buscando la guía del Cielo para navegar con seguridad las tormentas incomparables que se avecinan. Este libro, extraordinario y ungido, con mensajes de nuestra Madre María y ocasionalmente de Jesús, recibidos a través de locuciones internas dados a uno de sus niños menos pensado, ella le respondió.

"Será un gran punto de inflexión en el destino de tu nación y su fe en Dios pronto estará sobre ustedes, y les pido a todos que oren y ofrezcan sus sufrimientos por esta causa. . ."
— **Mensaje de Nuestra Señora del 4 de Agosto de 1993**

MARIE-JULIE JAHENNY

PROPHECIES AND PROTECTION
FOR THE END TIMES

(Pronto en www.QueenofPeaceMedia.com y Amazon.com)

Marie-Julie Jahenny (1850-1941) es una de las más extraordinarias místicas en la historia de la Iglesia. Esta humilde campesina hija de devotos padres en Bretaña, Francia, recibió numerosas visitaciones del

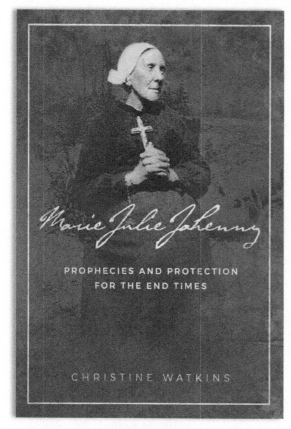

Cielo y vivió con múltiples heridas de los estigmas durante la mayor parte de su larga vida. El espíritu desinteresado de Jahenny perdura como un regalo a la Iglesia, porque ella recibió conocimiento de lo que está en el horizonte de nuestra era.

Jahenny fue apoyada por su obispo local, Mons. Fournier de Nantes, quien dijo de ella: "Tan solo veo bien"

Además de la misión especial de Jahenny recibida del Señor para difundir el amor de la cruz, ella fue llamada para preparar al mundo para los castigos por venir que preceden y preparan al mundo para la gloriosa renovación de la Cristiandad en la prometida era de paz.

A través de Marie-Julie, el Señor ha brindado ayuda, remedios y protección para los tiempos que vivimos ahora y los que vendrán pronto. Como Cristo le dijo en varias ocasiones: "Quiero que Mi pueblo sea prevenido".

ESCAPULARIO PÚRPURA

Bendición y Protección para los Últimos Tiempos

Jesús y María le han dado este escapulario al mundo para nuestros tiempos!

Visite **www.queenofpeacemedia.com/product/purple-scapular-of-blessing-and-protection** para leer acerca de todas los increíbles promesas dadas a quienes lo usan con fe.

Palabras de Nuestra Señora a la mística, estigmatizada y alma víctima, Marie-Julie Jahenny: "Hijos míos, toda alma, toda persona que use este escapulario verá a su familia protegida. Su hogar también será protegido, **sobre todo de incendios...** durante mucho tiempo mi Hijo y yo hemos tenido el deseo de dar a conocer este escapulario de bendición...

Esta primera aparición de este escapulario será un nueva protección para los tiempos de castigos, calamidades y hambrunas. Todos los se vistan con él, pasarán de largo las tormentas, las tempestades y la oscuridad. Ellos tendrán luz como si fuera de día. Tal es el poder de este escapulario desconocido..."

LA CRUZ DEL PERDÓN

Para los Últimos Tiempos

El 20 de julio de 1882, Nuestro Señor presentó LA CRUZ DE PERDÓN al mundo a través de la mística francesa Marie Julie Jahenny. Él hizo notar que Le gustaría que fuese elaborado y usado por los fieles durante el tiempo de los castigos. Es una cruz que significa perdón, salvación, protección y el cese de plagas.

Visite **www.queenofpeacemedia.com/product/cross-of-forgiveness** para leer acerca de todas las increíbles promesas dadas a los que lo usan con fe.

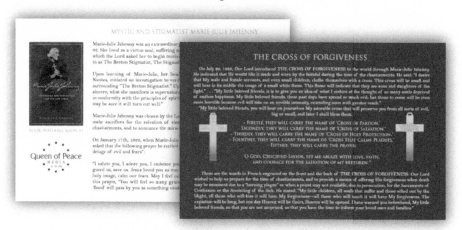

Esta cruz de bronce (1¾ pulgadas de alto y 1 pulgada de ancho) es un regalo para nuestra época y para un tiempo futuro en el que los sacerdotes pudieran no estar fácilmente disponibles: "Mis pequeños y amados amigos, llevaréis sobre vosotros Mi adorable cruz que los protegerá de todo tipo de mal, grande o pequeño y luego los bendeciré... Hijitos míos, todas las almas que sufren y los afectados por la plaga, todos los que la besen tendrán Mi perdón, todo aquel que la toque tendrá mi perdón. "La expiación será larga pero un día el Cielo será de ellos, el Cielo se abrirá".

THE FLAME OF LOVE

THE SPIRITUAL DIARY
OF ELIZABETH KINDELMANN

(Visite www.QueenofPeaceMedia.com/flame-love-love-book-bundle) para recibir el paquete de libros Flame of Love a precio de mayoreo!

Gracias extraordinarias que ciegan literalmente a Satanás y para llegar al Cielo rápidamente, son el resultado para quienes se apegan a las prácticas espirituales y las promesas de este clásico espiritual. El 2 de agosto de 1962, Nuestra Señora dijo estas notables palabras para la alma mística y víctima, Elizabeth Kindelmann:

"Desde que el Verbo se hizo Carne, nunca he generado tan gran movimiento como la Llama de Amor que les llega ahora. Antes no ha existido nada que cegara tanta a Satanás".

Apéndice con Notas Finales

CAPÍTULO 1:

Las estadísticas de divorcio en los Estados Unidos revelan consistentemente que los hijos de padres divorciados tienen un mayor riesgo de ciertos problemas en la vida, como bajas autoestima, tendencia a confiar menos en los demás, bajas notas en la escuela. También son más vulnerables al abuso infantil (esto es más común cuando existen familias mixtas) y tienen una menor capacidad de hacer amigos. Los niños, en particular, tienen una mayor tendencia a ser agresivos. (1)

Estudios recientes, presentados en el libro *"The Good News About Marriage"* *("Las buenas noticias sobre el matrimonio")* de Shaunti Feldhahn, aclaran que en la actualidad el porcentaje de divorcios en los Estados Unidos es solo de 20 a 25 por ciento en matrimonios realizados por primera vez. La cifra, que se menciona con frecuencia, de 50 por ciento, proviene de proyecciones realizadas; los investigadores pensaron que ese sería el porcentaje de divorcios cuando todos los diferentes Estados de la nación hubiesen aprobado leyes de divorcio y también habían observado que los números de divorcios aumentó en los años setenta y a inicios de los ochenta. Sin embargo, el porcentaje de divorcio ha caído desde entonces y nunca ha llegado -ni siquiera de cerca- al 50 por ciento proyectado. Entre los que asisten a la iglesia, el porcentaje de divorcio es aún menor, de un simple dígitos o entre los 13 y 19 por ciento. La investigación de Feldhahn también reveló que la vasta mayoría de matrimonios en los Estados Unidos son felices. (3,4)

(1) Robert E. Emery, *Marriage, Divorce, and Children's Adjustment, Developmental Clinical Psychology and Psychiatry*, v. 14 (Newbury Park, CA: Sage Publications, 1988).

(2) Reinier Bloem, "Child Psychology Divorce," revisado el 27 de enero de 2018, http://www.children-and-divorce.com/child-psychology-divorce.html.

(3) Shaunti Feldhahn, *The Good News About Marriage: Debunking Discouraging Myths about Marriage and Divorce*, First Edition (Colorado Springs, CO: Multnomah Books, 2014), p. 10.

(4) Paul Strand, CBN News Washington Senior Correspondent, "Divorce Shocker: Most Marriages Do Make It," CBN News, U.S., May 6, 2014, revisado el 27 de enero de 2018, http://www.cbn.com/cbnnews/us/2014/May/Divorce-Shocker-Most-Marriages-Do-Make-It/?exitmobile=true.

CAPÍTULO 2:

(1) Czarina Ong, "Young Woman 'Possessed' after Playing with Ouija Board Dies at Church During Exorcism Ritual" ("Una joven 'poseída' después de jugar con la Ouija muere durante un ritual de exorcismo") Christianity Today, 1ro de diciembre de 2015, revisado el 27 de enero de 2018, http://www.christiantoday.com/article/young.woman.possessed.after.playing.with.ouija.board.dies.at.church.during.exorcism.ritual/72171.htm.

(2) Paul Burnell, "Exorcisms on the Rise" ("Exorcismos en alza"), National Catholic Register, julio 4-10, 2000.

(3) Dan Burke, "Halloween, the Catholic Faith and the Occult: An Interview With Father José Antonio Fortea" (Halloween, la fe católica y lo Oculto: Una entrevista con el Padre José Antonio Fortea"), National Catholic Register octubre, 31, 2014, revisado el 27 de enero de 2018, http://www.ncregister.com/daily-news/halloween-the-catholic-faith-and-the-occult/ - ixzz3tE6CFx7a.

(4) Martin Barillas, "Beware of Quija Boards: Life Imitates Art at an Exorcism in Colombia" ("Tengan cuidado con los tableros de Ouija: La vida imita el arte en un exorcismo en Colombia") Spero News, octubre 31, 2014, revisado el 27 de enero de 2018, http://www.speroforum.com/a/EOJKJEXXDP38/75298-Beware-of-Ouija-boards-Life-imitates-art-at-an-exorcism-in-Colombia#.Vl-xOPmrSM-.

(5) Mark Woods, "Sales of Ouija Boards Spike, But How Dangerous Are They?" (Suben las ventas de los tableros de Ouija, pero ¿cuán peligrosas son?") Christian Today, diciembre 6, 2014, revisado el 20 de enero de 2017, http://www.christiantoday.com/article/sales.of.ouija.boards.spike.but.how.dangerous.are.they/43834.htm.

CAPÍTULO 3:

(1) Trailer for Blood Money (La ruta de dinero sangriento), documental dirigido pro David K. Kyle, develando la verdad detrás de la industria del aborto: https://www.youtube.com/watch?v=cYaTywSDmls&eurl=http%3A%2F%2Fwww.facebook.com%2Fhome.php&feature=player_embedded.

YouTube: Carol Everett: Marketing Abortion (LIFE Today / James Robison): http://www.youtube.com/watch?v=OFXnRQl2Hv4&feature=youtu.be and http://heartsunitedforlife.com/?p=1731.

YouTube: An Abortion Provider Speaks (Confesiones de un proveedor de abortos), https://www.youtube.com/watch?v=mXZCOaRVrbg.

(2) Carly Kennelly, "Consumer Reports Ranks Planned Parenthood Condoms Low," (Consumer Reports califica los condones de Planned

260

Parenthood de calidad muy baja) KTBX.com, The People You Know; The News You Trust, enero 7, 2005, revisado el 27 de enero de 2018, http://www.kbtx.com/home/headlines/1339521.html.

(3) Barbara Hollingsworth, "Planned Parenthood Produces Video Promoting Bondage and Sadomasochism to Teens," ("Planned Parenthood produce un video promoviendo el Sadomasoquismo y esclavitud sexual para los jóvenes") cnsnews.com, febrero 16, 2014, revisado el 27 de enero de 2018, http://cnsnews.com/news/article/barbara-hollingsworth/planned-parenthood-produces-video-promoting-bondage-and.

(4) Paul E. Rondeau, "Teen Pregnancy Rate Drops 45.7 Percent When Planned Parenthood Leaves Town," ("Los porcentajes de embarazo en los adolescentes baja en un 45.7 por ciento cuando Planned Parenthood deja la ciudad") The Christian Post: American Life League, enero 14, 2014, revisado el 27 de enero de 2018, http://blogs.christianpost.com/american-life-league/teen-pregnancy-rate-drops-45-7-percent-when-planned-parenthood-leaves-town-19621/.

CAPÍTULO 4:

(1) Bernard Nathanson, Aborting America (New York: Doubleday, 1979), p. 193.

En sus esfuerzos por mantener el aborto legal, los promotores de la "libre-elección" argumentan que hacer el aborto ilegal produciría daño a las mujeres, pues ellas abortarían de todas maneras, y podrían morir en ese proceso. La historia del aborto en Polonia invalida esa advertencia de daño, un clamor que los promotores de la "libre-elección" defienden diciendo que el aborto legal es una "necesidad". ¿Es esta afirmación otra mentira? Polonia estuvo ocupada por Rusia durante cuarenta años, la cual tenía legalizado el aborto, y que además era pagado por el Estado, durante los primeros tres meses del embarazo. Los números oficiales de abortos durante esos años en Polonia alcanzaron un porcentaje promedio de 146,550 anualmente y cayeron significativamente -a 59,417- en 1990 con el advenimiento del Movimiento Independentista Solidaridad y la influencia del Papa San Juan Pablo II. En 1993 el aborto fue prohibido en Polonia, menos en casos excepcionales, como respuesta a la presión de la Iglesia Católica, que fue instrumental en la lucha contra el Comunismo.

¿Cuál fue el resultado? En 1998 la totalidad de abortos inducidos en Polonia fue de 253. Ciento noventa y cinco fueron realizados con el fin de "salvar la vida y la salud" de la mujer; cuarenta y cinco por "poca viabilidad en los fetos", y nueve a causa de violación o incestos.

En resumen, Polonia es una nación grande, que ha tenido abortos libres y pagados por el Estado durante cuarenta y cinco años. Ciertamente que la práctica del aborto en Polonia se encuentra profundamente arraigada. Luego llegó la independencia y una ley que redujo el número de abortos a un 0.004 por ciento de lo que había sido anteriormente. Y esto sucedió contradiciendo todas las predicciones de agencias gubernamentales, los medios de comunicación social, las Naciones Unidas y Planned Parenthood. Posiblemente, para la sorpresa de todos, hubo un 25 por ciento menos de pérdidas involuntarias y el 30 por ciento de las pocas muertes de mujeres ocurrieron cuando el aborto era legal. En el último informe anual, veintiún mujeres murieron a causa de problemas relacionados con el embarazo, pero ninguna de ellas a causa de un aborto ilegal.

Estas son estadísticas que se muestran en los informes anuales y se discuten ampliamente en el parlamento polaco, sus ministros de Salud, Trabajo y de Seguridad Social y educación, así como por los medios de comunicación, organizaciones no gubernamentales y cualquiera que esté interesado en este problema.

Si los abortos son prohibidos nuevamente, ¿tendrán lugar los abortos ilegales, con todas las trágicas consecuencias que se alegan? En Polonia la respuesta fue NO. (2)

(2) J. C. Wilke, "Clear Evidence: If Forbidden, Abortion Will Not Return to the Back Alley" ("Evidencia clara: Si se prohíbe el aborto, no volverá a la clandestinidad) Life Issues Connector, Life Issues Institute, abril, 2000,1,3, al cual se tuvo acceso el 27 de enero de 2018, http://www.abortionfacts.com/facts/12.

CAPÍTULO 5:

(1) Stanley K. Henshaw, "Unintended pregnancy in the United States," ("Embarazos no deseados en los Estados Unidos) Family Planning Perspectives, 1998, 30(1):24-29 & 46, al cual se tuvo acceso el 26 de julio de 2017. https://www.guttmacher.org/journals/psrh/1998/01/unintended-pregnancy-united-states.

(2) 2006 Guttmacher Institute Report (Guttmacher Institute, antiguamente fue la unidad de investigación para Planned Parenthood).

(3) Rachel K. Jones, Jacqueline Darroch, and Stanley K. Henshaw, "Contraceptive Use among U.S. Women Having Abortions in 2000–2001," (Uso de Contraceptivos entre las Mujeres en los Estados Unidos que han tenido Abortos entre el 2000 y el 2001) Perspectives on Sexual and Reproductive Health (Perspectivas sobre Salud Sexual y Reproductiva) , 34(6) (2002): 294–303, al cual se tuvo acceso el 26 de Julio de 2017. https://www.guttmacher.org/journals/psrh/2002/11/contraceptive-use-among-us-women-having-abortions-2000-2001.

(4) Induced Abortion in the United States (Aborto inducido en los Estados Unidos), enero 2017 Hoja de Datos, Guttmacher Institute, al cual se tuvo acceso el 26 de julio de 2017. https://www.guttmacher.org/fact-sheet/induced-abortion-united-states.

(5) Jenna Jerman, Rachel K. Jones, and Tsuyoshi Onda, *Characteristics of U.S. Abortion Patients in 2014 and Changes Since 2008* (Características de los Pacientes de Abortos en los Estados Unidos el 2014 y sus Cambios desde del 2008) (Guttmacher Institute, mayo 2016 Report), al cual se tuvo acceso el 26 de julio de 2017. https://www.guttmacher.org/report/characteristics-us-abortion-patients-2014.

(6) Center for Disease Control (CDC) Morbidity and Mortality Weekly Report Abortion Surveillance—United States, 2009, Surveillance Summaries, 61(SS08) (noviembre 23, 2012): 1-44, http://www.cdc.gov/mmwr/preview/mmwrhtml/ss6108a1.htm.

(7) Vincent M. Rue, Cynthia Tellefsen, "Library: The Effects of Abortion on Men: Its Emotional, Psychological and Relational Impact," (Biblioteca: Los Efectos del Aborto en los Hombres: Su Impacto Emocional, Psicológico y Relacional) al cual se tuvo acceso el 27 de enero de 2018. http://www.catholicculture.org/culture/library/view.cfm?id=8089.

Ver también: "Reclaiming Fatherhood: A Multifaceted Examination of Men Dealing with Abortion," (Reclamando la Paternidad: Un examen multifacético de hombres involucrados con el aborto) setiembre 8-9, 2008; Site Sponsor: National Office of Post-Abortion Reconciliation and Healing, 1-800-5WE-CARE, http://www.menandabortion.info/l0-aftermath.html.

CAPÍTULO 6:

En la página web de Planned Parenthood, la organización refuerza su posición de que la maternidad produce más problemas emocionales que el aborto, haciendo notar que la Asociación de Psicología Americana no reconoce la existencia de los síntomas del síndrome del Post Aborto (6)

La Asociación de Psicología Americana ha admitido que la ideología, no la ciencia, gobierna su apoyo al aborto. Esta admisión vino como respuesta a un pedido de un columnista del Washington Times por la reacción de la organización a un estudio longitudinal realizado el año 2005 en Nueva Zelanda. El estudio fue llevado a cabo a lo largo de veinticinco años por el Doctor David M. Fergusson, Ph.D., un ateísta en favor de la "libre elección", y su equipo de investigadores. (7) Los investigadores se sorprendieron por sus descubrimientos, los que mostraban que el aborto tenía una relación directa con problemas de salud mental, en el que habían comenzado revisando los estudios citados por la APA en los que afirmaban que el aborto era beneficioso, o por lo menos no dañino, a la salud mental de la mujer. Los investigadores concluyeron (1) que las publicaciones del APA defendiendo el aborto estaban basadas en un pequeño número de estudios que tenían problemas muy grandes de metodología y (7) que la APA parecía ignorar de manera consistente una gran cantidad de estudios que mostraban los efectos negativos producidos por el aborto.

Cuando les pidieron comentar sobre esta investigación en Nueva Zelanda y sus críticas a las investigaciones en favor de la libre elección, una experta del APA, la Doctora Nancy Felipe Ruso, le dijo al Washington Times que la posición del APA con respecto al aborto estaba basada en la visión de que el aborto es un derecho civil y que el estudio del Doctor Fergusson no tendría efecto en la posición de la APA porque "para los promotores de la libre elección, los efectos mentales en la salud no son relevantes en el contexto legal de restringir el acceso al aborto". Si la evidencia no interesa, entonces el equipo de trabajo de la APA ha provocado una brecha en su responsabilidad pública. (8, 9)

(1) Mota et. al., "Associations between Abortion, Mental Disorders and Suicidal Behavior in a Nationally Representative Sample" (Asociación entre el Aborto, Desórdenes Mentales y Comportamientos Suicidas en una Muestra Nacional Representativa) The Canadian Journal of Psychiatry 55(4) (abril 2010): 239-246.

(2) Priscilla Coleman, Ph.D. et. al., "Induced Abortion and Anxiety, Mood, and Substance Abuse Disorders: Isolating the Effects of Abortion in The National Comorbidity Survey," (Aborto inducido y ansiedad, estados de ánimo y desórdenes en el abuso de sustancias: Determinando los efectos del aborto en la investigación Nacional de causas de mortandad) Journal of Psychiatric Research (2008), doi:10.1016/j.jpsychires.2008.10.009, https://archive.org/stream/526009-induced-abortion-and-anxiety-mood-and-substance/526009-induced-abortion-and-anxiety-mood-and-substance_djvu.txt.

(3) Priscilla Coleman, Ph.D., "A Tidal Wave of Published Data: More Than 30 Studies in Last Five Years Show Negative Impact of Abortion on Women" (Una oleada gigantesca de datos publicados: En los últimos cinco años, más de 30 estudios muestran el impacto negativo del aborto en la mujer) LifeNews.com, accessed July 30, 2017, http://www.lifenews.com/2010/11/12/opi-1006/.

(4) Chicago Tribune, marzo 11, 1981, p. 8, col. 1.

(5) Steve Aden, "War on Women: Planned Parenthood Denies Info on Abortion Risks" (Guerra a las Mujeres: Planned Parenthood niega Información sobre los riesgos del Aborto) LifeNews.com, julio 27, 2012, al cual se tuvo acceso el 27 de enero de 2018. http://www.lifenews.com/2012/07/27/war-on-women-planned-parenthood-denies-info-on-abortion-risks/.

(6) "The Emotional Effects of Induced Abortion" (Los Efectos Emocionales de un Aborto Inducido) al cual se tuvo acceso el 26 de julio de 2017. https://www.plannedparenthood.org/uploads/filer_public/0c/9a/0c9a91c0-3e94-48d8-b110-374da1275df8/abortion_emotional_effects.pdf.

(7) David M. Fergusson, Ph.D. et. al., "Abortion in Young Women and Subsequent Mental Health," (El Aborto en las Mujeres jóvenes y sus Consecuencias en la Salud Mental) Journal of Child Psychology and Psychiatry 47(1) (2006): 16-24.

(8) David C. Reardon, Ph.D., "Evidence Doesn't Matter'—APA Spokesperson Says of Abortion Complications: Studies Showing Emotional Problems Not Relevant to American Psychological Association's Pro-Choice Advocacy" (La Evidencia no Interesa -dice representante de la APA sobre las Complicaciones del Aborto: Los Estudios que Muestran Problemas Emocionales no son relevantes para la Asociación de Psicología Americana, Defensora de la posición en favor de la Libre Elección) Elliot Institute (febrero 15, 2005), al cual se tuvo acceso el 27 de enero de 2018. http://lifeissues.net/writers/rea/rea_06evidencenotmatter.html.

(9) Priscilla Coleman, Ph.D., "Report on Abortion and Mental Health Violates the Methods of Science" (Reportes sobre Aborto y Salud mental, Violan los Métodos Científicos) APA Task Force Report: A Breech of Public Responsibility (2010), al cual se tuvo acceso el 27 de enero de 2018. http://afterabortion.org/2010/apa-task-force-report-a-breech-of-public-responsibility/.

Ver también la investigación, continuamente actualizada, del Elliot Institute, en su página web, que muestra que las mujeres que han tenido un aborto tienen una tendencia mayor a sufrir daños emocionales: http://afterabortion.org/1999/more-research-on-post-abortion-issues/.

CAPÍTULO 7:

(1) "Marriage Savers" (Salvavidas del Matrimonio) por Michael McManus.

CAPÍTULO 8:

(1) "El Alfarero" ("The Potter") by Nena Leal (2) "U.S. Religious Knowledge Summary: Executive Summary," (Resumen del Conocimiento Religioso en los Estados Unidos) Pew Research Center, Religion and Public Life, Polling and Analysis, setiembre 10, 2012, Al cual se tuvo acceso el 27 de enero de 2018 http://www.pewforum.org/2010/09/28/u-s-religious-knowledge-survey/.

Mark M. Gray, "Christian Belief in and Knowledge of Transubstantiation," (Creencia Cristiana y Conocimiento sobre la Transubstanciación) CARA, octubre 15, 2010.

Tim Reidy, "CARA on Real Presence," (CARA, sobre la Presencia Real) America: The National Catholic Review, octubre 18, 2010, al cual se tuvo acceso el 20 de julio de 2017. http://americamagazine.org/content/all-things/cara-real-presence.

(3) Mary Gautier, "Knowledge and Belief about the Real Presence" (Conocimiento y Creencia sobre la Presencia Real) The National Catholic Reporter, octubre 24, 2011, al cual se tuvo acceso el 27 de enero de 2018.

http://ncronline.org/news/catholics-america/knowledge-and-belief-about-real-presence.

CAPÍTULO 9:

(1) Carmen Blanco, "Low Confession Numbers Prompt Creative Outreach by Dioceses, Churches" (Cantidades Bajas en la Confesión Motiva Maneras Creativas de Salir al Encuentro de las Diócesis e Iglesias) The National Catholic Reporter, Catholic News Service Washington, agosto 6, 2009, al cual se tuvo acceso el 27 de enero de 2018. http://ncronline.org/news/faith-parish/low-confession-numbers-prompt-new-efforts.

CAPÍTULO 11:

(1) Medjugorje ocupa en la actualidad el tercer lugar de peregrinaciones más grande en el mundo. La archivista parroquial, Marija Dugandzic, ha comentado que en los treinta años que han seguido al inicio de las presuntas apariciones, se han distribuido 27 millones de Comuniones en la Iglesia de Saint James en Medjugorje; además se ha registrado la visita de 540,000 Cardenales, obispos, sacerdotes y monjas, como resultado de las peregrinaciones. Quinientos treinta y dos sanaciones han sido documentadas medicamente; 520 hombres se han convertido en sacerdotes y 123 mujeres se han vuelto monjas, como resultado de su peregrinación. Ver el artículo de Jakob Marschner's Medjugorje Today (Medjugorje, Hoy) del 3 de Noviembre de 2011: "At Least 532 Were Healed in Medjugorje," (Por lo menos 532 fueron sanados en Medjugorje) De Medjugorje Today: http://www.medjugorjemiracles.com/2011/11/medjugorje-miracles-man-hears-again-532-documented-healings-643-vocations/

Al momento en que este libro se ha escrito, las Apariciones en Medjugorje no han sido ni negadas ni aprobadas por la Iglesia, y la Iglesia casi nunca aprueba una aparición hasta que esta termine. San Juan Pablo II, el Grande, era un creyente ferviente de la autenticidad de las supuestas apariciones Marianas en Medjugorje. Esto ha sido confirmado por Mons. Slawomir Oder de Polonia, el postulador de la causa de canonización de Juan Pablo II, quién registró meticulosamente la visión del pontífice en su libro "Why He Is a Saint" (Por qué él es un Santo). Para Monseñor Maurillo Kreiger, obispo emérito de Florianópolis en Brasil, Juan Pablo II dijo: "Medjugorje, Medjugorje, es el corazón espiritual del mundo". Ver las páginas 191 y 194 del autor del libro, "Full of Grace: Miraculous Stories of Healing and Conversion through Mary's Intercession" ("Llena de Gracia, Historia Milagrosas de Sanación y Conversión a Través de la Intercesión de María"). Ver también "Medjugorje and the Church" (Medjugorje y la Iglesia) de Denis Nolan.

Nota: La Doctora Theresa Burke, fundadora del "Viñedo de Raquel", el programa más grande de sanación post-aborto en el mundo, recibió la inspiración para su trabajo durante una supuesta aparición en Medjugorje, dicho en persona a la autora de este libro.

(2) Los Retiros de Sanación del "Viñedo de Raquel" ofrecen esperanza y sanación para el alma de mujeres y hombres, así como de parejas, en los Estados Unidos y en más de treinta y cinco países, en diez idiomas, y en más de 1,200 locales. Información sobre los retiros y localidades se puede encontrar información en: http://www.elvinedoderaquel.org/.

(3) La siguiente es la lista de síntomas del Síndrome Post Aborto (PAS, por sus siglas en inglés), una variante del PTSD (Post-traumatic stress disorder / Desorden Traumático Post Stress). Estos síntomas no aparecerán, necesariamente, al mismo tiempo, y es posible que tampoco se experimenten todos ellos. Algunos pueden aparecer inmediatamente después de un aborto y otros bastante después. Si una persona puede identificarse con más de dos síntomas, es posible que esté experimentando el Síndrome Post Aborto. Los síntomas del PAS incluyen: culpa, ansiedad, evitar niños o mujeres embarazadas, adormecimiento, disfunciones sexuales, depresión, pensamientos suicidas, reacciones en el aniversario, recuerdos violentos, deseos de querer estar embarazada nuevamente, miedo a la infertilidad, incapacidad de crear lazos con los hijos actuales o en el futuro, miedo de que mueran los hijos que tiene actualmente, desórdenes alimenticios, uso de alcohol y drogas.

Referencia: Dr. Paul C. Reisser y Teri K. Reisser, "A Solitary Sorrow: Finding Healing & Wholeness After Abortion" (Una pena solitaria: Encontrando sanación y estar 'completa' después de un aborto) - Wheaton, H. Shaw Publishers, 1999. Ver también: "Post Abortion Syndrome Symptoms" (Síntomas del Síndrome Post-Aborto) Ramah International, https://ramahinternational.org/post-abortion-syndrome-symptoms/.

(4) Brian Young, "Life Before Roe: a Brief Survey of U.S. Abortion Law Before the 1973 Decision" (La Vida antes de Roe: Una breve investigación de las leyes de Estados Unidos sobre el aborto, antes de la Decisión de 1973) American Life League, 1995, al cual se tuvo acceso el 27 de enero de 2018. https://www.ewtn.com/library/PROLIFE/LIFBFROE.TXT.

CAPÍTULO 12:

Dos semanas antes de que el Presidente Plutarco Calles impusiera una legislación anticlerical en México, el 14 de Junio de 1926, fue condecorado con una medalla al mérito por el líder del Rito Mexicano-Escocés de la Franco Masonería por sus acciones en contra de los Católicos. (3) Las nuevas leyes incluían prohibir las Órdenes Religiosas, quitarle a la Iglesia católica sus derechos de propiedad, y a los clérigos sus libertades civiles y el derecho a votar. (4, 5)

La imposición de Calles fue estricta y violenta. En respuesta, en áreas con presencia Católica muy fuerte, especialmente en los estados de Jalisco, Zacatecas, Guanajuato, Colima and Michoacán, comenzaron a oponerse a él. El 1ro de enero de 1927 se alzó un grito de guerra de parte de los creyentes: "¡Viva Cristo Rey!"

Durante la guerra, el gobierno mexicano persiguió violentamente a los clérigos, al mismo tiempo que torturó y masacró a quienes sospechaban eran Cristeros o quienes los apoyaban. Los rebeldes tenían un acceso muy limitado a soporte logístico y se apoyaban en las Brigadas Femeninas de Santa Juana de Arco y en redadas en pueblos, trenes y ranchos para proveerse de dinero, caballos, municiones y comida. En contraste, posteriormente en la guerra, el gobierno de Calles era abastecido con armas y municiones provistas por el gobierno de los Estados Unidos. Al menos en una batalla, pilotos americanos proveyeron apoyo aéreo para la armada federal en contra de los Cristeros rebeldes. (6)

Cuando terminó la guerra, en 1926, habían fallecido cerca de 90,000 personas de ambos bandos. Se negoció una tregua con la ayuda del Embajador Norteamericano Dwight Morrow en la cual los Cristeros accedieron a dejar las armas. Sin embargo, Calles no se adecuó a los términos de la tregua; asesinó a unos 500 líderes Cristeros y otros 5,000 Cristeros, fueron ajusticiados en sus casas, delante de sus esposas e hijos. Una cosa que resultó particularmente ofensiva a los católicos después de ésta supuesta tregua fue la insistencia en el monopolio absoluto en la educación, suprimiendo toda educación católica e introduciendo una educación "socialista" en su lugar, diciendo: "Debemos entrar y tomar posesión de la mente de los niños, de la mente de los jóvenes". (7)

(1) Fox Quesada, Vicente, y Rob Allyn, "Revolution of Hope: The Life, Faith, and Dreams of a Mexican President" (Revolución de Esperanza: La Vida, Fe y los Sueños de un Presidente Mexicano) - New York: Viking, 2007, p. 17.

(2) Kathleen Naab, "The Cristero War: The Story Behind the Cover Up: Historian Gives Evaluation of Film, Explains What Happened in 1920s Mexico" (La Guerra de los Cristeros: La Historia detrás del Encubrimiento: Un Historiador evalúa la película y explica lo que sucedió en los años 1920 en México) Zenit: El Mundo Visto desde Roma, mayo 30, 2012, al cual se tuvo acceso el 26 de lulio de 2017. https://zenit.org/articles/the-cristero-war-the-story-behind-the-cover-up/.

(3) Olivier Lelibre, "The Cristeros: 20th century Mexico's Catholic Uprising" (Los Cristeros: Levantamiento de los Católicos Mexicanos en el Siglo XX) The Angelus, Vol. XXV, No.1, enero, 2002.

(4) Anthony James Joes, Resisting Rebellion: The History and Politics of Counterinsurgency (La Rebelión de la Resistencia: La Historia y Política de la Contrainsurgencia) - Kentucky; University Press, 2006, p. 70.

(5) Jim Tuck, "The Cristero Rebellion – Part 1" (La Rebelión Cristera - Parte 1) Mexico Connect, agosto 1, 1997, al cual se tuvo acceso el 27 de enero de 2018. http://www.mexconnect.com/articles/286-cristero-rebellion-part-1-toward-the-abyss .

(6) Christopher Check, "The Cristeros and the Mexican Martyrs" (Los Cristeros y los Mártires Mexicanos) This Rock, setiembre 2007; p. 17.

(7) Brian Van Hove, S.J., "Blood-Drenched Altars" (Altares bañados en sangre) Faith & Reason, 1994, Eternal Word Network, al cual se tuvo acceso el 27 de enero de 2018. http://www.ewtn.com/library/HOMELIBR/FR94204.TXT.

CAPÍTULO 13:

Los estándares de belleza femenina son subjetivos, y varían de acuerdo al tiempo y la cultura. En lugares en donde la cultura Occidental no se ha infiltrado en la cultura nacional, el ideal de la delgadez no se ha infiltrado (aún) en las mujeres. Nigeria tiene negocios en los cuales ayudan a la gente a ganar peso, ofreciéndoles lugares donde lo único que hacen es comer y dormir. En Mauritania, se alienta a las muchachas jóvenes a ganar peso con la finalidad de que sean más atractivas a sus posibles parejas. En la Isla nación de Tonga, donde el 90 por ciento de la población tiene sobrepeso, el ser gordo es considerado como un símbolo de posición social. En Cape Town, en Sudáfrica, dos terceras partes de las muchachas adolescentes perciben el exceso de peso como un signo de riqueza y felicidad.

La televisión no llegó a la remota Isla de Fiji sino hasta mediados de 1990. Durante los siguientes tres años, las jóvenes pasaron de tener una visión positiva de la gordura a una visión negativa, y el 74 por ciento de ellas se consideraban demasiado gordas. Muchas decidieron hacer dietas. Los porcentajes globales de desórdenes alimenticios, tales como la bulimia o la anorexia, están creciendo constantemente entre las mujeres jóvenes.

La aspiración por la delgadez está impactando a las niñas en una edad, sorpresivamente, muy temprana. En varios estudios, el 40 por ciento de niñas de 6 años de edad expresaron su deseo de ser más delgadas. Una abrumadora mayoría de niñas de diez años de edad, el 81 por ciento, temían ser gordas. La mitad de las niñas de entre 5to a 12do grado sentían que las imágenes presentadas en las revistas les sugerían que pierdan peso. (1, 3)

(1) Carolyn Coker Ross, MD, "Why Do Women Hate Their Bodies?" (¿Por qué las mujeres odian sus cuerpos?) Psych Central: World of Psychology, al cual se tuvo acceso el 27 de enero de 2018. http://psychcentral.com/blog/archives/2012/06/02/why-do-women-hate-their-bodies/.

(2) "Women's Body Image and BMI: A Look at the Evolution of the Female Figure over 100 Years" (Imagen del Cuerpo de la Mujer y BMI -índice de masa corporal-: Una mirada a la evolución de la figura femenina a lo largo de 100 años) Body image and BMI: 100 years in the U.S. (Imagen del Cuerpo y BMI: 100 años en los Estados Unidos), al cual se tuvo acceso el 27 de enero de 2018. http://www.rehabs.com/explore/womens-body-image-and-bmi/.

En la gama más alta del negocio de la belleza, existen clínicas exclusivas en varios lugares turísticos del mundo que ofrecen estiramientos de rostro y procedimientos cosméticos en los que utilizan tejidos procedentes de fetos abortados y células estaminales procedentes de embriones humanos, de los cuales se dice que rejuvenecen la piel. (4) En Ucrania, las mujeres pagan entre $200 y $300 dólares (el equivalente a tres meses de salario) para llevar su embarazo hasta un estado pasado de lo normal y dar a luz como si fuera un nacimiento prematuro. Mientras los bebés todavía están vivos, se les corta y abre para extraerles los órganos cosechados mientras están lo más frescos posibles. Las partes terminan en clínicas alrededor del mundo ofreciendo inyecciones fetales para "eliminar la celulitis de las nalgas, muslos y brazos". Solamente en Moscú existen cincuenta salones de belleza y clínicas de celulitis donde los tratamientos cuestan alrededor de $20,000.00 dólares americanos.

En una clínica, llamada el Instituto para la Medicina regenerativa en Barbados, mujeres adineradas americanas y británicas, que no tienen estas clínicas de la gama más alta en sus países, debido a restricciones regulatorias, gastan $25,000 por sesión en un "tratamiento consistente en inyecciones de tejido fetal líquido en su cuerpo, de modo que se puedan sentir rejuvenecidas". (5)

Dado que los productos de belleza hechos de tejido fetal y embriónico no son producidos en masa y además tienen un limitado tiempo de vida en los estantes, tienen precios muy altos. En los Estados Unidos los siguientes productos cosmetológicos tienen bajo contenido fetal: La crema anti envejecimiento "Amatokin", producida por Voss Laboratories, que cuesta $190 por una onza. Cuatro mililitros de "ReVive Skincare's Peau Magnifique" se vende por $1,500. (1) Una crema de Neocutis llamada "Journee Bio-Restorative Day Cream" con PSP tiene un precio que se mantiene de manera confidencial al público en general y solo se vende a través de un consultorio médico. (6)

(1) Ben Johnson, "Aborted Baby's Heart Was Beating As We Harvested His Brains: Worker in New Planned Parenthood Video" (El corazón del bebé seguía latiendo mientras cosechábamos su cerebro: trabajador de Planned Parenthood en video) agosto 19, 2015, Life Site News, al cual se tuvo acceso el 27 de enero de 2018. https://www.lifesitenews.com/news/breaking-i-saw-an-aborted-babys-heart-beating-outside-his-body-new-undercov.

(2) Victoria Evans, "Commercial Markets Created by Abortion Profiting from the Fetal Distribution Chain" (Mercados comerciales creados por las ganancias del aborto a partir de la cadena de distribución de partes fetales), Tesis de Disertación para la Licenciatura, noviembre 2009, Faculty of Bioethics, Athenaeum Pontificium Regina Apostolorum, p. 54, al cual se tuvo acceso el 27 de enero de 2018. https://sfarchdiocese.org/documents/2017/10/licentiate_thesis1.pdf.

(3) Jung-yoon Choi, Barbara Demick, "Human Flesh Found in Chinese Health Pills" (Carne humana encontrada en pastillas chinas para la salud), Los

Angeles Times, mayo 8, 2015, al cual se tuvo acceso el 27 de enero de 2018. http://latimesblogs.latimes.com/world now/2012/05/south-koreans-confiscated-pills-human-remains.html.

Laurie Burkitt, con contribuciones de Min-sun Lee, "South Korea Steps Up Fight Against Human Flesh Pills from China" (Corea del Sur da un paso adelante en la lucha contra las pastillas con carne humana procedentes de China), Wallstreet Journal, mayo 7, 2012, al cual se tuvo acceso el 27 de enero de 2018. http://blogs.wsj.com/chinarealtime/2012/05/07/south-korea-steps-up-fight-against-human-flesh-pills-from-china/.

"Bizarre Craze Behind Smuggling of Pills Containing the Powdered Flesh of Babies" (Manías extrañas detrás del contrabando de pastillas que contienen carne de bebés pulverizada), mayo 7, 2015, Fox News, al cual se tuvo acceso el 27 de enero de 2018. http://www.foxnews.com/world/2012/05/07/south-korea-finds-smuggled-capsules-containing-human-flesh/.

(4) M.A. Glueck, M.D., R.J. Cihak, M.D., "Fetuses Harvested for Cosmetic Procedures" (Fetos cosechados para procedimientos cosméticos), The Medicine Men, 2006.

(5) B. Clowes, "Special Report: Ukrainian Trafficking in Baby Parts" (Reporte Especial: Tráfico de partes de bebés en Ucrania), Human Life International, 270, 2007.

(6) Información disponible en la página web de Neocutis: http://www.neocutis.com, al cual se tuvo acceso el 27 de enero de 2018.

(7) El siguiente es un extracto del Diario de Santa Faustina Kowalska: La Divina Misericordia en mi Alma:

Jesús me enseñó cuánto le agrada la plegaria reparadora; me dijo: "La plegaria de un alma humilde y amante aplaca la ira de Mi Padre y atrae un mar de bendiciones". Después de la adoración, a medio camino hacia mi celda, fui cercada por una gran jauría de perros negros, enormes, que saltaban y aullaban con una intención de desgarrarme en pedazos. Me di cuenta de que no eran perros sino demonios. Uno de ellos dijo con rabia: "Como esta noche nos has llevado muchas almas, nosotros te desgarraremos en pedazos". Contesté: "Si tal es la voluntad de Dios misericordiosísimo, desgárrenme en pedazos, porque me lo he merecido justamente, siendo la más miserable entre los pecadores y Dios es siempre santo, justo e infinitamente misericordioso". A estas palabras, los demonios todos juntos contestaron: "Huyamos porque no está sola, sino que el Todopoderoso está con ella". Y desaparecieron del camino como polvo, como rumor, mientras yo tranquila, terminando el *Te Deum*, iba a la celda contemplando la infinita e insondable misericordia Divina. (Diario 320)

Recibidos los últimos santos sacramentos, se produjo una mejoría total (en su salud). Me quedé sola, eso duró una media hora y el ataque se repitió, pero ya no tan fuerte, porque el tratamiento médico lo impidió.

Mis sufrimientos los uní a los sufrimientos de Jesús y los ofrecí por mí y por la conversión de las almas que no confiaban en la bondad de Dios. De repente mi celda se llenó de figuras negras, llenas de furia y de odio hacia mí. Una de ellas dijo: Maldita tú y Aquel que está en ti, porque ya empiezas a atormentarnos en el infierno. En cuanto pronuncié: "Y el Verbo se hizo carne y habitó entre nosotros", en seguida esas figuras desaparecieron ruidosamente. (Diario, 323)

CAPÍTULO 15:

En su libro "The Pivot of Civilization" ("Cambio en la Civilización"), Margaret Sanger, la fundadora de Planned Parenthood escribió: Nuestra falla en segregar a los imbéciles, quienes están aumentando y multiplicándose, demuestra nuestra irresponsabilidad y sentimentalismo extravagante... (Filántropos) alientan que las secciones más normales y adineradas del mundo sostengan la carga de la fecundidad indiscriminada e irreflexiva de los demás; lo cual produce, tal como el lector debe estar de acuerdo, un peso muerto de desechos humanos. En vez de disminuir y apuntar a eliminar los valores que producen un detrimento para el futuro de la raza humana y del mundo, tiende a otorgarles un grado de dominación amenazante. Nosotros estamos pagando por ello, incluso sometiéndonos a ellos, a los dictados de una clase proletaria de seres humanos que nunca deja de crecer y que nunca debió de haber nacido..." (4)

Sanger estableció en una carta al Dr. Clarence Gamble, heredero de la fortuna de "Proctor and Gamble", compañía de jabón, y compañero eugenista: "Deberíamos contratar a tres o cuatro ministros de color, preferiblemente con experiencia en servicio social y con personalidades atractivas. La manera más exitosa de aproximarse educacionalmente a la población Negra es a través de la religión. Nosotros no queremos que se escuche hacia afuera que queremos exterminar a la población Negra. Un ministro o pastor es la persona que puede dejar en claro esa idea, si es que alguna se le ocurre a alguno de sus miembros más rebeldes". (5)

Un análisis de los datos del Censo del 2010 muestra que el 62 por ciento de los locales de Planned Parenthood se encuentran dentro de una distancia de camino (unos 3 kilómetros) de un área con por lo menos 50 por ciento de áfrico americanos (2), y un 33 por ciento se encuentran cerca a áreas con una población de por lo menos 50 por ciento hispanas. Entre los años 2007 y 2010, cerca del 36 por ciento de todos los abortos en los Estados Unidos fueron realizados en mujeres afroamericanas, a pesar de que la población negra constituye solamente el 12.8 por ciento de la población. Otro 21 por ciento de abortos fueron realizados en los Hispanos, quienes constituyen el 17 por ciento de la población; y un adicional 7 por ciento fue realizado en otras razas minoritarias. Dicho esto, más de la mitad de los bebés asesinados por el aborto entre el 2007 y el 2010 fue realizado en las poblaciones minoritarias. (6, 7)

(1) Margaret Sanger (editor), The Woman Rebel (La Mujer rebelde), Vol. 1, No. 1, reimpreso en Woman and the New Race (La Mujer y la Raza Nueva) - New York: Brentanos Publishers, 1922.

(2) Susan E. Enouen, P.E., "New Research Shows that Planned Parenthood Targets Minority Neighborhoods" (Nuevos estudios muestran que Planned Parenthood apunta a los barrios de las minorías), Life Issues Connector, Life Issues Institute, octubre 2012, al cual se tuvo acceso el 27 de enero de 2018. http://www.issues4life.org/pdfs/pptargetsblackamerica.pdf.

(3) Documental: Maafa21: Black Genocide in 21st Century America (Maafa21: Genocidio Negro en el Siglo 21) por Life Dynamics: http://www.maafa21.com.

(4) Margaret Sanger, The Pivot of Civilization, Chapter: "The Cruelty of Charity" (El Cambio en la Civilización: La Crueldad de la Caridad) - New York: Maxwell Reprint Co., 1970, ©1922, pp. 116, 122 and 189.

(5) Margaret Sanger: diciembre 19, 1939 carta al Dr. Clarence Gamble. Fuente original: Sophia Smith Collection, Smith College, North Hampton, Massachusetts. También descrito en Linda Gordon - "Woman's Body, Woman's Right: A Social History of Birth Control in America" (El Cuerpo de la Mujer, Derecho de la Mujer: Historia Social de Control Natal en América) - New York: Grossman Publishers, 1976.

(6) Karen Pazol, PhD, Andreea A. Creanga, MD, PhD, Kim D. Burley, Brenda Hayes, MPA, Denise J. Jamieson, MD, Abortion Surveillance-United States, 2010 (Vigilancia del aborto - Estados Unidos, 2010), noviembre 29, 2013 / 62(ss08);1-44.

Centers for Disease Control and Prevention (Centros para el control y la prevención de las enfermedades), http://www.cdc.gov/mmwr/preview/mmwrhtml/ss6208a1.htm?s_cid=ss6208 a1_w.

(7) Kirsten Andersen, "Sky-high Abortion Rate Among Blacks, Minorities Only Getting Worse: Latest CDC Data" (Los altos porcentajes de abortos entre los negros y otras minorías solo se vuelven peores) diciembre 4, 2013, Life Site News, al cual se tuvo acceso el 27 de enero de 2018. http://www.lifesitenews.com/news/sky-high-abortion-rate-among-blacks-minorities-only-getting-worse-latest-cd.

CAPÍTULO 16:

(1) In 1931, Jesús se le apareció a Santa Faustina vistiendo una túnica blanca, con Su mano derecha levantada haciendo el gesto de bendecir, Su mano izquierda toca su ropa a la altura del corazón, desde donde salen dos rayos de luz, uno rojo y el otro casi transparente. Jesús le dijo a Faustina: "Pinta una imagen de acuerdo a la muestra que ves, con una frase que diga: Jesús, en Ti Confío. Te prometo que el alma que venere esta imagen no perecerá, también le prometo victoria sobre sus enemigos sobre la Tierra, especialmente en la hora de su muerte. Yo mismo lo defenderé como mi propia Gloria (Diario 47, 48). Le estoy ofreciendo a la gente un recipiente que debe mantener para seguir recibiendo las gracias

venideras de la fuente de misericordia. Ese recipiente es esta imagen con la frase" "Jesús, en Ti Confío" (327). Deseo que esta imagen sea venerada, primero en tu capilla, y (luego) en el mundo entero (47).

(2) Elaine Murray Stone, "Maximilian Kolbe. Saint of Auschwitz" (Maximiliano Kolbe. El Santo de Auschwitz) - Paulist Press: New York, 1997.

(3) Fr. Frank Pavone, "We Won't Kill Anybody: Overcoming The Civil Rights Disconnect" (No asesinaremos a nadie: superando la desconexión de los Derechos Civiles), LifesiteNews.com, enero 3, 2014, al cual se tuvo acceso el 27 de enero de 2018. https://www.lifesitenews.com/blogs/we-wont-kill-anybody-overcoming-the-civil-rights-disconnect.

(4) Johanna Dasteel, and Ben Johnson, "Poll: 50 Percent of All Catholics Support Abortion in 'All Or Most Cases" (Encuesta: 50 por ciento de todos los católicos apoyan el aborto en 'casi todos los casos') LifeSitenews.com, julio 25, 2013, al cual se tuvo acceso el 27 de enero de 2018. http://www.lifesitenews.com/news/poll-50-percent-of-all-catholics-support-abortion-in-all-or-most-cases.

CAPÍTULO 17:

A pesar del uso de contraceptivos artificiales puede suceder un aborto debido a que algunos de los contraceptivos permiten la ovulación -lo que significa que un nuevo ser humano ha sido creado- pero hacen que el cuerpo de la mujer se convierta en un ambiente hostil haciendo que esa nueva vida sea expulsada y, por lo tanto, asesinada. Norplant, permite que se produzca la ovulación de un 50 a 65 por ciento de las veces. Depo-Provera, permite la ovulación de un 40 a 60 por ciento de las veces. El DIU (Dispositivo Intra Uterino) permite que la mujer ovule el 100 por ciento de las veces. (2) En la actualidad las nuevas píldoras, debido a la baja dosis de estrógenos, permiten que las mujeres ovulen el 50 por ciento de las veces. (3) Ver el documental "28 Days on the Pill" (28 días con las Píldoras) en https://vimeo.com/12090300.

Bajo el principio de consentimiento informado, La Asociación Médica Americana publicó un artículo el 9 de febrero de 2000, sugiriendo que las mujeres deben ser informadas que, tomando ciertos contraceptivos, corren el riesgo potencial de crear vida a la que luego no le será posible vivir. (14) En la actualidad, a las mujeres no se les informa sobre los "efectos posteriores a la fertilización" de los contraceptivos orales, por lo que la mayoría de mujeres no los saben.

(1) Ver la entrevista a Patricia Sandoval en Cara a Cara, Testimonio Impactante de Un Aborto, al cual se tuvo acceso el 27 de enero de 2018. https://www.youtube.com/watch?v=XlpS4Q-0n5Q. For an interview in English, which tells the story of Patricia Sandoval's life, see https://youtu.be/efskKIAgtGg.

(2) William F. Colliton, Jr., M.D., FACOG, Clinical Professor of Obstetrics and Gynecology, George Washington University Medical Center, "Birth Control

Pill: Abortifacient and Contraceptive" (Control Natal con la Píldora: Abortiva y contraceptiva) American Association of Pro-life Obstetricians and Gynecologists, al cual se tuvo acceso el 26 de julio de 2017. http://aaplog.org/birth-control-pill-abortifacient-and-contraceptive/

(3) Randy C. Alcorn, "Does the Birth Control Pill Cause Abortions?" (¿La Píldora de Control Natal Produce Abortos?) 10th ed. (Eternal Perspective Ministries, 2011).

(4) Dr. Thomas Hilgers, "Norplant" Linacre Quarterly, 1993, pp.64-69.

(5) Study of Abortion Deaths Ad Hoc Commission, "Infant Homicides Through Contraceptives" (Estudio de las muertes por abortos por la Comisión Ad Hoc: Homicidios Infantiles a través de los Contraceptivos) 1994, Bardstown, KY. Ph: 502-348-3963.

(6) David Sterns, M.D. Gina Sterns, R.N., B.S.N., Pamela Yaksich, "Gambling with Life, How the I.U.D. and 'The Pill Work" (Apostando con la Vida, Cómo trabajan el DIU y la Píldora) Vital Signs Ministries, enero 8, 2005, al cual se tuvo acceso el 26 de julio de 2017. http://www.vitalsignsministries.org/index.php/articles/gambling-with-life/

(7) J.T. Finn, "'Birth Control' Pills cause early Abortions" (Las Píldoras de Control Natal Producen Abortos Tempranos) Pro-life America: Facts on Abortion, actualizado en abril 23, 2005, al cual se tuvo acceso el 27 de enero de 2018. http://www.prolife.com/BIRTHCNT.html.

(8) Walter L. Larimore, MD, Joseph B. Stanford, MD, MSPH, "Postfertilization Effects of Oral Contraceptives and Their Relationship to Informed Consent" (Efectos de la post-fertilización debido a los contraceptivos orales y su relación con el consentimiento informado) The Polycarp Research Institute, vuelto a imprimir con el permiso de: "Archives of Family Medicine" febrero 2000, Vo. 9, No. 2, pp. 126 - 133, American Medical Association, al cual se tuvo acceso el 27 de enero de 2018. http://www.polycarp.org/larimore_stanford.htm. Para una versión para imprimir (en inglés): http://www.polycarp.org/larimore_stanford.pdf.

(9) World Health Organization Statement (Declaración de la Organización Mundial de la Salud), setiembre 2005, "Carcinogenicity of Combined Hormonal Contraceptives and Combined Menopausal Treatment" (Propensión al Cáncer debido al uso combinado de los contraceptivos hormonales y los tratamientos combinados para la Menopausia) al cual se tuvo acceso el 27 de enero de 2018. http://www.who.int/reproductivehealth/topics/ageing/cocs_hrt_statement.pdf.

(10) Centers for Disease Control and Prevention, accessed through the Compressed Mortality database, http://wonder.cdc.gov/. Ver también, http://www.thepillkills.org/, al cual se tuvo acceso el 27 de enero de 2018.

(11) "Pollution: An Introduction" (Una introducción a la contaminación) Directgov.com.uk. The National Archives, al cual se tuvo acceso el 27 de enero de 2018.

http://webarchive.nationalarchives.gov.uk/20121015000000/http://www.direc
t.gov.uk/en/Environmentandgreenerliving/Thewiderenvironment/Pollution/
DG_064397.

(12) Theo Stein and Miles Moffeit, "Mutant fish prompt concern: Study focuses on sewage plants" (Peces Mutantes despiertan preocupación: Estudio centrado en las plantas de aguas residuales), Denver Post, octubre 3, 2004.

(13) Catholic News Agency: "Medical Association Points Out Prophetic Nature Of Humanae Vitae" (Asociación Médica señala la naturaleza profética de la Humane Vitae) Roma, Italia, enero 6, 2009, al cual se tuvo acceso el 30 de lulio de 2017.
http://www.catholicnewsagency.com/news/medical_association_points_out_p
rophetic_nature_of_humanae_vitae/

(14) "River 'Pollution' Sparks Fertility Fears" (Contaminación en los ríos despierta miedos sobre la fertilidad), BBC News, marzo 17, 2002, al cual se tuvo acceso el 27 de enero de 2018.
http://news.bbc.co.uk/2/hi/uk_news/1877162.stm.

(15) "Y leemos en las Escrituras, porque Dios lo dice claramente: Incluso si una madre puede olvidar a su hijo, Yo no te olvidaré, te llevo grabado en la palma de mi mano. Estamos grabados en la palma de Su mano, tan cerca de Él que el niño todavía no nacido ha sido tallado en la palma de la mano de Dios. Y esto es lo que me impacta más, el comienzo de esa oración, que incluso si una madre pudiera olvidar algo imposible- pero incluso si pudiera olvidarlo- Yo no te olvidaré. Y hoy el más importante, el más grande destructor de la paz es el aborto. Y a los que estamos presentes aquí – nuestros padres nos quisieron. No estaríamos aquí si nuestros padres nos hubieran hecho eso a nosotros. A nuestros hijos, los queremos, los amamos, pero hay de millones de niños. Muchas personas están muy, muy preocupadas por los niños en India, por los niños en África, donde muchos mueren, tal vez de desnutrición, de hambre u otras cosas, pero millones están muriendo de forma deliberada por la voluntad de la madre. Y ese es el mayor destructor de la paz hoy. Porque si una madre puede matar a su propio hijo- ¿qué falta para que yo te mate a ti y tú me mates a mí?- no hay nada en el medio (...)

Estamos combatiendo el aborto con la adopción, hemos salvado miles de vidas, hemos mandado mensajes a todas las clínicas, a todos los hospitales, a todas las oficinas de la policía –por favor no destruyan al niño, nosotros recogeremos el niño. Y como a cada hora del día y de la noche hay siempre alguien, tenemos un gran número de madres no casadas- díganles que vengan, nosotros nos encargaremos de vosotras, nos haremos cargo de vuestros hijos, y les conseguiremos un hogar. Tenemos una gran demanda de familias que no tienen hijos, esa es la gran bendición de Dios con nosotras. Y también, hacemos otra cosa que es muy bonita, enseñamos a nuestros mendigos, nuestros enfermos de lepra, nuestros pobres, nuestra gente sin techo, lo que es la planificación natural de la familia.

En Calcuta, en tan sólo seis años, sólo en Calcuta, han nacido 61.273 niños menos gracias a la práctica de los métodos naturales de la abstención, del autocontrol... Les enseñamos el método de la temperatura que es muy bonito y muy sencillo, y nuestros pobres lo entienden. ¿Saben ustedes lo que me han dicho? Nuestra familia está sana, nuestra familia está unida, y podemos tener un niño cuando queremos. Así de claro, esa gente en la calle, esos mendigos, y creo que si nuestros pobres lo pueden vivir así, cuánto más ustedes y todos aquellos que tienen capacidad de conocer los métodos y su sentido sin destruir la vida que Dios ha creado en nosotros".

Tomado de la traducción al español del Discurso de la Madre Teresa de Calcuta al recibir el Premio Nobel de la Paz:

https://www.aciprensa.com/recursos/discurso-madre-teresa-al-recibir-el-premio-nobel-de-la-paz-1979-3177La versión original en inglés la pueden ver en la página Oficial del Premio Nobel:
http://www.nobelprize.org/nobel_prizes/peace/laureates/1979/teresa-lecture.html.

CAPÍTULO 18:

Factores que influyen para que los jóvenes tengan sexo temprana o posteriormente en la vida:

• Mientras más satisfechos se encuentren los jóvenes con su relación madre-hijo, hay menos probabilidades de que tengan experiencias sexuales (8). A la inversa, una pobre comunicación con los padres sobre sexo y abuso en el uso de sustancias están vinculados con comportamientos sexuales riesgosos. (8)

• Los adolescentes tienden a buscar información sexual entre sus amigos (61 por ciento) y el número de los que buscan información de sus padres es bastante menor (32 por ciento). Los jóvenes que se resisten a participar en actividades sexuales tienden a tener amigos que también se abstienen de ella. Ellos también tienden a tener creencias personales muy seguras sobre la abstinencia y la percepción de reacciones negativas de los padres. (8)

• Los jóvenes que son sexualmente activos tienden a creer que la mayoría de sus amigos son sexualmente activos; lo que -de alguna manera- recompensa y le quita el peso a los costos del envolvimiento sexual; que el sexo es, por encima de todas las cosas, una recompensa; y esto lo piensan los adolescentes que no están casados envueltos en intimidad sexual a la edad de dieciséis años. (8)

• Los jóvenes que ven mucha televisión con contenidos sexuales tienen una mayor disposición a iniciar actos sexuales el año siguiente. (10)

• Los programas de televisión en los que se habla de sexo, afectan tanto como aquellos en los que se muestra actividad sexual. (10)

• Los jóvenes de familias con bajos ingresos suelen tener sexo más temprano que aquellos procedentes de familias más pudientes. En un estudio realizado en los Estados Unidos, cerca de 1,000 familias de bajo ingreso -en tres ciudades diferentes- uno de cuatro jóvenes, entre la edad de los once y los dieciséis años, reportaron haber tenido sexo, y su primer coito ocurrió a la edad promedio de 12.77. (3005) (7) El promedio Nacional de sexo por primera vez es más alto: alrededor de los diecisiete.

1) La historia de Filomena solo es conocida porque tres personas distintas, que no se conocían entre sí, recibieron los mismos detalles de su vida a través de revelaciones privadas. Una de esas revelaciones recibió el Imprimatur (el sello de aprobación) del Vaticano, el mismo año en que se dio a conocer. La revelación fueron las palabras de Filomena -dadas en voz propia- a la Madre Luisa di Gesu en agosto de 1833. Ver Genevieve Cunningham, "St. Philomena the Wonder-Worker: Her Story in Her Own Words" (Santa Filomena, la trabajadora milagrosa: Su historia según sus propias palabras), agosto 10, 2016, al cual se tuvo acceso el 26 de julio de 2017. http://www.philomena.org/patroness.asp.

(2) "Patroness: St. Philomena, Patroness and Protectress of the Living Rosary" (Patronas: Santa Filomena, Patrona y Protectora del Rosario Viviente), Universal Living Rosary Association, al cual se tuvo acceso el 27 de enero de 2018. http://www.philomena.org/.

(3) Según un estudio realizado a nivel global por Durex, el año 2005, entre 317,000 personas de 41 países; la encuesta más grande realizada a nivel mundial sobre actitudes y comportamiento sexuales, la edad promedio de tener sexo por primera vez, en el año 2015, era de 17.3, y la tendencia era que la gente comience a perder su virginidad más tempranamente, entre los 16 y los 20 años, comenzando a ser activos sexualmente a los 16.3 años de edad. Al cual se tuvo acceso el 27 de enero de 2018.
http://www.data360.org/pdf/20070416064139.Global%20Sex%20Survey.pdf.

(4) "NSFG - Key Statistics from the National Survey of Family Growth" (NSFG - Estadísticas claves de la Encuesta Nacional sobre el Crecimiento de la Familia), Al cual se tuvo acceso el 26 de julio de 2017.
http://www.cdc.gov/nchs/nsfg/key_statistics.htm.

(5) U.S. Bureau of the Census, America's Families and Living Arrangements (Oficina de Censos de Estados Unidos, Familias Americanas y Modos de Vida) - Washington, DC: U.S. Government Printing Office, 2009.

(6) Gladys Martinez, Casey E. Copen, y Joyce C. Abma, "Teenagers in the United States: Sexual Activity, Contraceptive Use, And Childbearing" (Jóvenes en los Estados Unidos: Actividad Sexual, Uso de Anticonceptivos y Natalidad), 2006-2010 National Survey of Family Growth, Vital and Health Statistics (Encuesta Nacional del Crecimiento de la Familia, Estadísticas Vitales y de Salud), 2011, Series 23, No. 31; DHHS publicación no. (PHS) 2012-1983 (Hyattsville, Maryland, Washington, DC: U.S. Department of Health and Human Services, Centers for Disease Control and Prevention, National Center for Health Statistics - Hyattsville, Maryland, Washington, DC: Departamento de Salud y Servicios

Humanos; Centros para el Control y Prevención de las Enfermedades; Centro Nacional de Estadísticas de la Salud).

(7) "Low-Income Kids Report First Sexual Intercourse at 12 Years Old in New ISU Study - News Service - Iowa State University" (Informe sobre la Primera Relación Sexual de Niños de 12 años de familias con bajos recursos económicos. Nuevo Estudio de ISU - Servicio de Noticias - de la Universidad Estatal de Iowa), al cual se tuvo acceso el 27 de enero de 2018. http://www.news.iastate.edu/news/2009/aug/teensex.

(8) Factsheet on Adolescent Sexual Behavior: II. Socio-psychological Factors (Hoja de datos sobre Comportamiento Sexual Adolescente: II. Factores Socio Psicológicos). Advocates for Youth, 1997.

(9) Rebecca L. Collins, Marc N. Elliott, Sandra H. Berry, David E. Kanouse, Dale Kunkel, Sarah B. Hunter, Angela Miu, "Does Watching Sex on Television Influence Teens' Sexual Activity?" (¿Mirar sexo en la televisión influencia la actividad sexual en los jóvenes?) Document #: RB-9068, Rand Corporation, 2004. Online version, a la cual se tuvo acceso el 27 de enero de 2018: http://www.rand.org/pubs/research_briefs/RB9068.html.

CAPÍTULO 19:

1) YouTube: Testimonio: El aborto en Primera Persona por Patricia Sandoval, publicado en marzo 31, 2015 por la Fundación Jaime Guzmán, al cual se tuvo acceso el 27 de enero de 2018. https://www.youtube.com/watch?v=0wAlHFBGerA.

2) La siguiente es la lista de síntomas del Síndrome Post Aborto (PAS, por sus siglas en inglés), una variante del PTSD (Post-traumatic stress disorder / Desorden Traumático Post Stress). Estos síntomas no aparecerán, necesariamente, al mismo tiempo, y es posible que tampoco se experimenten todos ellos. Algunos pueden aparecer inmediatamente después de un aborto y otros bastante después. Si una persona puede identificarse con más de dos síntomas, es posible que esté experimentando el Síndrome Post Aborto. Los síntomas del PAS incluyen: culpa, ansiedad, evitar niños o mujeres embarazadas, adormecimiento, disfunciones sexuales, depresión, pensamientos suicidas, reacciones en el aniversario, recuerdos violentos, deseos de querer estar embarazada nuevamente, miedo a la infertilidad, incapacidad de crear lazos con los hijos actuales o en el futuro, miedo de que mueran los hijos que tiene actualmente, desórdenes alimenticios, uso de alcohol y drogas.

Referencia: Dr. Paul C. Reisser y Teri K. Reisser, "A Solitary Sorrow: Finding Healing & Wholeness After Abortion" (Una pena solitaria: Encontrando sanación y estar 'completa' después de un aborto) - Wheaton, H. Shaw Publishers, 1999. Ver también: "Post Abortion Syndrome Symptoms" (Síntomas del Síndrome Post-Aborto) Ramah International, https://ramahinternational.org/post-abortion-syndrome-symptoms/.

3) YouTube: "Dark Secrets: Finding Healing after Abortion" (Secretos Oscuros: encontrando sanación después de un aborto), publicado por la Diócesis de Oakland, al cual se tuvo acceso el 27 de enero de 2018. https://www.youtube.com/watch?v=pRV-SPiH29g.

4) YouTube: "A Video That Changes Lives and Souls in 15 Minutes: The Incredible Story of Patricia Sandoval" (Un video que cambia la vida de un alma en 15 minutos: la historia increíble de Patricia Sandoval) https://youtu.be/efskKIAgtGg.

5) "Transfigurada" DVD, disponible en QueenofPeaceMedia.com/shop. Astrid Bennet Gutierrez, Conductora en EWTN, dice de este video: "El testimonio asombroso y la historia apelante de Patricia Sandoval está convenciendo a los jóvenes de todo el mundo de la santidad de la vida y de lo sagrado que es la sexualidad. Siéntense y observen esta historia con sus jóvenes, y así les ahorrarán cosas de que lamentarse en la vida".

6) Steven Ertelt, "Ex Staffers Ready to Expose Planned Parenthood to Congress" (Ex-trabajadores listos a denunciar a Planned Parenthood ante el Congreso) LifeNews.com, diciembre 14, 2011, al cual se tuvo acceso el 27 de enero de 2018. http://www.lifenews.com/2011/12/14/ex-staffers-ready-to-expose-planned-parenthood-to-congress/.

(7) Pope Francis, "Audiencia General: Sobre la Pasión que sufren los Niños" Zenit: The World Seen from Rome, Vatican City, abril 08, 2015, al cual se tuvo acceso el 27 de enero de 2018. http://www.zenit.org/en/articles/general-audience-on-the-passion-suffered-by-children.

CAPÍTULO 20:

(1) YouTube: Cardenal Arinze sobre Políticos Pro-Aborto, publicado por Catholic News Agency, abril 9, 2008, al cual se tuvo acceso el 27 de enero de 2018. https://www.youtube.com/watch?v=kv3MRyKfEHA.

CAPÍTULO 21:

1) www.PatriciaSandoval.com

Made in the USA
Monee, IL
17 May 2022